개정판

# 논리적 사고와 글쓰기

개정판

# 논리적 사고와 글쓰기

가톨릭관동대학교 글쓰기 교재 편찬위원회

경진출판

논리적 사고와 글쓰기

# 1장 주제 정하기

1. 새롭게 보기    8
   1) 대상에 대한 관점    8
   2) 고정관념 깨뜨리기    10
   3) 다양한 관점    15
   4) 관점 바꾸기    24
2. 문제의식 갖기    29
   1) 좋은 주제의 요건    29
   2) 주제문 작성    30


# 2장 구성하기

1. 구성의 원리    34
2. 개요 작성하기    40


# 3장 문장의 기술

1. 올바른 문장 쓰기    52
   1) 어법에 맞는 어휘    53
   2) 유의해야 할 띄어쓰기    65
   3) 정확하고 명료한 문장    70

2. 문단의 이해    80

   1) 문단의 개념    80

   2) 문단의 구성    85

   3) 문단 구성의 원리    89

   4) 특수 문단    96


4장 **기술의 방법**

1. 정의    116

2. 분석    118

3. 비교와 대조    120

4. 분류와 구분    123

5. 예시    126

6. 서사    128

7. 묘사    130

8. 논증    132


5장 **계열별 글 읽기와 분석**

1. 인문사회 계열 글 읽기와 분석    145

2. 예체능 계열 글 읽기와 분석    160

3. 이공 계열 글 읽기와 분석    175

6장 **학술자료의 활용과 글쓰기의 윤리**

1. 논문 쓰기의 이론과 체계　190
2. 리포트 작성법　203

부록

1. 한글 맞춤법　230
2. 표준어 규정　271
3. 문장부호론　277
4. 외래어·로마자 표기법　298
5. 자기소개서　309

# 1장 **주제 정하기**

1. 새롭게 보기

2. 문제의식 갖기

# 1. 새롭게 보기

## 나는 무엇을 보았는가

### 1) 대상에 대한 관점

우리가 사물을 바라보는 방향이나 입장을 관점(觀點)이라고 한다. 사진을 찍을 때 어느 위치에 서서 찍느냐에 따라 그 결과가 달라지는 것처럼 대상(세계)은 어디에서, 어떻게 바라보는가에 따라 그 모습이 달라진다.

위의 그림은 비트겐슈타인의 애매도형 '오리-토끼(duck-rabbit)'이다. 사람들에게 이것을 보여주고 무엇을 그린 그림이냐고 물으면 '오리'라고도 하고 '토끼'라고도 할 것이다. 그러니까 왼쪽 방향을 보고 있는 오리 그림인지, 오른쪽 방향을 보고 있는 토끼 그림인지, 그것을 결정짓는 것은 오로지 보는 사람의 마음에 달려 있다. 이 그림의 선 모양이 어떤 방향으로 향하고 있는지를 인지하고 그 형상의 이미지를 결정짓는 것은 그림이 아니라 보는 사람의 마음 안에 존재한다. 관찰자가 부여하는 '관점의 틀'이 무엇이냐에 따라서 그림의 내용이 달라지기 때문이다.

사람들은 주변에 있는 사물들이 객관적으로 존재한다고 믿고 그것들은 모두 확고한 의미를 지니고 있다고 생각하는 경향이 있다. 그런데 이 오리-토끼의 매직카드를 보면 그게 아니라는 것, 그림보다는 그림을 바라보는 관찰자의 능동적 역할이 더 크다는 사실을 깨달을 수 있다. 이렇게 사물을 자르는 칼자루가 내 눈 속에 마음 속에 쥐어져 있다는 것을 아는 순간, 그것만으로도 우리는 세상을 보는 눈이 달라질 수 있다.

양상(樣相)이니 지향성(指向性)이니 하는 논리철학이나 인지심리학의 어려운 용어는 몰라도 된다. 이 매직카드를 통해서 인간은 동전을 넣어야 움직이는 자동판매기처럼 outside-in의 존재가 아니라는 것을 확인하면 된다. 그리고 사람의 마음은 바깥에서 자극이 없어도 능동적으로 움직이는 inside-out의 존재라는 것을 직접 눈으로 실험해 보면 된다.

▶▶▷ 이어령, 「오리-토끼/ Duck-Rabbit Illusion」 재구성

좋은 글은 글을 쓴 사람의 관점이 분명하게 드러나는 글이다. 글쓰는 '나'의 시각(입장)이 얼마나 현실적이고 구체적으로 반영되고 있는가, 명확하게 표현되고 있는가가 중요하다. 이를 위해서는 세계에 대한 관심, 상상력, 이미 경험한 것에 대한 사고의 확장이 필요한데, 이 말은 세계(대상)를 새롭게 인식하고 표현하라는 뜻이다. 그런데 일상 속에서 새로운 의미를 발견하기란 그렇게 쉽지 않다. 사물에 대한 고정관념이 작용하기 때문이다.

우리가 가지고 있는 대표적인 착각 가운데 하나가 '무지개는 반원'이라고 믿는 것이다.

예문

### 무지개는 원형

비가 그치면 무지개가 자주 나타난다. 태양광선이 물방울을 통과하면서 여러 각도로 굴절되기 때문에 생기는 현상이다. 아랫부분이 지평선에 가리기 때문에 레인보우(Rainbow)라는 말처럼 활(bow) 모양으로 여기기 쉽지만 실제로는 원형이다. 높은 곳에서는 완전히 둥근 무지개도 볼 수 있다. 아침이나 저녁 등 태양의 고도가 낮으면 무지개가 높이 뜨기 때문에 원형이 많다.

▶▶▷ 《조선일보》, 1997.5.23.

빛은 방사형으로 방출되기 때문에 이러한 빛의 반사 결과인 무지개가 반원일 수 없다. 그렇지만 우리의 관점에서는 대개 반원의 모습을 띠고 있으므로 무지개가 반원이라는 시각적 경험을 사실로 믿게 되는 것이다. 우리는 이처럼 고정된 관점에서 관찰한 결과를 대상의 전체라고 오해하는 경우가 의외로 많다. 이러한 고정관념들은 사실을 왜곡할 뿐만 아니라 사고의 틀을 매우 좁게 만든다. 반복되어 습관화된 인식의 과정은 대상에 대해 이미 알고 있는 것, 이미 생각하고 있는 것 이상의 결과를 가져다주지 않는다. 그렇기 때문에 대상에 대해 끊임없이 새롭게 인식하려는 노력이 필요하다. 그 일은 고정된 사고의 틀을 깨뜨리는 것에서 시작된다.

### 2) 고정관념 깨뜨리기

우리가 당연하다고 여기는 것들 중 상당수가 고정관념이나 선입견에 의해서 만들어진 것들이다. 이것을 깨뜨리는 효과적인 방법이 당연시되는 것들에 대해 "왜?"라는 질문을 던져 보는 것이다. "왜?"라는 의문을 가지고 들여다보게 되면 그 대상에 대해 보다 많은 것을 관찰할 수 있게 된다. 그 결과 잘못 알고 있었던 것들이나 다른 사람이 미처 발견하지 못했던 모습들도 찾아낼 수 있게 되는 것이다.

상식을 뛰어넘는 발상의 전환이라는 의미로 자주 언급되었던 '콜롬버스의 달걀'에 대한 다음과 같은 이야기는 '고정관념 깨뜨리기'라는 행위 자체도 얼마나 고정되어 있는지를 일깨워 준다.

예문

#### 콜럼버스의 달걀, 그 상식의 허(虛)

어떤 기업광고에서 '콜럼버스의 달걀'을 소재로 하여 상식을 뛰어넘는 발상의 전환을 강조하는 것을 보았다.

콜럼버스의 아메리카 대륙 상륙이 무어 별거냐고 시비가 붙자 즉석에서 달걀 세우기 논쟁이 벌어졌다. 콜럼버스가 달걀을 집어들고 퍽하니 그 밑둥을 깨고 세웠다는, 소문으로 전해지는 유명한 이야기이다. 일이라는 것이 해놓고 보면 별것 아닌 듯싶지만 언제나 '최초의 발상전환'이 어렵다는 매우 자존심 강한 메시지가 여기에 담겨 있다.

그런데, 우리는 이 '콜럼버스의 달걀'에 대하여 문제성을 느껴본 적은 없는가? 그 기업과 광고작성자에 대한 비판을 하려는 것이 아니라 우리의 문명사적 의식 전반에 깔린 무의식의 성격에 문제를 제기해보고자 함이다. 여기서 주목하고자 하는 점은, 이 콜럼버스의 달걀이 이제는 상식을 넘는 발상이라기보다는 도리어 상식이 되어 버린 역사적 과정과 현실이라는 것이다.

달걀의 겉모양은 어떻게 생겼는가? 그것은 타원형이다. 따라서 이는 애초에 세울 이유가 없도록 설계되어 있는 것이다. 둥지에서 구르더라도 그 둥지의 반경을 벗어나지 않도록 고안된 생명의 섭리가 여기서 드러난다. 만일 원형이었다면 한번 굴러버리는 경우 자칫 둥지에서 그대로 멀리 이탈되기 십상이며, 각지게 되어 있다면 어미새가 품기 곤란했을 것이다. 그 타원형은 그래서 생명을 지키는 원초적 방어선이다.

따라서 이것을 세워보겠다는 것은 그런 생명의 원칙과 맞서는 길밖에 없다. 먹기 위해서가 아니라면, 둥지에서 벗어나지 않도록 만들어진 생명체를 자신이 원하는 자리에 고정시켜 장악해야겠다는 생각은 '콜럼버스의 달걀'을 가능하게 만드는 뿌리이다. 그래서 그것은 상식을 깬 발상전환의 모델이라기보다 생명을 깨서라도 자신의 구상을 달성하겠다는 탐욕적, 반생명적 발상으로 확대된다.

▶▶▷ 김민웅, 「'콜롬버스의 달걀'에 대한 문명사적 반론」

위의 글에서 저자는 발상의 전환이라는 의미로 회자되는 '콜럼버스의 달걀'에 문제를 느껴본 적이 없는지를 묻고 있다. 그리고 그에 대해, 문명사를 일구어 온 근원적 힘에는 인간의 탐욕적이고 반생명적인 자연 장악력이 자리하고 있다는 것을 나름의 논리로 풀어내고 있다. 이와 같이 스스로 질문하고 대답하는 과정에서 주의할 것은 이러한 일련의 과정에 작용하는 논리가 합리성의 테두리를 벗어나서는 안 된다는 점이다. 새로운 인식의 방향과 과정이 합리적이어야만 그 결과도 타당성을 인정받을 수 있게 된다.

1. '시골, 농촌'이라는 말을 들으면 무엇이 떠오르는가. 제시문과 비교하면서 관점의 차이를 이야기해 보자.

### 순박한 농촌

자연과 전원이 어우러진 농촌의 풍경이 아무래도 그럴듯해 보이는지 시골에 대한 동경이 꽤 깊은 듯싶은데, 말끝마다 붙어오는 '순박한 농촌'과 '풋풋한 인정이 숨쉬는 고향'이란 수식어가 의심스럽다. 거기에는 그악스럽게 살다가 가끔 농촌을 구경 갈 때 야박하지 않도록 시골 사람들이 흙 속에 묻혀 죽은 듯 살아달라는 도시인들의 음모가 도사리고 있다. 순박함으로 포장하고 우직함으로 추켜세워 잔뜩 신뢰를 보낼 것 같지만 그들은 그런 가치를 결코 자신들의 미덕이라고 생각해 본 적이 없는 사람들이다. 그들에게 시골은 바라보기 위한 공간이 아니라 일상을 살아가야 하는 공간이라는 사실은 무시된다. 거기서 살아가는 사람들이 영악스럽지 않아야 때가 되면 언제든 이용할 수 있기 때문이다. 그동안만은 그저 가끔 놀러가 바라보기 위해서 고향은 늘 어머니 품속 같다고 말할 뿐이다.

▶▶▷ 김진송, 「말의 음모」

2. 아래 글은 '맞춤형', '눈높이'라는 말을 근거로 만들어진 제도가 취지와 다르게 문제를 드러내고 있음을 비판하고 있다. 제시문을 바탕으로 이 말들이 가지고 있는 고정관념을 먼저 알아보고, 교육과 복지 영역에서 맞춤형과 눈높이를 앞세운 제도가 한국 현실에서 어떤 문제를 야기하고 있는지 조사해 보자.

'최신', '최고', '첨단' 등과 같은 말들은 사람을 조급하게 만든다. '무제한', '무한 리필'과 같은 말들도 그렇다. '사은 행사', '마지막 기회'와 같은 말도 마음이 흔들리게 한다. 이러한 표현들은 주로 시장에서 쏟아져 나온다. 이익을 추구하고 순간의 기회를 노리는 판에서 들려오는 목소리들이다.

시장과 무관해 보이는 교육이나 복지 같은 영역에서도 언어의 미혹은 널려 있다. 매우 합리적으로 보이는 유혹들이다. 대표적인 것이 '맞춤형'이나 '눈높이' 같은 말들이다. 이런 말들은 언어 소비자들을 개별화시킨다. 자신이 '다수'나 '대중' 혹은 어설픈 '평균치' 속에 들어박힌 것이 아니라 각자의 특징과 속성이 우대받는 느낌을 준다. 그래서 더욱 유혹적이다. 이런 말의 함정은 그 '맞춤'과 '높이'의 기준이 누구를 표준으로 하고 있느냐가 불확실한 데에 있다. 마치 '나'가 기준인 듯한 착각을 불러일으킨다.

맞춤형 보육을 하면 모두가 만족할 줄 알았는데 갈등만 도드라졌다. 모두 자신의 사정이 기준이 아니라는 불만이다. 각자의 욕망에 맞추려면 더 많은 합리적 비용을 각오하는 것이 원칙이다. 무상 보육이라는 말로 마치 진짜 공짜인 듯이 해놓고는 맞춤형이라는 유혹으로 차등화를 하려다가 사단이 난 것이다.

교육과 복지는 일반적인 서비스 상품과 매우 비슷해 보이지만 사실은 절대로 동일시할 수 없는 성격이 있다. 사람들의 품위와 자존심 그리고 하나의 공동체에 속한다는 귀속감 등과 뗄 수 없는 깊은 관계를 가진다. 그래서 교육과 복지는 함부로 개별화시킬 것이 아니다. 함께, 보편적으로, 모두가 같이 누리게 하는 것이 중요하다. 그렇게 하지 않으려 꾀를 쓰다 보면 말부터 꼬이게 된다.

▶▶▷ 김하수, 「말의 미혹」

3. 최근 인터넷 검색어 1위가 무엇인지 알아보고, 왜 그 말이 사람들에게 관심거리가 되고 있는지 이야기해 보자.

## 3) 다양한 관점

동일한 일도 어떤 관점에서 보느냐에 따라 전혀 다르게 이해될 수 있다. 근래에 자주 시행되는 각종 설문조사는 특정 사회문제에 대한 다양한 견해를 알아보는 방법 가운데 하나이다. 이러한 조사를 통해 하나의 사안에 대한 계층별, 연령별, 성별, 직업별로 다른 관점을 파악할 수 있다. 보다 직접적으로 다양한 목소리를 듣기 위해 공개토론회나 공청회를 열기도 한다.

예문은 불법 포획된 돌고래 처리문제에서 돌고래쇼 존속 논란으로 확장된 문제에 대해 시민 공개토론회와 여론조사가 이루어진 일련의 과정을 전하면서 동물과 인간의 관계에 대하여 생각해보게 한다. 주제와 관련해서는 물론이고 하나의 사건을 바라보는 시각이 얼마나 다양할 수 있는지를 일깨우는 글이다.

> **예문**
>
> ### 제돌이와 돌고래쇼 논란 이후
>
> 불법 포획된 돌고래 제돌이의 처리 문제로 시작된 돌고래쇼 존속에 관한 논란은 동물원의 미래에 대한 시민토론회로 발전하였다. 사람이 아닌 동물의 복지에 관한 문제로 공개토론회를 연 것은 서울시 역사상 처음 있는 일이었고 그 사실 자체가 매우 큰 의미를 지닌다고 생각한다. 시민토론회와 여론조사 결과에 따라 돌고래쇼는 생태설명회라는 이름으로 재개되었다 한다. 돌고래쇼에 찬성하는 시민이나 반대하는 쪽 모두에게 만족스럽지 못한 결정일 수 있으나 보기에 따라서는 양쪽이 조금씩 양보해서 받아들일 수 있는 차선의 선택일 수도 있다.
>
> 더 중요한 것은 돌고래쇼 논쟁을 계기로 그 논의 수준을 도시에서의 인간·동물 관계 전반으로 높여야 한다는 점이다. 우리가 원하든 않든 간에 인간·동물 사이의 바람직한 관계를 재정립하는 일이 동물만 아니라 인간을 위해서도 긴요한 일이 되어 가고 있기 때문이다. 그 이유는 무엇일까.
>
> 유사 이래 동물은 인간과 밀접한 관계를 맺어 왔다. 그러나 근대화와 산업화에 따른 도시화는 동물과 관련된 독특한 형태의 사회·문화적 이슈를 양산하고 있다. 거대도시 서울시와 연관된 동물 관련 이슈의 예 몇 가지만 들어보자.

도시인은 알게 모르게 동물들과 일상적으로 접촉하면서 살고 있다. 시민들은 길고양이, 비둘기, 너구리, 까치, 참새 등 도시에 정착한 동물들과 매일 길에서 만난다. 이들을 삭막한 시멘트 정글 안에 함께 살아가는 친구로 볼 수도 있지만 동시에 이들은 인수공통질병의 발원지가 될 가능성도 있다. 동물원, 아쿠아리움, 동물쇼, 경마, 텔레비전의 동물 프로그램 등 동물을 이용하는 산업은 동물에 대한 사랑을 키워준다. 반면 동물을 존중해야 할 생명체가 아닌 희롱의 대상으로 보게 하고 야생동물에 대한 소유욕을 부추기는 부정적 측면도 무시할 수 없다. 개고기와 관련된 사회적 갈등은 전통문화, 공중보건, 동물복지에 대한 관점들이 얽히고설킨, 너무나 첨예한 이슈이다. 돌고래쇼 문제는 우리가 풀어나가야 할 인간·동물 관계에서 비롯한 수많은 이슈 중 일부에 불과하며, 이런 이슈들은 도시민의 정신적·육체적 건강과 직접 연관된다는 사실이 명백하다.

동물과 관련된 다양하고 복잡한 사회·문화적 이슈를 다루기 위해서는 자연과학적 접근만으로는 한계가 있다. 인간·동물 관계에 대한 역사·인문·사회·문화적 성찰에 의한 통합적 접근이 절실해 보인다. 예를 들어 우리 조상들은 동물을 어떻게 생각하였고 인간·동물 관계는 역사 속에서 어떻게 발전해 왔는가? 현대 도시인은 동물에 대해 어떤 인식을 가지고 있는가? 도시에 거주하는 동물과 사람은 언제, 얼마나 자주, 어떤 방식으로 서로 접촉하고 있는가? 동물쇼, 텔레비전의 동물 프로그램을 보거나 동물원을 방문한 경험은 도시인이 동물을 보는 관점에 어떤 영향을 주는가? 이런 질문들에 대해 함께 연구하고 논의하는 기회가 있다면 돌고래쇼 논쟁과 같은 이슈가 발생할 때 좀 더 현명한 길을 찾는 데 도움이 될 것이다.

▶▶▷ 이항, 《한겨레신문》, 2012.5.16.

1. 아래 글에 의하면, 인간은 로봇의 모습이 사람과 가까워질수록 친밀함을 느끼다가 어느 순간 섬뜩함을 느끼게 된다고 한다. 익숙함·친근함·유사함과 섬뜩함·두려움·공포심의 경계에 대해 이야기를 나누어 보자.

미켈란젤로의 시스티나성당 천장화 〈천지창조〉에서 신은 사람의 모습을 하고 있다. 신에게 사람 몸과 눈코입의 쓸모를 짐작하기 어렵지만, 고대 서양인들은 신의 모습을 사람처럼 생각했다. 〈성서〉 창세기와 그리스 신화는 신이 자신의 형상을 따라 사람을 만들었다고 말한다.

미국의 로봇공학자 한스 모라벡은 인간 정신이 만들어냈다는 점에서 로봇을 '마음의 아이들'이라고 부른다. 신학자들이 신의 모습을 고민했다면 로봇설계자들은 로봇에 어떠한 생김새를 줄지 고민 중이다. 1970년 일본의 로봇공학자 모리 마사히로는 '섬뜩함의 계곡'을 발견했다. 사람들은 로봇의 모습이 사람과 가까워질수록 친밀도 증가를 경험하다가 어느 순간 섬뜩함을 느끼며 친밀도가 추락하는 골짜기에 도달한다는 것이다.

일본에서 시판에 들어간 감정인식 인간형 로봇 '페퍼'는 커다란 눈과 귀가 있지만, 사람과는 다르게 디자인됐다. 사람이 유사성이나 두려움을 느끼지 않도록 귀엽고 친근한 표정을 짓는다. 미국 나이트스코프가 만든 케이5(K5)는 달걀처럼 생긴 경비용 로봇이다. 이 로봇이 쇼핑센터 등에 배치돼 사람들을 접촉하자, 신기하고 귀엽다고 달려드는 사람들의 손길에 어떻게 응대해야 하는지 문제가 생겼다.

섬뜩함과 두려움을 피해 로봇을 온순하게 디자인한 결과의 부산물이다. 2014년 일본 오사카의 쇼핑몰에 로봇이 나타나자 아이들이 로봇을 때리고 발로 차는 로봇 학대 현상이 보고됐다. 2015년 차량을 얻어 탈 수 있도록 운전자와 소통기능을 갖춘 히치하이크 로봇 히치봇은 캐나다 횡단에 성공한 뒤 미국 횡단에 나섰다가 금세 머리와 팔이 잘린 채 발견됐다. 로봇과의 공생이 가시화되면서, 어떤 생김새와 기능을 부여해야 사람들의 신뢰를 얻을 수 있을지가 과제가 됐다.

▶▶▷ 구본권, 「로봇의 얼굴」

2. 로봇이 등장하는 영화를 시대 순으로 찾아 그 모습이 어떻게 변했는지 조사해 보고, 로봇이 어떤 모습을 가지면 좋겠는지 그림으로 표현해 보자.

▶▶▷ 로봇이 최초로 등장한 영화
〈메트로폴리스〉(1927)의 로봇 '마리아'

▶▶▷ 영화 〈터미네이터-제니시스〉(2015)의 'T-3000'

3. 아래 그림을 보면, 하나의 대상을 놓고도 관점에 따라 할 수 있는 이야기가 다르다는 것을 알 수 있다. 그림 안의 시점은 물론 그림 밖의 입장도 상상하며, 이 그림을 두고 나눌 수 있는 이야기를 다양하게 펼쳐보자.

▶▶▷ 채플린 영화 〈황금광 시대〉(1925)를 소재로 한 카툰

우리 주변에서 일어나는 많은 문제들은 대개 긍정적인 요소와 부정적인 요소를 동시에 가지고 있다. 동일한 문제를 두고 찬성하는 입장과 반대하는 입장으로 나뉘는 것, 입장의 차이를 조율하거나 해결책을 내놓는 일이 어려운 것은 그 때문이다.

2016년 7월, 보건복지부가 체세포 복제배아 연구계획을 조건부 승인하면서 체세포 복제방식의 줄기세포 연구가 7년 만에 재개된다. 이 연구는 난치병 환자의 세포치료나 환자 맞춤형 치료제를 생산할 수 있다는 장점이 있는 반면, 줄기세포를 추출하지 않고 배아가 자라면 체세포 주인과 같은 복제인간을 만들 수 있다는 점 때문에 논란이 되어 왔다. 복지부는 인간복제 방지 감시체계 등을 조건으로 제시하고 있지만 논란은 여전하다. 아래 〈예문〉은 이 두 입장의 연장선상에 있는, 인간복제에 대한 관점의 차이를 드러내고 있다. 동일한 문제를 바라보는 양쪽 시각의 중요 요소들을 살펴보자.

**예문**

### 생명과학의 발전과 새로운 사회윤리

밤새 눈이 엄청나게 많이 내려 이웃 사람들이 미끄러지기 전에 집 앞을 치워야겠다는 생각에 밖에 나와 보니, 이미 말끔하게 치워져 있었다. 알고 보니 옆집에 새로 이사 온 젊은 부부가 치웠다고 한다. 자기 집 앞도 치우지 않는 사람들이 많은 요즘 같은 세상에 참 보기 드물게 예의 바른 부부란 생각에 흐뭇했다. 이웃을 잘 만난다는 것만큼 큰 행복도 별로 없지 않은가. 그러던 어느 날 우연히 그 부부가 복제 인간이라는 사실을 발견했다고 하자. "어쩐지 어딘가 수상쩍다 싶었다니까" 할 것인가. 아니면 "복제되었으면 어때, 사람만 성실하고 좋으면 됐지"라고 할 것인가?

섬뜩하게 들릴지 모르지만 그리 먼 훗날의 얘기가 아니다. 지난 세기말 영국의 월머트(Ian Wilmut) 박사가 복제양을 만든 것을 시작으로 세계는 마치 경쟁이라도 하듯 인간 복제를 향한 발걸음을 재촉해 왔다. 우리는 바야흐로 우리 자신을 복제할 수 있는 시대에 살게 되었다. 기술적으로는 더 이상 큰 어려움이 없다. 그래서인지 종교계는 신성(神聖)을 훼손하는 일이라며 엄청나게 술렁이고 있다. 과학이 우리 삶의 질을 향상시킨다는 것을 부정할 사람은 적으나, 왠지 점점 더 거대한 공포의 대상으로 우리를 몰아넣고 있다는 느낌 역시 지울 수 없다.

그러나 과학에 대한 좀더 명확한 이해가 필요할 것 같다. 사람들은 마치 금방이라도 히틀러나 무솔리니 같은 이들이 여기저기에서 나타나 온 세상을 쑥밭으로 만들기라도 할 것처럼 호들갑이다. 지금 우리가 하고 있는 일은 어디까지나 유전자 복제이지 결코 생명체 복제가 아니다. 아무리 칭기즈칸을 복제한다 하더라도 그가 칭기즈칸으로 성장할 가능성은 거의 없다. 위대한 정복자가 될 약간의 포악한 성격은 타고날지 모르나, 세상이 완전히 딴판으로 바뀐 현대에 그가 제2의 칭기즈칸이 될 확률은 거의 영에 가깝다. 테레사 수녀를 여럿 복제한다 해도 그들이 모두 남을 위해 평생을 바치지는 않을 것이다.

복제 인간은 출산 시간이 좀 많이 벌어진 쌍둥이에 불과하다. 나는 쌍둥이로 태어나지 않았지만, 내가 만일 지금 나를 복제한다면 무슨 이유에선지 어머니 뱃속에서 몇 십 년을 더 있다가 쌍둥이 동생이 뒤늦게 태어난 것뿐이다. 몇 초 간격으로 태어난 쌍둥이 형제들도 결코 똑같은 사람으로 자라지 않는 것과 마찬가지로, 그 늦둥이 쌍둥이 동생이 나와 완벽하게 같을지라도 그 유전자들이 발현되는 환경이 나와 다르기 때문에 전혀 다른 인간으로 성장하게 될 것이다.

그렇다면 세상에 쌍둥이들이 좀 많아진다는 것이 그렇게도 끔찍한 일인가? 유전자 복제보다 우리가 더 심각하게 고민해야 할 것은 유전자 조작의 문제이다. 복제 인간은 한두 번 만들어보다 시들해질 가능성이 크지만, 유전자 조작은 걷잡을 수 없는 방향으로 마구 뻗어나갈 것이다. 복제양이 만들어진 이후 미국에서는 누구를 복제하고 싶으냐는 여론 조사가 있었다. 마이클 조던과 레이건 대통령을 비롯한 저명 인사와 인기인들의 이름들이 거론되었다. 우승을 갈망하는 어느 농구 구단주가 마이클 조던을 복제하여 운동장에 내놓을지는 모르지만, 그런 일이 얼마나 많이 벌어지겠는가? 부족한 노동력을 충당하기 위해서나 세상을 무력으로 정복하려는 계획을 세운다면 모를까 대규모로 복제 인간들을 생산할 이유는 그리 많지 않을 것이다.

유전자 조작의 매력은 복제 인간에 대한 기대에 비할 바가 아니다. 유전자의 기능들이 속속 밝혀지고 내가 가진 결함들이 어떤 유전자에 의해 발생하는 것인지를 알게 될 때, 그 유전자를 보다 훌륭한 유전자로 바꾸고 싶은 욕망이 왜 일지 않겠는가. 노화의 비밀이 밝혀져 다만 몇 개의 유전자만 바꾸면 몇 십 년을 더 살 수 있게 된다면 누군들 마다하겠는가.

얼마 전 미국에서는 불치의 병을 앓고 있는 첫째 아이에게 골수를 이식해 줄 수 있는 사람을 찾다가 실패하자 현대 유전학의 힘을 빌려 계획적으로 건강한 둘째 아이를 임신한 어느 부부의 행동에 대해 뜨거운 논란이 있었다. "물에 빠진 사람 지푸라기라도 잡는다"는 옛말처럼 죽어가는 자식을 살리기 위해 과학에 기댔기로 누가 과연 그들에게 돌을 던질 수 있단 말인가. 생각하기조차 끔찍한 일이지만 내가 만일 그런 상황에 놓인다면 나는 두 번도 생각하지 않을 것이다.

▶▶▷ 최재천, 「생명과학의 발전과 사회윤리」

### 복제인간에서 나타날 생명 윤리 문제에 대한 기독교 교육적 과제

복제인간의 경우 인간 존엄성의 문제가 가장 심각하게 지적될 것이다. 예를 들어 간, 심장, 신장, 각막, 췌장 등의 장기이식을 목적으로 인간을 복제한다는 것은 인간의 존엄성에 대한 심각한 도전이요, 훼손으로써 법적인 정당성의 여부는 제쳐두고서라도 윤리적으로 도저히 허락될 수 없는 일이다.

복제인간도 Joel Feinberg가 주장하듯이 인간으로서 갖추어야 할 최소한의 요구인 주장의 행위(the activity of claiming)로서 권리를 유지하고 있는 이상 그리고 거기에 더하여 이성적 사유와 합리적 판단, 그리고 희로애락의 감정을 가실 수 있다면 인간존엄(human dignity)은 끝까지 지켜져야 한다.

실험실에서 제작되다시피 하는 복제인간에 대해서, 우리가 보통의 인간에 대해서 갖는 인간의 존엄성을 어떻게 규정하고 어느 정도 인정해야 하는지는 의문이 있을 수 있다. 그러나 특정 집단이나 개인의 목적에 따라서 그에 부합하는 자질을 가진 인간을 복제함으로써 복제인간이 인간의 개인적 이해추구의 수단이 될 수도 있다는 것은 곤란하다. 복제인간의 위상은 인간 그 이상도 이하도 아닌 것이다.

그리고 인간의 존엄성을 무시하고 인간 복제를 도구적 기술로만 여겨 인간의 욕심을 채우기 위한 수단으로 사용한다면 문제이다. 가령 어떤 사람이 자신의 노예들로 쓰려고 사람을 복제한다면 복제인간은 인간의 욕심을 채우는 도구로 전락하고 말 것이다. 심지어 불치병 환자의 신체기관을 교체하기 위해 복제된 인간을 부속품 교환을 위한 도구로 사용한다면 인간의 존엄성은 무너지고 말 것이다. 더욱이 국가가 인간을 복제하여 기계와 같은 능력만을 사용하려 한다면 복제인간의 존엄성은 어찌할 것인가? 극단적인 예일지 모르지만 아름다운 미모나 명석한 두뇌를 지닌 자녀를 갖기 원하는 돈 많은 사람이 우량DNA를 구입하는 것을 어떻게 막을 것인가?

또한 복제인간이 가능하다고 전제할 때 인간의 개체성과 차별성의 구분과 질서가 무너질 수 있다. 인간은 개체성으로 존재하면서 각자 개인의 정체성을 가지고 살아간다. 그러나 복제인간의 출현은 사람이 저마다 모두 다른 시각과 다른 깊이 그리고 다른 특질로 존재한다는 것을 서로 인식하거나 인정하거나 존중한다는 생각을 무너지게 만들 것이다.

유방세포로부터 생명복제가 가능하게 되어 무엇보다도 생명체 존재의 필요조건으로서의 두 이성(異性)이 필요한 것이 이제 아니다. 복제인간이란 부모와 자식의 관계를 갖지 않는 인간이다. 정상적인 출생과정을 거치는 경우라면 부모 양쪽의 유전자를 공유하게 되어 유전자의 미세한 차이 때문에 부모 자식 간에나 형제·자매 간에 성질과 모양이 서로 닮으나 조금씩은 다르다. 그러나 유전자 복제에 의한 생물, 즉 클론(clone)은 한 쪽 유전자만을 똑같이 갖게 되어 이들 서로 간에는 형태와 성질이 같게 된다. 이런 경우는 마치 물품의 대량생산과 같은 것이어서 다양한 유전 형질이 없어지게 되어 인간의 정의 자체가 달라져야 할 것이다. 무엇보다도 인간으로서 우리가 갖는 가장 소중한 것인 개인성, 개별성, 차별성(individuality)이 사라지게 된다.

이에 대해 과장된 걱정이라고 말하는 입장에서는, 현재 생명과학의 성과로는 100% 똑같은 인간은 만들어 낼 수는 없다는 것을 강조한다. 왜냐하면 복제동물이 가지는 특징이 유전자 하나로 결정되는 것이 아니라 임신 중 모체의 여러 가지 건강, 영양, 경험 상태에 의해서 영향을 받기 때문이다. 그리고 아직까지는 완전히 성장한 성인을 복제할 수 있는 것이 아니라 기껏 사람이 성장하는 것과 똑같은 속도로 성장하는 복제 배아를 만들 수 있는 것에 불과하다. 그러므로 현재로서 유전자 복제인간의 출현은 똑같은 인격과 능력과 가치관을 가지고 있는 인간의 복제라기보다는 단순히 시간상 늦게 태어난, 우리가 흔히 보는 일란성 쌍생아 정도일 것이다. 복제 대상의 성인과 똑같은 신체적, 정신적 위상을 갖춘 인간을 만들어 낸다는 것은 현실적으로 불가능한 일이다.

그러한 상황이라도 실제 복제인간이 출생할 때 "복제된 인간이 정말 인간인가?"라는 질문을 하지 않을 수 없다. 또 나의 몸에서 떼어낸 세포로 나와 똑같은 인간을 복제해 낸다면 나와 그 복제인간은 어떤 관계가 되는가? 복제인간은 또 다른 나인가 아니면 나의 아들인가 딸인가? 복제인간의 출현은 시민사회의 기초를 흔들 것이며, 개인 존재 근거의 상실을 가져올 것이며, 인간의 파괴를 자초할 수도 있을 것이다.

▶▶▷ 김홍진, 「복제인간에서 나타날 생명윤리 문제에 대한 기독교 교육적 과제」 재구성

## 4) 관점 바꾸기

사물을 보는 방법을 바꾸면 사물의 모양이 달라지는 것처럼 대상에 대한 관점을 바꾸게 되면 전에는 미처 생각하지 못했던 새로운 것을 발견할 수 있게 된다. 마당놀이 형식으로 공연했던 〈놀부전〉은 오랫동안 흥부의 관점에서 해석되어 오던 전통적인 이야기를 놀부의 관점에서 새롭게 해석한 관점 바꾸기의 대표적인 사례이다. 이러한 관점 바꾸기를 통해 흥부 중심의 권선징악의 가치 이면에 숨어 있던 여러 가지의 현대적 가치들을 드러낼 수 있었던 것이다.

연구과제

1. 『춘향전』에서 고을 수령인 변학도가 관기인 춘향에게 수청 들기를 요구했다. 춘향의 관점에서 보면 이러한 수청 거부는 절개를 지키기 위해 당연히 해야 할 일이었다. 관점을 바꾸어 춘향의 '수청 거부'를 변학도의 관점에서 이야기해 보자.

**2. 제시문은 카프카의 「공동체」이다. 공동체의 속성과 의미에 대해 다섯 친구의 입장과 여섯 번째의 입장에서 이야기해 보고, 그것을 우리 사회로 확장해 보자.**

우리는 다섯 친구이다. 우리는 언젠가 한 집에서 뒤이어 차례로 나왔는데 우선 하나가 나와 대문 옆에 섰고, 그 다음에는 두 번째가 와서, 아니 왔다기보다는 미끄러져, 수은방울처럼 가볍게 대문을 나와 첫째로부터 멀지 않은 데 섰고, 그 다음은 셋째, 그 다음은 넷째, 그 다음은 다섯째가 그랬다. 결국 우리는 모두 한 줄로 서 있었다. 사람들이 우리를 주목하게 되어 우리를 가리키며 말했다. 「이 다섯이 지금 이 집에서 나왔다」고. 그때부터 우리는 같이 살고 있다. 어떤 여섯 번째가 자꾸만 끼여들려고만 하지 않는다면 평화로운 생활이리라. 그는 우리한테 아무 짓도 하지 않는다, 그러나 우리는 그가 귀찮다, 그러니 그것으로 충분히 무슨 짓인가를 하는 것이다, 싫다는데도 그는 왜 밀고 들어오는 것일까? 우리는 그를 모르며 우리들한테로 받아들이지 않겠다. 우리 다섯도 전에는 서로 몰랐으며, 굳이 말한다면, 지금도 서로 잘 모른다, 그러나 우리 다섯에게서 가능하고 참아지는 것이 저 여섯 번째에게서는 가능하지 않으며 참아지지도 않는다. 그밖에도 우리는 다섯이며 여섯이고 싶지 않다. 그런데 도무지 이 끊임없이 같이 있음이란 것이 도대체 무슨 뜻이 있단 말인가, 우리 다섯에게도 그것은 아무런 뜻이 없다, 그러나 이제 우리는 이미 같이 있고 앞으로도 그럴 것이다, 그렇지만 새로운 결합은 원하지 않는다. 다름이 아니라 우리의 경험상. 어떻게 그 모든 것을 여섯 번째에게 가르친단 말인가, 긴 설명은 벌써 우리 테두리에 받아들임을 의미하는 거나 다름없을 테니 우리는 차라리 아무런 설명도 하지 않고 그를 받아들이지 않는다. 제아무리 입술을 비죽이 내밀 테면 내밀어보라지, 우리는 그를 팔꿈치로 밀쳐내 버린다, 그런데 우리가 아무리 밀쳐내도 그는 다시 온다.*

문장부호는 카프카의 『변신 시골의사』(전영애 옮김, 민음사, 1998)에 따름

상대방과 입장을 바꾸어보면 의외로 쉽게 해결될 수 있는 문제가 문화적 편견이다. 문화적 관습은 각각의 구성원들에게는 충분히 그럴 만한 보편타당성을 가지고 있다. 그런데 자신의 문화적 입장만을 전체 인류의 보편성으로 주장하는 독단이 갈등을 만들게 된다. 프랑스 여배우 브리짓 바르도(Brigitte Bardot)가 보신탕을 먹는 한국인들을 야만인이라고 주장한 사례가 쉽게 떠오를 것이다. 개를 식용으로 사용하느냐 그렇지 않느냐는 문화적 차이다. 문제는 이러한 차이를 문명과 야만이라는 잣대로 나누고, 자신의 문화적 입장만을 중심에 두려는 문화적 편견에서 비롯된다. 그런데 흥미로운 것은 원숭이 골이나 푸아그라(Foie gras)를 먹는 프랑스인들이 더 야만적이라는 논리가 강력한 반박 논리로 통용된다는 사실이다. 이 또한 문화적 편견이며, 이러한 편견들 속에서는 갈등과 대립만 남게 된다.

다음 예문은 문화인류학자 마빈 해리스가 미국 서북 원주민 사이의 겨울축체 또는 그 축제 때에 교환하는 선물이나 선물나누기를 의미하는 '포틀래치(potlatch)'에 대해 문화생태학적으로 접근하고 있는 글이다.

**예문**

포틀래치(potlatch)는 루스 베네딕트의 저서 『문화의 제유형(Patterns of Culture)』에서 잘 알려져 있는 관습이다. 이 책에는 밴쿠버 섬 원주민인 콰키우틀족 사이에서 행해졌던 포틀래치에 관한 기록이 자세히 기술되어 있다. 베네딕트는 이 포틀래치가 콰키우틀족 문화의 전반적인 특징을 보여주는 과대망상적인 생활양식의 일면일 것이라고 생각했다. 포틀래치는 신이 그들에게 내려주신 '술잔'을 이르는 말이었다. 이후로 포틀래치는, 문화란 불가사의한 힘들과 미치광이들이 창조해 낸 것이라는 믿음을 갖게 해 주는 기념비적인 것이 되었다. 『문화의 제유형』을 읽은 후 많은 전문가들은, 위신을 얻으려는 충동이란 것이 실제적이고 현실적인 요인들과 관련지어 생활양식을 이해해 보려는 시도들을 엉망으로 만들어 버렸다는 결론을 내리게 되었다.

그러나 나는 여기에서 콰키우틀족의 포틀래치가 단순한 과대망상적인 변덕 때문에 생긴 것이 아니고, 분명히 경제적, 생태학적 조건들에 의해 만들어진 결과임을 밝히고 싶다. 경제적, 생태학적 조건들이 없어지자, 존경받고 싶은 욕구나 지위를 얻으려는 충동은 전혀 다른 생활양식의 관행으로 표현되었던 것이다. 무절제한 소비 대신에 절제 있는 소비양식이 생겼고 흥청망청 써버리는 낭

비는 금지되었으며, 지위를 얻기 위한 경쟁자도 사라져 버렸던 것이다. (중략)

포틀래치는 콰키우틀족 추장들 가운데서 높은 지위를 열망하는 망상에 사로잡힌 추장들에 의해 개최된다고 루스 베네딕트는 설명하고 있다. 다른 문화의 표준으로 판단한다면, "그런 추장들의 호언장담은 수치스러운 과대망상같이 보일 것이다."라고 그녀는 평가하고 있다. "콰키우틀족의 이런 모든 투기 행위의 목적은 오직 상대방보다 우월한 지위에 있음을 보여주고자 하는 것뿐이었다." 그녀의 견해에 의하면, 동서북 태평양 연안의 모든 원주민들의 경제체제는 이 망상을 위해 존재하는 것뿐이었다.

나는 베네딕트 여사의 이 견해가 틀렸다고 생각한다. 콰키우틀족의 경제체제가 지위경쟁에 이바지했던 것이 아니라, 그 반대로 지위경쟁이 경제체제에 이바지했던 것이다.

이 지구상의 여러 지역에 흩어져 있는 원시사회들은 콰키우틀족의 선물 공세가 지니는 기본요소들 중 파괴적인 요소를 제외하고는 모두 지니고 있다. 포틀래치의 근본이 되는 핵심 요소를 벗겨볼 때, 그것은 경쟁적 축제임과 동시에 지배계급이 아직 완전히 확립되지 않은 부족들 가운데서 부의 생산과 분배를 명확히 실현시켜 주는, 거의 보편화된 메커니즘이다.

멜라네시아와 뉴기니아는 비교적 원시적인 사회조건 아래에서 열리는 경쟁적 축제들을 연구하기에 최적지이다. 이 지역의 전역에는 빈번한 축제를 열어 자신들의 높은 지위를 확인하는 이른바 '대인(大人, bigman)'들이 있다. 그들은 일생 동안 여러 차례 축제를 연다. 축제를 열기 전에 우선 제기되는 것으로 야심만만한 대인들이 축제에 필요한 재산 축적에 모든 노력을 집중하게 된다.

예컨대 카오카어(KaoKa語)를 사용하는 솔로몬 군도인들 중 높은 지위에 오르고자 하는 자들은 먼저 아내와 자식들로 하여금 다른 사람들보다 더 넓은 면적의 경작지를 경작하게 하여 출세를 향한 준비를 시작한다. 호주의 인류학자 호그빈(Ian Hogbin)은 대인이 되고 싶어 하는 카오카인은 친척과 자기 연배의 친구들로 하여금 고기잡이를 돕게 하고 그 후 조금 있다가 암퇘지를 애걸하여 얻어 자기의 돼지떼를 늘리며 돼지가 새끼들을 낳으면 이웃들에게 위탁하여 기르게 한다고 설명하고 있다. 머지않아 친척들과 친구들은 이 젊은이가 부자가 되어 가고 있는 것을 깨닫게 된다. 그들은 그의 넓은 경작지와 많은 돼지떼를 보고, 돌아올 축제는 기억에 남을 만한 성대한 축제가 될 수 있도록 더욱 힘을 배가시켜 그를 도와주었음을 기억해 주기를 바란다. 마지막으로 그들은 모두 힘을 합해 초호화판 주택을 세운다. 남자들은 최후의 낚시원정을 떠난다. 여자들은 얌(Yams: 감자류)을 거둬들이고 땔감을 모으는 한편 바나나 열매와 코코넛을 모은다. 손님들이 도착하면 (포틀래치의 경우처럼) 재물들이 정교하게 진열되어 모든 사람들이 보고 놀랄 수 있게 한다.

▶▶▷ 마빈 해리스, 『문화의 수수께끼』

1. 마빈 해리스는 '포틀래치'에 대한 루스 베네딕트의 관점이 편견이라는 것을 어떤 방식으로 보여주고 있는가.

2. 우리가 사용하는 일상어 가운데 문화적 편견이 작용하는 말(들)을 찾아보고 그러한 편견이 만들어진 배경을 알아보자.

# 2. 문제의식 갖기

## 무엇에 대해 쓸 것인가/글을 쓰는 목적이 무엇인가

주제란 글의 중심적인 내용 혹은 글쓴이가 말하고자 하는 참된 의도를 뜻한다. 앞서 살펴본, 하나의 소재(제재)에 대한 다양한 관점에서 '무엇에 대하여' 쓸 것인가에 해당하는 범주, 대상, 목적을 구체화하고 심화한 것이 주제이다. 주제는 이미 제시된 화제를 재해석하고 구체화하는 경우와 스스로 설정해야 하는 경우가 있는데, 모두 범위를 좁히고 자신의 관점을 명확히 해야 한다는 점이 가장 중요하다. 하나의 소재(제재)에서도 글쓰는 사람의 관점에 따라 다양한 주제 설정이 가능하므로 글의 독창성은 주제 정하기에서 시작된다고 할 수 있다.

### 1) 좋은 주제의 요건

첫째, 우선 주제를 정할 때에는 글의 초점과 시각이 효과적으로 드러날 수 있도록 범위를 한정해야 한다. 범위가 너무 넓으면 그 내용을 감당할 수 없으므로 자신의 관심영역과 능력을 제대로 파악하여 구체적이고 명확하게 주제를 잡을 수 있도록 한다.

둘째, 주제 영역에 대한 자료 찾기와 읽기가 충분히 이루어져야 한다. 학술적, 전문적 자료는 물론 신문기사, 인터넷 검색 등을 통해 다양한 자료를 찾고 읽는 과정에서 주제가 구체적으로 정리될 수 있다.

셋째, 첫 번째와 두 번째 작업을 반복하면서 글에서 주장하고자 하는 바를 한 문장으로 정리할 수 있어야 한다. 이것을 주제문(Topic sentence)이라고 한다. 구체적이고 제한적인 주제문을 예상할 수 있어야 통일성과 깊이가 갖춰진 글을 쓸 수 있다.

## 2) 주제문 작성

주제가 설정되면 주제문을 작성하는 일이 필요하다. 이 주제문에서 글쓴이는 문제의식에 대한 자신의 주장(입장)을 펼치는 것이다. 주제문은 정확하고 구체적인 것이어야 한다. 예를 들어 "이상과 현실은 일치되는가?"와 같은 의문문이나 "한국인은 당파적인 국민이다."와 같이 감정이 개입된 것, "미국은 한국보다 살기 좋은 나라이다."라는 막연한 문장은 주제문으로 적당하지 않다.

이 단계를 예와 함께 정리해 보면 다음과 같다.

소재, 제재(막연한 쓸거리) – 성범죄

화제 나열 – 새롭게 보기: '성범죄'에 대한 고정관념 깨기/ 다양한 관점/ 관점 바꾸기

① 성매매가 성범죄에서 다루어지는 이유
② 성범죄 재범률과 다른 범죄 재범률의 차이
③ 위안부를 바라보는 시각과 성범죄 피해자를 바라보는 시각의 공통점과 차이점
④ 한국의 혼전 순결에 대한 인식과 성범죄를 바라보는 시각
⑤ 성범죄에 대한 강력 대응의 실효성
⑥ 청소년 성의식과 성범죄의 상관성 – 청소년 성매매와 성범죄
⑦ 성범죄 처벌 방식의 차이 – 외국과 한국 비교

자료 찾기와 읽기: 도서관 이용 방법, 자료 찾기의 실제는 교재 6장 참조

주제 정하기: 무엇에 대해 쓸 것인가/ 글을 쓰는 목적이 무엇인가
여러 개의 화제 중에서 하나 선택: ① – 범위 한정, 내용의 구체화
  : 자발적 성매매와 성범죄의 관계

주제문 작성: 자발적 성매매도 ○○○○○한 이유에서 성범죄로 다루어야 한다. (또는)
  자발적 성매매는 ○○○○○한 이유에서 성범죄로 다루면 안 된다.

1. 아래 소재들로 주제설정 방법에 따라 주제를 한정해 보고, 주제문을 작성해 보자.

1) 패스트푸드

2) 20대 (대학생)

3) 다문화주의

4) SNS

# 2장 구성하기

1. 구성의 원리

2. 개요 작성하기

# 1. 구성의 원리

## 논리적 흐름

글의 주제가 정해지면 정해진 목적을 달성할 수 있도록 내용을 갖추어야 한다. 그 내용을 효과적으로 선택하고 배열하는 작업이 구성하기이다. 글의 뼈대 만들기라고 이야기되는 이 작업이 성공적으로 이루어지려면 주제가 돋보이도록 글의 흐름을 만들어야 하는데 여기에 작용하는 것이 논리이다.

글을 구성하는 방법은 다양한데, 아래 형식은 참고 이론으로 알아 두면 된다. 구성하기에서 중요한 것은 형식에 맞추어 틀을 만드는 것이 아니라, 구체적으로 항목화한 내용을 주제에 맞게 논리적으로 배열하는 능력이다. 구성 방식에는 나열식 구성, 인과식 구성, 논지 확장식 구성 등의 이름이 붙여질 수 있는데, 글의 목적에 따라 구성방식이 새롭게 결정된다고 보면 된다.

1) **나열식 구성**: 시간순·공간순으로 내용을 배치할 때나 내용이 대등하게 연결될 때 효과적이다. 여행기나 답사문을 쓸 때, 다양한 관점이나 정보를 제공하는 것이 목적일 때 적합하다.
2) **인과식 구성**: 원인을 밝히거나 결과를 분석하여 주제문에 도달하고자 할 때 적합하다.
3) **논지확산형 구성**: 글쓴이의 의도와 논리에 따라 점층적·단계적으로 글이 심화·확장되는 성격을 띨 때 적합하다.

아래는 〈반려견〉을 소재로 한 편의 글을 쓰고자 하여 항목화한 화제들이다. 이 항목들을 보고 주제를 설정한 후, 필요한 항목들을 선택·재배열하여 위의 방식을 응용한 목차를 만들어 보자.

| | |
|---|---|
| ·반려견과 행복하게 살아가기 | ·지능형 로봇 강아지 개발 |
| ·유기견 보호 시설과 입양 법안 | ·반려견이 주는 정서적 안정감 |
| ·유행 상품이 된 반려견 | ·반려동물 인식표 및 등록제 |
| ·아파트 반려견은 공공의 적 | ·살아 있는 완구, 반려견 |
| ·질병에 노출된 반려견의 사육실태 | ·동물관련 법제 미비로 발생하는 반려견 문제 |
| ·반려견 가짜 혈통서와 검역서 | ·반려견 의류, 식품 구매 실태 |
| ·노후생활과 반려동물 | ·생명 친화적 관계 맺기 |
| ·반려동물 산업 | ·병든 반려견 처리 실태 |
| ·성대수술, 중성화수술, 각종 미용수술 | ·인생의 동반자인 반려견 |
| ·반려견 직거래 시장의 합법화 | ·버려지는 개와 반려견 판매 시장 |
| ·반려견이 아동 발달에 미치는 영향 | ·반려견 복제와 소형 반려견 만들기 |
| ·마음의 병 치료 | |

【예1】

〈반려견 기르기의 장점을 강조하는 입장〉에서 글을 쓴다고 했을 때 선택할 수 있는 항목들은 ㉮처럼 정리될 수 있다. 이 항목들을 ㉯에서 논리적인 흐름을 고려하여 재배열하였다. 나열식 구성방식을 응용하여, 2항과 3항을 시간 순으로 배치하였다.

| ㉮ | ㉯ |
|---|---|
| ·반려견과 행복하게 살아가기 | 1. 도입부 |
| ·노후생활과 반려동물 | 2. 반려견이 아동 발달에 미치는 영향 |
| ·반려견이 아동 발달에 미치는 영향 |   1) 생명 친화적 관계 맺기 |
| ·반려견이 주는 정서적 안정감 |   2) 반려견이 주는 정서적 안정감 |
| ·생명 친화적 관계 맺기 | 3. 노후생활과 반려동물 |
| ·인생의 동반자인 반려견 |   1) 마음의 병 치료 |
| ·마음의 병 치료 |   2) 인생의 동반자인 반려견 |
| | 4. 반려견과 행복하게 살아가기 |

【예2】

〈반려동물 기르기가 산업화되면서 나타나는 문제〉라는 주제로 ㉰와 같은 항목을 선택한 후 ㉱처럼 논리적 흐름을 만들어 볼 수 있다. 이것은 나열식 구성방식이 응용된 것인데, 분류·구분에 신경 쓰면서 빈칸을 채워보자.

<table>
<tr><td align="center">㉓</td><td align="center">㉕</td></tr>
<tr><td>

·반려동물 산업

·유행 상품이 된 반려견

·질병에 노출된 반려견의 사육실태

·반려견 가짜 혈통서와 검역서

·반려견 복제와 소형 반려견 만들기

·살아 있는 완구, 반려견

·중성화수술, 성대수술, 미용 수술

·반려견 의류, 식품 구매 실태

·버려지는 개와 반려견 판매 시장

</td><td>

1. 문제제기: 유행 상품이 된 반려견

2. 반려동물 산업

3. 판매자의 문제

  1) 반려견 가짜 혈통서와 검역서

  2) _____

  3) _____

4. 소비자의 문제

  1) 반려견 의류, 식품 구매 실태

  2) _____

  3) _____

5. 마무리

</td></tr>
</table>

【예3】

　아래 ㉖의 항목들은 어떤 주제에서 선택된 것인지 파악하고, 그 주제를 돋보이게 할 수 있는 구성방식을 택하여 ㉘에서 논리적인 흐름을 만들어 보자.

<table>
<tr><td align="center">㉖</td><td align="center">㉘</td></tr>
<tr><td>

주제: _____

·질병에 노출된 반려견의 사육실태

·반려동물 인식표 및 등록제

·병든 반려견 처리 실태

·동물관련 법제 미비로 발생하는 반려견 문제

·버려지는 개와 반려견 판매 시장

·유기견 보호 시설과 입양 법안

·반려견 가짜 혈통서와 검역서

·반려견 직거래 시장의 합법화

</td><td></td></tr>
</table>

**1. 제시된 글의 주제와 흐름을 파악하여 목차를 추출해 보자.**

## 자소서는 어떻게 '자소설'이 되는가

오늘도 취준생들은 '자소서'를 쓴다. 자소서는 '자기소개서'의 줄임말로, 기업에 원서를 낼 때 거의 예외 없이 제출하는 서류이다. 명칭 그대로 자소서는 자기가 살아온 경험을 소개하면서 자신이 이 회사에 채용되어야 하는 이유를 기술하는 글이다. 하지만 자소서에 쓰는 모든 소개는 그 자체로는 의미가 없다. 궁극적으로 채용담당자를 설득하지 않으면 무용지물이기 때문이다.

청년들이 자소서를 '자소설'이라고 부르는 이유도 여기에 있다. 자소서를 쓰는 이는 모든 항목에서 자신의 경험과 생각을 최대한 과장해야 한다. '가장 어려웠던 일을 극복하기 위해 어떤 일을 했는지', '조직의 목표를 달성하기 위해 노력하고 희생함으로써 협력을 이끌어낸 경험'에 대해 쓸 때, 지원자는 최근 4~5년의 대학생활 동안 경험했던 일들을 복기해서 아무리 작은 경험이라도 그 속에서 '어려움', '극복', '목표 달성', '희생', '협력'이라는 키워드를 끌어내야 한다. 당연히 경험은 과장될 수밖에 없다. 그래서 그것은 '소설'처럼 '있을 법한 허구'가 된다. 모두가 소설을 쓴다면, 그중 가장 극적이고 재밌는 소설을 쓴 이가 서류전형을 통과할 공산이 크다. 자소서 쓰기는 우리 시대의 청년문학이자, 기업이 주관하는 신춘문예다.

자소서가 '자소설'이 되는 또 하나의 이유는 그것이 '자기소개'의 독자성과 창의성을 결여하고, 기업이 제시하는 항목에 자기를 맞추는 글이기 때문이다. 회사를 초월해 자소서 항목에서 반복적으로 등장하는 단어들은 뭘까. '열정, 극복, 도전, 끈기, 성과, 창의, 문제해결, 비전, 노력, 희생, 진지함, 헌신, 감동' 등이다. 이 단어들은 기업이 찾는 인재가 거의 '슈퍼히어로'에 가까움을 보여준다. 평범한 대학생들의 삶과는 어울리지 않는 거창한 단어들이다. 하지만 취준생들은 자기 삶의 경험들을 이러한 단어들에 맞춰서 재배치해야만 한다. 이제 경험을 통해 가치를 추출하는 게 아니라, 자소서에서 요구하는 가치를 충족하기 위해 선제적으로 경험을 조직하는 게 최선이다. 대학생활에서 자소서가 만들어지는 게 아니라, 자소서를 위해 대학생활이 만들어지는 것이다.

자소서의 기능은 그래서 단순히 기업에 '자기소개'를 하는 게 아니다. 자소서는 '자기'를 만들어내는 것, 기업의 인재상에 맞추어 '자기'를 생산하는 기능을 한다. 그것은 짧게는 1~2년, 길게는 9~10년의 자기 인생을 기업이 요구하는 가치에 따라 조직하는 일이다. 청년실업률이 역대급으로 높은 오늘날, 자소서는 청년들이 '자기'의 삶을 설계하고 운영하고 관리하는 지침서다. 이것은 기업이 운영하는 '고해성사'다. 그런 의미에서 자소서는 개인을 권력의 입맛에 맞춰 하나의 '주체'로 만드는 체계, 곧 푸코가 '장치'(dispositif)라고 불렀던 것의 대표적인 한국적 사례가 된다.

'학생부'가 중고등학생의 삶을 주조한다면, 자소서는 대학생의 삶을 주조하는 '주체화 장치'다. 자본은 상품을 생산하는 데서 그치는 게 아니라, 청년의 삶을 생산하는 데로 나아간다. 이렇게 생산되는 '자기'란 '스스로를 인적자본으로 바라보고 투자 대비 이윤을 최대화하기 위해 자기를 관리하고 경영하는 인간', 곧 신자유주의적 인간형인 호모 에코노미쿠스이다. 그의 삶은 완벽한 자유로 이루어진 것처럼 보이지만, 사실 그는 자본에 구속된 인간으로 스스로를 관리한다. 오늘날 정치는 국회나 청와대에 있다기보다, 기업의 자소서가 만들어내는 청년들의 삶 속에 있다. '삶 정치'란 이런 것이다. 한국의 현재와 미래가 청년에게 있다? 아니다. 그것은 청년의 삶을 생산해 내는 자본에 있다.

▶▶▷ 문강형준, 「자소서는 어떻게 '자소설'이 되는가」

2. 아래는 '낙태'라는 동일한 소재로 구성한 목차이다. ㉮와 ㉯는 글의 목적과 성격이 어떻게 다른지 이야기해 보자.

| ㉮ | ㉯ |
|---|---|
| 1. 도입부 | 1. 도입부 |
| 2. 한국의 낙태 현실 | 2. 외국과 한국의 낙태 실태 비교 |
| 3. 낙태의 필요성 | 3. 낙태율이 높을 수밖에 없는 한국문화 |
|   1) 원치 않는 임신: 성폭력 |   1) 미혼모에 대한 사회적 편견과 차별 |
|   2) 출산, 양육에 대한 여성결정권 보호 |   2) 기형아 출산, 양육에 지원 미비 |
| 4. 낙태의 문제점 |   3) 불법 낙태 처벌의 허술함 |
|   1) 산모 건강의 위험 |   4) 임신을 추상화하는 성교육 |
|   2) 무시되는 태아의 생명 |   5) 입양의 어려움 |
|   3) 의료계의 윤리적 문제 | 4. 낙태를 할 수밖에 없는 한국문화 비판 |
| 5. 마무리 | |

논리적 사고와 글쓰기

40

구성이 완성되면 그것을 바탕으로 개요를 작성한다. 이것을 아웃 라인(out-line)이라고 하는데, 글 전체의 짜임을 위해 반드시 필요하다. 개요 작성은 글을 쓰는 자신을 위한 것이므로 형식에 얽매일 필요는 없으나 분류 체계에 따라 각 부분에 필요한 요소를 갖추어서 정리해 두면 글쓰기가 수월해진다.

개요를 작성할 때는 이야깃거리의 순서와 단계, 논점의 크고 작음과 주종관계에 따라서 아래와 같은 부호나 숫자를 붙이는데, 이에는 일관성이 있어야 한다.

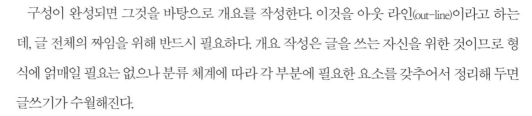

| 1. 도입부(=머리말, 서론) | 1. 도입부(=머리말, 서론) |
| 2. 비교문화적 관점에서 본 '남성다움' | 2. 비교문화적 관점에서 본 '남성다움' |
|   1) 수렵 채취 사회 |   2.1. 수렵 채취 사회 |
|   2) 원시 경작 사회 |   2.2. 원시 경작 사회 |
|   3) 집약 농경 사회와 목축 사회 |   2.3. 집약 농경 사회와 목축 사회 |
| 3. 산업 자본주의 사회에서의 '남성다움' | 3. 산업 자본주의 사회에서의 '남성다움' |
|   1) 근대 서구 사회에 나타난 '남성다움' |   3.1. 근대 서구사회에서의 '남성다움' |
|   2) '남성다움'의 존속 기제 |   3.2. '남성다움'의 존속 기제 |
| 4. 현대 한국 사회에서의 '남성다움' | 4. 현대 한국 사회에서의 '남성다움' |
| 5. 남성 운동의 전망 | 5. 남성 운동의 전망 |

| | | | |
|---|---|---|---|
| I. 도입부(=머리말, 서론) | 1. | 1. | I. |
| II. 비교문화적 관점에서 본 '남성다움' | 2. | 2. | II. |
|   1. 수렵 채취 사회 | 1) | 2.1. |   1. |
|   2. 원시 경작 사회 | (1) | 2.1.1. |    1) |
|   3. 집약 농경 사회와 목축 사회 | ① | 2.1.1.1. |     (1) |
| III. 산업 자본주의 사회에서의 '남성다움' | 2) | 2.1.2. |   2. |
|   1. 근대 서구 사회에 나타난 '남성다움' | | 2.2. | |
|   2. '남성다움'의 존속 기제 | | | |
| IV. 현대 한국 사회에서의 '남성다움' | | | |
| V. 남성 운동의 전망 | | | |

도입부(서론, 머리말)에서는 글쓰는 사람의 문제의식, 제기된 문제의 배경, 글의 목적 등을 정리한다. 본론에서는 전체 글의 구성에 맞추어 논리적·유기적으로 연결이 되는지를 점검하면서 세부적인 내용들을 배치한다. 이 때 문장식으로 작성할 수도 있고, 요점 정리하듯 명사구로 정리할 수도 있다. 문장식 개요는 실제 글을 쓸 때 문장이 안정적으로 만들어질 수 있다는 장점이 있으며, 요점식 개요는 글 전체를 한 눈에 파악할 수 있어 자료를 읽으며 계속 수정하고 보완하기에 효과적이다. 마무리(결론, 맺음말)에서는 서론에서 제시했던 문제의식이 어떻게 해결되었는지를 정리한다.

아래 예시는 구성된 〈목차〉로 만들어 본 〈개요〉이다.

---

〈목차〉
제목: 인간의 장기 은행 – 죽음에 대한 실용적인 정의
주제문: 뇌사자의 장기이식은 미화하거나 정당화할 수 없다

1. 문제제기(도입부, 서론, 머리말)
2. 뇌사의 정의와 국내외 현황
  1) 뇌사의 정의와 특징: 사망과의 차이
  2) 뇌사의 국내외 현황
3. 뇌사자 장기이식의 정당성 비판
  1) 이원론과 신체의 고유성의 증발
  2) 뇌사라는 새로운 사망 정의의 불확실성
  3) 생명에 대한 실용주의적 접근 비판
4. 마무리(결론)

【개요 예】

제목: 인간의 장기 은행 – 죽음에 대한 실용적인 정의

주제문: 뇌사자의 장기이식은 사람을 실용적 가치로 바라보는 비인격적인 속성을 가지고 있기 때문에 미화하거나 정당화할 수 없다


## 1. 서론 (문제제기) – 뇌사자의 장기이식은 정당화될 수 있는가

– 뇌사에 의한 사망 판정과 뇌사자의 장기이식에 대한 공감(전 세계적 추세)

 : 살신성인, 의미 있는 삶의 마감, 공익적 재산의 값진 환원, 인류애의 발현으로 담론화

↔ 뇌사자의 장기이식 거부나 머뭇거리는 태도를 뇌사 상태 환자의 소생불가능을 인식하지 못하는 무지, 재활용이 가능한 자원의 폐기나 낭비로 언급

– 장기의 상업적 매매 허용과 장기이식 공급의 공정한 방식과 장기이식의 분배 정의로 문제가 확장되는 추세

→ 뇌사자의 장기이식은 정당화될 수 있는가? 뇌사를 사망의 새로운 정의로 채택하는 것이 정당한가?


## 2. 뇌사의 정의와 국내외 현황

### 1) 뇌사의 특징과 사망

– 뇌사란 인공호흡기에 의존, 호흡은 하되 뇌가 죽어 있는 상태

– 깊은 혼수(Koma)에 빠져 있고, 자발적인 호흡을 할 수 없으며, 동공이 고정되고, 뇌간 반사가 소실되어 있는 상태

– 인공호흡기로 심장이 뛰고 있으므로, 숨이 끊어지지 않고 맥도 잡히며 신체도 차가워지지 않은 '살아 있는 신체에 죽은 뇌(a dead brain in a living body)'의 상태

– 전통적인 사망의 정의가 심장사라면, 뇌사는 새로운 사망 정의

– 소생 불가능: 뇌는 대부분 단백질로 이루어져 있는데, 뇌가 죽었으므로 이 단백질이 변성하게 되고, 시간이 지나면서 뇌 전체가 흘러내리게 됨. 뇌사자와 식물인간을 구분하는 중요한 요소

- 자발적 호흡 불가능
- 장기이식에 대해 뇌사자 자신의 유언이 없을 경우, 의사들은 빠른 시일 내에 환자 가족들에게 동의를 구하려 함

## 2) 뇌사의 국내외 현황(現況)

- 하버드 의과 대학 – 뇌사 판정: 24시간 환자를 관찰 → 6시간 관찰: 뇌사 판정 현황
- 국내: 뇌사 판정기준 제시(1983) → 뇌사입법안(1999) → 2000년부터 실시: 현황자료

## 3. 뇌사자 장기 이식의 정당성 비판

### 1) 이원론과 신체의 고유성 증발

- 사망의 새로운 정의와 뇌사자의 장기이식은 육체와 뇌를 구분하는 이원론에 근거, 신체의 고유성 무시

### 2) 뇌사라는 새로운 사망 정의(定義)의 불확실성

- 뇌사는 사망에 대한 정의가 아니라 사망을 판정하는 하나의 협소한 기준에 불과
  : 사망에 대한 여러 기준들 가운데 하나가 될 수 있을 뿐, 절대적 정의가 될 수 없다.
- 생사를 구분하는 한계선은 (뇌사 옹호자들이 주장하는 것처럼) 확실한 것이 아니다.

### 3) 생명에 대한 실용주의적 접근 비판

- 뇌사 판정은 이 시대에 지배적인 실용주의적 가치관이 그 배후
- 새로운 사망의 정의는 이전에는 생체해부에서나 가능했을 이상적인 상태로 싱싱하게 보존된 기관이나 조직들을 얻기 위해 혼수상태의 환자에게 호흡기를 착용하게 하여 인간의 신체마저 언제라도 사용 가능한 부품으로 인간을 전락
- 가장 문제적인 부분: "인공호흡기를 달아도 환자가 소생할 가능성은 없다는 것이 뇌사의 정의라면, 환자가 소생할 가능성도 없는데, (돈을 들여서까지) 인공호흡기를 왜 계속 가망 없는 환자에게 달게 하는 것일까?" 하는 것: 새로운 사망 정의에 의해 (생명 유지 장치를 이용하여) 싱싱한 장기나 조직을 지닌 보고(寶庫)나 은행으로 환자를 취급하려고 하기 때문이다.
- 뇌사자는 사실상 인격체로서의 죽음을 맞이할 권리를 박탈당한 채 신선한 장기를 보관하는 일종의 냉장고로 간주된다.

**4. 결론(마무리, 맺음말)- 우리 시대 죽음을 대하는 비겁한 태도**

- 죽음으로부터의 도피

　죽음의 새로운 정의(뇌사)는 죽음과 맞서지 못하는 우리 시대의 비겁함과 맞물려 있다.

- 그대로 죽을 수 있는 권리

　사망의 새로운 정의는 "환자를 어떻게 다루어야 할 것인가"에 관심을 모으는 것이 아니라 "환자가 죽었느냐" 혹은 "환자를 어떻게 이용할 것인가" 하는 데 집중되어 있다.

- 인간의 존엄과 인간적인 생명이 무엇인가에 대한 고민 필요

Cf. Hans Jonas, "Gehirntod und menschliche Organbank: Zur pramatischen Umdefinierung des Todes," in *Technik, Medizin und Ethik: Zur Praxis des Prinzips Verantwortung*(Frankfurt am Main: Suhukamp, 1985) 재구성.

　개요가 완성되면 그 순서에 따라 글을 써 나간다. 글을 쓸 때에는 제목을 먼저 정할 수도 있고 글을 완성한 후에 제목을 정할 수도 있다. 제목은 글의 내용을 이해하는 데 필수적인 요소이며 글의 첫인상이기 때문에 신중하게 정해야 한다. 제목 붙이기는 글의 주제나 내용과 관련된 것('자본주의와 공산주의'), 글의 목적과 관련된 제목('학교야, 학교야 뭐하니?'), 전체 내용을 비유하는 것('살아남은 자의 슬픔') 등 이해하기 쉽고 선명한 제목, 암시적이고 포괄적인 제목 모두 가능하다.

다음은 "독일 분데스리가의 최정상팀인 바이에른 뮌헨이 유독 홈구장에서 승률이 높은 이유가 무엇일까"라는 의문(문제의식)에서 출발하여, 주제를 정하고 개요를 만들어 본 학생 사례이다. 단계별로 어떠한 내용들이 수정·보완되면서 개요의 완성도가 높아지는지 살펴보자.

〈1차 개요〉

제목: 독일 축구의 성지 알리안츠 아레나

주제문: 독일 분데스리가의 최정상팀인 바이에른 뮌헨의 홈구장 알리안츠 아레나와 다른
　　　　축구장의 차이점을 알아 본다.

1. 도입부: 바이에른 뮌헨, 알리안츠 아레나 소개

2. 알리안츠 아레나와 다른 구장들의 차이점

　1) 독일 바이에른 뮌헨 '알리안츠 아레나'- 수용인원 7만1천석 구비, 세계유일 경기장 외관색 변경

　2) 영국 리버풀 '안필드' – 수용인원 12,277명, UEAF 지정 4성급 경기장

　3) 스페인 바로셀로나 '캄프 누' – 수용인원은 99,000명, 경기장 노후로 인한 리모델링 중

　4) 이탈리아 AC밀란 '산시로 스타디움' – 수용인원은 81,277명, UEAF 지정 5성급 경기장
　　　　　　　　　　　　　　　전체 좌석 설치

3. 바이에른 뮌헨의 승리와 홈구장의 연관성

4. 마무리: 바이에른 뮌헨 + 알리안츠 아레나 = 승리

이 개요는 바이에른 뮌헨 팀이 홈구장인 알리안츠 아레나에서 열리는 경기에서 승리를 많이 하는 이유가 홈구장의 어떤 특징(장점)과 관련이 있을 거라는 가설에서 시작된다. 2항에서 알리안츠 아레나의 특징을 알아볼 수 있게 배치한 것은 글의 의도에 맞게 방향 설정을 잘한 부분이라고 할 수 있다. 그런데 〈1차 개요〉 2항을 조금 더 구체적으로 살펴보면, 알리안츠 아레

나의 특징이 홈팀의 승리 이유를 드러낼 것이라고 기대하기는 어렵다. 이 개요는 여러 경기장을 단순히 나열만 하고 있기 때문에 각 경기장의 크기나 외관 등에 대한 정보는 줄 수 있지만, 알리안츠 아레나의 어떤 특징들이 바이에른 뮌헨 팀의 승리를 이끄는 데 도움을 주고 있는지는 말하지 못한다.

먼저 이 글의 몸통에 해당하는 2항을 의도에 맞게 수정해 보자. 그러기 위해서는 알리안츠 아레나에 대한 정보수집 및 이 구장에서 승리한 경기, 반대로 패한 경기와 그 구장에 대한 비교·분석이 선행되어야 한다. 자료수집·분석 과정을 성실하게 거친 후, 주제문도 보다 구체적으로 다듬어서 다음과 같은 〈2차 개요〉로 수정할 수 있다.

---

**〈2차 개요〉**

제목: 독일 축구의 성지 알리안츠 아레나

**주제문: 독일 분데스리가 바이에른 뮌헨의 홈구장 알리안츠 아레나는 크기, 구조 등에서 홈팀의 승리를 이끄는 데 일조한다.**

1. 도입부: 바이에른 뮌헨, 알리안츠 아레나 소개

**2. 알리안츠 아레나의 장점 및 특징**

   1) 관중은 12번째 선수: 다른 구장과 수용인원 비교

   2) 관중의 소리도 힘이 된다: 소리를 응집시키는 건물 구조

   3) 전천후 연습 구장: 기후(눈, 비 등)나 외적 변화에 영향 받지 않는 시스템

   4) 홈구장을 내집 같이: 세계 유일의 아름다움을 추구하는 경기장

3. 바이에른 뮌헨의 승리와 홈구장의 연관성

4. 마무리: 바이에른 뮌헨 + 알리안츠 아레나 = 승리

〈2차 개요〉에서 눈에 띄는 것은 주제문에 글쓰는 사람의 주장이 명확하게 드러난다는 점이다. '1장: 주제정하기'에서 배운 바에 의하면 글쓰는 사람의 주장을 담는 것이 주제문이다. 〈1차 개요〉의 2항에서 각 나라의 경기장을 나열할 수밖에 없었던 것은 자기가 무엇을 해야 하는지 명확하게 알지 못했기 때문이다. 수정된 〈2차 개요〉에서는 알리안츠 아레나의 크기, 구조가 경기의 승리와 연관이 있음을 주장하는 것이 명확해졌으므로, 2항에서는 그것을 증명해 나가면 된다. 글 전체의 흐름을 상상하면서 각 항목이 논리적으로 연결될 수 있는지를 검토한 후, 다음과 같이 보완하여 조금 더 완성도 높은 〈3차 개요〉로 정리해 볼 수 있다.

〈3차 개요〉

제목: 독일 축구의 성지 알리안츠 아레나

주제문: 독일 분데스리가 바이에른 뮌헨의 홈구장 알리안츠 아레나는 크기, 구조 등에서 홈팀의 승리를
　　　　이끄는 데 일조한다.


1. 도입부: 바이에른 뮌헨, 알리안츠 아레나 소개


**2. 바이에른 뮌헨, 그들은 왜 강팀으로 불리는가**


**3. 승리를 이끄는 알리안츠 아레나**

　　1) 관중은 12번째 선수: 다른 구장과 수용인원 비교

　　2) 관중의 소리도 힘이 된다: 응원 소리를 응집시키는 건물 구조

　　3) 전천후 연습 구장: 기후(눈, 비 등)나 외적 변화에 영향 받지 않는 시스템

　　4) 홈구장을 내집 같이: 세계 유일의 아름다움을 추구하는 경기장

　4. 바이에른 뮌헨의 승리와 홈구장의 연관성

〈3차 개요〉에서는 〈2차 개요〉에서 볼 수 없었던 2항 '바이에른 뮌헨, 그들은 왜 강팀으로 불리는가' 항목이 새롭게 만들어졌고, 〈2차 개요〉에 있었던 4항 '마무리: 바이에른 뮌헨 + 알리안츠 아레나 = 승리'가 삭제되었다. 도입부에서 바이에른 뮌헨과 그들의 홈구장에 대한 간단한 소개는 하겠지만, 실제 이 팀의 경기 성적이나 홈구장에서의 승률, 다른 구장 경기 분석에 대한 이해를 도울 항목이 필요하다. 이에 대한 설명이 있으면 알리안츠 아레나에서의 승률이 높으므로 이 경기장의 장점 및 특징을 살펴보겠다는 글의 목적이 보다 타당하게 여겨진다.

〈2차 개요〉의 4항이 삭제된 것은 3항에서 서술하게 될 내용과 중복될 가능성이 높기 때문이다. 3항에서 바이에른 뮌헨의 승리와 홈구장의 연관성을 언급하자면 앞서 다룬 비교 분석 내용을 정리하게 될 것이므로, 2차 개요의 3항을 결론으로 삼아도 이 구성은 논리적인 흐름을 갖추었다고 말하기에 충분하다. 아울러 〈3차 개요〉 3항의 제목이 주제를 보다 직접적으로 드러내는 표현으로 바뀐 것을 볼 수 있다.

다음 개요를 바탕으로 실제 글을 써 보자.

제목: 텔레비전 광고의 또 다른 힘

주제문: 텔레비전 상품광고가 소비를 자극하는 기능을 넘어, 사고의 단순성, 단편성, 맹목성을 조장하고 있으므로 광고 내용에 대한 적절한 통제가 필요하다.

1. 서론

– 문제의식: 사회적 신화를 만들어 우리의 사고를 지배하는 텔레비전 광고, 이대로 괜찮은가?

– 글의 목적: 텔레비전의 특정 상품광고가 만들어 내고 있는 사회적 신화를 분석해 낸다.

– 분석(예시)대상: ① 광고와 매출의 상관성을 알아볼 수 있는 자료들 → 구체적으로 조사

② 상품과 관련 없는 자극적인 이미지의 광고 → 구체적으로 찾기

③ 신화가 되어 버린 광고 – 자동차, 아파트 광고(능력, 성공, 행복의 기준) → 구체적인 조사

2. 텔레비전 광고의 강력한 힘

1) 자극적 영상을 통해 인상적 전달 → 사고의 단편성, 단순성 조장

2) 맹목적 믿음을 조장 → 사회적 신화의 위험성: 예시 대상 분석하기

3. 결론: 텔레비전 광고에 대한 적절한 통제가 필요하다.

# 3장 문장의 기술

1. 올바른 문장 쓰기

2. 문단의 이해

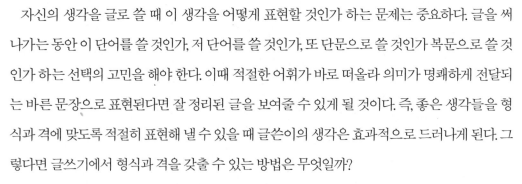

# 1. 올바른 문장 쓰기

　자신의 생각을 글로 쓸 때 이 생각을 어떻게 표현할 것인가 하는 문제는 중요하다. 글을 써 나가는 동안 이 단어를 쓸 것인가, 저 단어를 쓸 것인가, 또 단문으로 쓸 것인가 복문으로 쓸 것인가 하는 선택의 고민을 해야 한다. 이때 적절한 어휘가 바로 떠올라 의미가 명쾌하게 전달되는 바른 문장으로 표현된다면 잘 정리된 글을 보여줄 수 있게 될 것이다. 즉, 좋은 생각들을 형식과 격에 맞도록 적절히 표현해 낼 수 있을 때 글쓴이의 생각은 효과적으로 드러나게 된다. 그렇다면 글쓰기에서 형식과 격을 갖출 수 있는 방법은 무엇일까?

　이를 위한 좋은 방법은 우리말을 바르게 적기 위한 한글 맞춤법의 원리를 이해하고 틀리기 쉬운 한글 맞춤법의 몇 가지 사항들을 통해 한글 맞춤법의 원리를 적용해 보는 것이다. 특히 맞춤법의 원리를 이해하고 왜 그렇게 써야 하는지 그 이유에 대하여 관심을 가지고 공부할 필요가 있다.

　이 장에서는 한글 맞춤법의 기본 원리를 이해하고, 어법에 맞는 어휘를 쓰기 위해 알아두어야 하는 주요 어문 규정을 알아보고 또 문맥에 어울리는 바른 문장을 쓰기 위해 필요한 사항들에 대하여 알아보기로 한다.

### 1) 어법에 맞는 어휘

- 어제 등교를 하는데 촬영하러 나온 아이유를 정문 앞에서 만났다고 상상해 보자. "아이유 참 예쁘데!"라고 쓸까? 아니면 "아이유 참 예쁘대!"라고 쓸까?
- 택배 주문서에 "부재 시에는 경비실에 맡겨 주세요"라고 쓸까? 아니면 "부재시에는 경비실에 맡겨 주세요"라고 쓸까?
- "공부를 못하다"와 "공부를 못 하다"의 뜻은 어떻게 다를까?
- "어따 대고"가 맞을까? "언다 대고"가 맞을까?

이러한 질문에 대해 생각해 볼 수 있는 내용은 다음과 같다. '-대'와 '-데'는 어떻게 표기하느냐에 따라 큰 차이가 있다. "아이유 참 예쁘데!"라고 쓰면 '예쁘더라'와 같은 의미로 자신이 직접 아이유를 본 것이 된다. 반면 "아이유 참 예쁘대!"라고 쓰면 '다고 해'의 줄임말로 누군가에게 듣고 전하는 것이 된다. 다음으로 택배 주문서에 쓰는 표현은 '부재 시'로 띄어 써야 맞다. '부재시'로 붙여 쓰는 경우가 많은데 '시(時)'는 단어이기 때문에 한글 맞춤법의 원칙에 따라 띄어 써야 한다. '공부를 못하다'와 '공부를 못 하다'는 띄어쓰기 여부에 따라 의미가 달라진다. '공부를 못하다'는 공부를 하기는 했는데 '일정한 수준에 못 미치다'의 의미이고, '공부를 못 하다'는 아직 공부를 안 한 상태일 때 하는 말이다. '어따 대고'와 '언다 대고' 중에서 '어디다 대고'의 줄임말인 '언다 대고'로 적어야 한다.

한글 맞춤법은 한국어를 한글로 표기할 때 지켜야 할 어문 규정으로 글쓰기의 기초라 할 수 있다. 글을 쓸 때에 '-데'와 '-대'를 구분해 써 주어야 글을 읽는 사람이 글쓴이의 의도를 정확히 파악할 수 있다. 글쓰기의 목적이 나의 생각을 상대에게 전달한다는 데 있다는 점을 생각한다면 한글 맞춤법은 글을 읽을 사람과의 원활한 의사소통을 위해 익혀 두어야 할 기본적인 전략인 것이다.

## (1) 한글 맞춤법 원리에 대한 이해

한글 맞춤법에는 일정한 표기의 원리가 있으며 이러한 기본 원리를 익히면 우리말 표기에 적용할 수 있다. 한글 맞춤법의 원리는 현행 〈한글 맞춤법〉 총칙 제1항에 명료하게 나타나 있다.

---

**제1장 총칙**

제1항 한글 맞춤법은 표준어를 소리대로 적되, 어법에 맞도록 함을 원칙으로 한다.

제2항 문장의 각 단어는 띄어 씀을 원칙으로 한다.

제3항 외래어는 '외래어 표기법'에 따라 적는다.

---

총칙 제1항에는 세 가지 요소가 포함되어 있다. 한글 맞춤법의 대상은 '표준어'라는 점을 알 수 있다. 즉, 표준어를 대상으로 하여 글을 어떻게 적을지 정했다는 것이다. 둘째로, [학생], [책]을 들리는 대로 '학생', '책'으로 적는 것처럼 '소리 나는 대로' 적으면 된다는 것이다. 셋째로, '어법에 맞도록' 함은 '꼰니픈', '꼬또'와 같이 소리대로 적으면 읽는 사람이 그 의미를 파악하기 어려우므로 '꽃잎은', '꽃도'처럼 하나의 뜻을 가지고 있는 말은 원래의 형태(기본형)를 밝혀 '꽃'으로 고정시켜서 적는다는 것이다.

제2항은 띄어쓰기의 단위를 규정한 항목이다. 단어는 독립적으로 쓰이는 말의 단위이기 때문에 단어를 단위로 하여 띄어 쓰라는 합리적인 원칙을 정한 것이다. 다만, 우리말에 '은, 는, 이, 가'와 같은 조사는 하나의 단어로 다루어지고 있으나 자립할 수 없는 의존적인 특성이 있으므로 앞의 단어에 붙여 쓴다. 사람들이 띄어쓰기를 어려워하는 이유는 '단어' 개념을 제대로 이해하지 못 하기 때문이다. 이를 이해한다면 띄어쓰기가 수월해져 더 이상 무조건 외워야 하는 암기 사항이 아니게 된다.

## (2) 한글 맞춤법의 실제

### ① 된소리 제대로 표기하기

a. 한 단어 안에서 ㄱ, ㅂ 받침 뒤에 쓰지 않는다.

예) 깍두기, 싹둑, 법석, 몹시

b. -(으)ㄹ걸(o) / -(으)껄(×), -(으)ㄹ게(o) / -(으)께(×)

※ 의문을 나타내는 다음 어미들은 된소리로 적는다.

예) -(으)ㄹ까?        -(으)ㄹ꼬?        -(스)ㅂ니까?        -(으)리까?

c. 다음과 같은 접미사는 된소리로 적는다.

예) 심부름꾼(o)/심부름군(×), 귀때기(o)/귓대기(×), 겸연쩍다(o)/겸연적다(×)

※ 눈곱(눈+곱, 합성어: 구성 요소의 원형을 밝혀 적음)/배꼽(한 단어)

a의 예들을 소리 나는 대로 적자면 '깍뚜기', '싹뚝', '법썩', '몹씨'라고 적는 것이 맞을 것이다. 그러나 소리 나는 대로 적지 않는 이유는 우리말에서 'ㄱ', 'ㅂ' 받침 뒤에 이어지는 자음은 항상 된소리로 발음된다는 특징이 있다. 따라서 이는 국어의 자연스러운 발음 규칙이다. 이처럼 항상 된소리로 발음되는 경우는 그 소리를 표기하지 않기로 한 것이다. b의 예는 'ㄹ' 뒤에 오는 다음 어미들은 된소리로 발음되지만 예사소리로 적는다. 다만, 의문을 나타내는 어미들은 된소리로 적는다.

예제 1) 다음 중에서 바르게 표기한 것을 고르고 그 이유를 설명해 보자.

① 장모님께 {넙죽/넙쭉} 절을 했다.

② 주인공은 땅바닥에 {털석/털썩} 주저 앉고 말았다.

## ② 두음법칙에 따른 표기

a. 한자음 '녀, 뇨, 뉴, 니': 어두에서만 '여, 요, 유, 이' 로 적는다.

　예) 유대 (紐帶), 연세 (年歲), 익명(匿名)

b. 한자음 '랴, 려, 례 료, 류, 리': 어두에서 '야, 여, 예, 요, 유, 이'

　예) 양심(良心), 예의 (禮義), 이발(理髮)

c. 한자음 '렬(列, 烈, 裂, 劣), 률(率, 律, 栗, 慄)': 어두에서 열, 율. 모음이나 ㄴ 뒤에서도 열, 율.

　예) 병렬 / 나열, 진열　　취업률, 합격률 / 비율, 백분율

　우리말에는 발음을 좀 더 편하게 하기 위해 특정한 자음이 단어의 첫머리에 오는 것을 피하는 현상이 있다. 이를 두음법칙이라 하는데, 한자어로 된 단어에서 첫머리에 'ㄴ, ㄹ'이 오는 것을 꺼리는 현상을 말한다. c의 예는 특히 모음이나 'ㄴ' 받침 뒤에 결합되는 '렬, 률'은 발음이 '열, 율'로 나므로 관용에 따라 '열, 율'로 적는 것이다. 모음이나 'ㄴ'받침 뒤의 환경이 아닌 경우에는 '취업률, 합격률, 성공률, 진학률'처럼 '률'로 적고, '출산율, 비율, 실패율' 등에서는 '율'로 적는다.

　예제 2) 다음 중에서 바르게 표기한 것을 고르고 그 이유를 설명해 보자.

　① 스타의 사생활은 {가십난/가십란}의 주요 소재이다.

　② 경기 불황으로 인해 올해 대학생 {취업률/취업율}이 저조하다.

　③ 그 책에는 인생의 {희노애락/희로애락}이 다 들어 있다.

## ③ 모음조화

　모우리말에서는 어간 끝음절의 모음이 'ㅏ, ㅑ, ㅗ'일 때는 '-아' 계열의 어미가 결합하고, 'ㅐ, ㅓ, ㅔ, ㅋ, ㅚ, ㅜ, ㅟ, ㅡ, ㅢ, ㅣ' 등일 때는 '어' 계열의 어미가 결합한다. 이처럼 어간의 모음에 따

라 어미의 모음이 결정되는 것을 모음조화(母音調和)라고 한다.(참고: 〈한글맞춤법〉 제16항) 다음은 '-아' 계열과 '-어' 계열의 어미가 결합하는 양상을 보인 것이다.

```
가-                 ┌ -아      먹-                 ┌ -어
막-                 │ -아도    뱉-                 │ -어도
얇-   +            │ -아서    세-   +            │ -어서
고-                 │ -았-     되-                 │ -었-
녹-                 └ -았었-   두-                 └ -었었-
```

그런데 모음조화는 역사적으로 점점 약화되어 현대 국어에서는 상당히 완화된 상태에 있다. 중세 국어에서는 양성 모음과 음성 모음의 세력이 크게 차이가 나지 않았으나 근대를 거치면서 음성 모음의 세력이 급격히 커졌다. 예컨대 '막-아, 좁-아', '접-어, 굽-어, 재-어, 세-어, 괴-어, 쥐-어' 등의 어미 활용에서도 음성 모음의 우세를 확인할 수 있다. 심지어는 한 단어 내부에서도 양성 모음이 일관되게 나타나지 않고 양성 모음과 음성 모음이 섞여 나타나는 일이 많다.(참고: 〈표준어 규정〉 제8항) 다음의 예들을 보자.

a. 토끼가 {깡총깡총/깡충깡충} 뛰어간다.

b. 사람들은 종종 우리를 {쌍동이/쌍둥이}로 착각한다.

c. 실망하지 말고 {오똑이/오뚝이/오뚜기}처럼 다시 일어서서 새로 시작해 봐.

a의 '깡충깡충', b의 '쌍둥이', c의 '오뚝이' 등은 양성 모음이 음성 모음으로 바뀌어 굳어진 단어들이다. 〈표준어 규정〉에 따르면, 종래의 '깡총깡총'은 언어 현실을 반영하여 '깡충깡충'으로 정했다. 이와 관련된 '강중강중, 깡쫑깡쫑'도 '강종강종, 깡쫑깡쫑'으로 쓰지 않는다. '깡충깡충, 강중강중, 깡쭝깡쭝'의 음성 모음 대응형은 각각 '껑충껑충, 겅중겅중, 껑쭝껑쭝'이다.

또한 '-동이'도 음성 모음화를 인정하여 '-둥이'를 표준어로 삼았다. '-둥이'의 어원은 아이 '동(童)'을 쓴 '동이(童-)'이지만 현실 발음에서 멀어진 것으로 인정되어 '-둥이'를 표준으로

삼았다. 그에 따라 '귀둥이, 막둥이, 쌍둥이, 바람둥이, 흰둥이'에서 모두 '-둥이'를 쓴다.

마지막으로 '오똑이'도 명사나 부사로 다 인정하지 않고 '오뚝이'만을 표준어로 정하였다. '오똑하다'도 취하지 않고 '오뚝하다'를 표준어로 삼는다.

### ④ 불규칙용언

불규칙 용언에 대해 알아보기 전에 우선 다음의 표에서 빈칸을 채워보자.

| | 어/아 | -으니 | -고 | -았/었다 |
|---|---|---|---|---|
| 가다 | | | | |
| 먹다 | | | | |
| 묻다(問) | | | | |
| 짓다 | | | | |

이 표를 보면 '묻다, 짓다'는 규칙성이 없어 'ㄷ'이 'ㄹ'로 바뀌기도 하고 'ㅅ'이 탈락하기도 한다. 규칙적으로 모습을 바꾸는 '가다, 먹다'의 활용을 '규칙 활용'이라고 하고 규칙으로 설명하기 어려운 '묻다, 짓다'의 활용을 '불규칙 활용'이라고 한다. 이처럼 불규칙 활용을 하는 용언을 불규칙 용언이라 한다. 불규칙 용언에는 'ㅂ불규칙', 'ㄷ불규칙', 'ㅅ불규칙', '르불규칙', '우불규칙', '여불규칙', '러불규칙', '너라불규칙', '오불규칙', 'ㅎ불규칙' 등 10개의 용언이 있다. '으불규칙 용언' '르불규칙 용언'은 규칙 활용한다는 이견이 있어 1985년의 학교문법에서는 제외하고 있다. 여기서는 'ㄷ불규칙 용언' 하나만 예를 든다.(참고: 〈한글맞춤법〉 제18항, 제19항, 제34항, 제51항, 〈표준어 규정〉 제26항)

### 'ㄷ' 불규칙 용언

　　a. 라면이 {붇기/불기} 전에 드세요.

　　b. 밥이 {묻지/눌지} 않아야 해.

'길을 묻다'처럼 어간이 'ㄷ'으로 끝나는 일부 용언이 모음 어미와 만나면 'ㄷ'이 'ㄹ'로 바뀌는데 이를 'ㄷ 불규칙용언'이라고 한다. 그 예로는 '긷다, 붇다, 싣다, 눋다' 등이 있다. 문제는 위의 예문처럼 익숙한 표현 중에서 틀리게 쓰고 있는 경우가 있기 때문이다. a의 예문은 '불기'가 틀리고 '붇기'가 맞다. '불었다, 불어서'가 자주 쓰여서 기본형이 '불다'인 것 같지만 실제로는 '부피가 늘어나다'의 의미로는 '붇다'가 기본형이고 자음으로 시작하는 어미와 만난 경우이므로 어간은 고정되어 '붇-'으로 남아 '붇기'로 써야 맞다. b의 예문에서도 '눌지 않아야'가 자주 쓰이는 말이라 익숙할 수 있지만 '밥이 눋지 않아야 해'가 올바른 표현이다.

### ⑤ 사이시옷 규정

우리말에는 명사와 명사가 결합하여 합성어가 만들어질 때 소리에 변화가 생기는 경우가 있다. 예를 들어 '등교'와 '길'이 결합하여 합성어가 되었을 때 발음은 [등굗낄/등교낄]로 소리에 변화가 생긴다. 이때 '등교길'이라고 원래의 형태대로 표기하면 실제 발음과 표기에 차이가 생겨 혼란을 일으키므로 소리의 변화를 표기에 반영하기 위해 만들어진 것이 '사이시옷'이다.

사이시옷은 일정한 조건이 주어졌을 때에만 받쳐 적으므로 다음과 같은 사항을 기억해 두어야 정확하게 표기할 수 있다. 우선, 명사 합성어 중에서 그 구조가 '한자어+한자어', '외래어+고유어'인 경우는 제외된다. 이러한 경우가 아니면서 앞말이 모음으로 끝나고 뒷말의 첫소리가 된소리로 날 때와 (예: 등굣길, 장맛비) 뒷말의 첫소리가 ㄴ, ㅁ이거나 모음인 경우 이들 앞에서 ㄴ 소리가 덧날 때(예: 나뭇잎, 아랫니) 사이시옷을 적는다.

앞의 조건을 모두 만족한다고 하더라도 두 가지 예외의 경우가 있다.

첫째, '한자어+한자어' 구성의 합성어는 사이시옷의 적용 대상이 아니지만, '곳간, 찻잔, 툇간, 셋방, 숫자, 횟수' 여섯 단어는 예외적으로 사이시옷을 적는다.

둘째, 사이시옷이 들어갈 환경이라 하더라도 '위쪽', '뒤풀이'처럼 뒷말의 첫소리가 원래 된소리거나 거센소리일 경우에는 사이시옷을 적지 않는다. (예: 허리띠, 뒤편, 배탈)

※ 사이시옷을 쓰기 쉬운 말: 내과, 치과, 초점, 시가(市價), 대가(對價), 시점(時點), 도수(度數)

실제 예들을 통해 사이시옷 법칙을 이해하고 적용해 보도록 하자.


    a. {전세집/전셋집}과 {전세방/전셋방}

    b. {귀병/귓병}과 {화병/홧병}

    c. 그가 먼저 {머리말/머릿말}을 썼다.

    d. {아래턱/아랫턱}과 {위쪽/윗쪽}


a에서 '전세(傳貰)'와 '집'이 결합하여 합성어가 되면 [전센찝]으로 발음되며 사이시옷을 적는 조건에 해당하므로 '전셋집'이 된다. 그런데 비슷한 유형인 '전세방'은 '전세(傳貰)'와 '방(房)'이 모두 한자어이기 때문에 사이시옷을 적는 조건에 해당하지 않는다.

b에서 '귀'와 '병'이 결합하여 합성명사가 될 경우 사이시옷은 들어갈까 안 들어갈까? 발음이 [귀뼝]이므로 사이시옷을 받쳐 적어 '귓병'이라고 쓴다. 그렇지만 이와 비슷해 보이는 '화병'은 '화(火)'와 '병(病)'으로 구성된 '한자어+한자어'의 명사 합성어로 사이시옷의 적용 대상이 아니므로 사이시옷을 쓰지 않는다.

c는 사이시옷 규칙을 알고 있더라도 혼란을 보이는 예로 표준 발음은 [머리말]이다. 따라서 사이시옷을 받쳐 적지 않고 '머리말'로 표기하는 것이 맞다. 이렇게 사이시옷 표기 여부는 표준 발음이 무엇인지에 따라 결정된다. (예: 인사말, 꼬리말, 예사소리)

d의 경우와 같이 뒤에 '턱'과 같은 거센소리나 '쪽'과 같은 된소리가 올 때에는 사이시옷을 표기하지 않는 것이 원칙이다. 이는 '턱'이나 '쪽'은 단어들이 결합하면서 소리에 변화가 온 것이 아니기 때문이다.


예제 3) 다음 중에서 바르게 표기한 것을 고르고 그 이유를 설명해 보자.

① 올해 {장마비/장맛비}가 유난히 많이 내려 농가 피해가 컸다.

② 어떤 {대가/댓가}를 기대하고 그를 도운 것은 아니다.

③ 갑자기 따뜻한 {북어국/북엇국}이 생각난다.

④ 그녀와 {피자집/피잣집}에서 만났다.

## ⑥ 준말에 관한 맞춤법

단어를 줄여서 쓸 때 잘못 쓰는 경우들이 있다. 실제 예문들을 통해 혼동되는 표기들을 정리해 보도록 하자.

  a. 귀한 손님이라 {섭섭지/섭섭치} 않게 대접해야 한다.

  b. 거기로 가면 {되/돼}

  c. 오늘은 {왠지/웬지} 비가 올 듯하다.

a에서 준말의 경우 '하'가 생략된 것이다. '하'가 줄어드는 기준은 '하' 앞에 오는 받침의 소리이다. '하' 앞의 받침의 소리가 [ㄱ, ㄷ, ㅂ]이면 '하'가 통째로 줄고 그 외의 경우에는 'ㅎ'이 남아 거센소리가 된다.

b에서 '돼'는 '되어'의 준말로 기본형 '되다'의 어간 '되-'에 문장을 끝내는 어미 '-어'가 결합된 형태이다.

c에서 '왠지'는 '왜인지'가 줄어서 된 말이다. '웬'은 '웬일', '웬만하면'처럼 다른 말과 결합된 형태로만 쓰이거나 '웬 사람이', '웬 바람이'처럼 뒤의 명사를 수식할 때 쓰인다.

  예제 4) 다음 중에서 바르게 표기한 것을 고르고 그 이유를 설명해 보자.

  ① 할 말이 있으면 {서슴지/서슴치} 말고 하세요.

  ② 거기에 기대면 안 {되요/돼요}.

  ③ 그게 말이 {되느냐/돼느냐}?

⑦ **틀리기 쉬운 표현**

 a. {금새/금세} 눈물을 흘릴 것 같았다.

 b. 그의 생일이 몇 월 {몇일/며칠}이지?

 c. 실내에서는 흡연을 {삼가해/삼가} 주시기 바랍니다.

 d. 친구가 그러는데 〈밀정〉이 그렇게 {재밌대/재밌데}.

 e. {부모로서/부모로써} 마땅히 해야 할 일.

 f. 영화를 보고 얼마나 {울었던지/울었든지} 눈이 퉁퉁 부었다.

 g. 우리의 {바램/바람}은 국민 모두에게 이익이 되는 정책을 수립하는 것입니다.

 a의 '금세'는 '금시(今時)+에'가 줄어든 말이므로 '금세'로 적어야 한다.

 b의 '몇 일'은 '며칠'로 적어야 한다. [며칠]로 소리 나는 것은 한 단위로 굳어졌다는 것을 의미하므로 이러한 경우 발음대로 '며칠'로 적는 것이 옳다.

 c의 경우 '흡연을 삼가해 주시기 바랍니다'와 같이 '삼가하다'로 많이 쓰지만 기본형이 '삼가다'이므로 '흡연을 삼가(삼가+-아) 주시기 바랍니다'로 써야 한다. '삼가하다'라는 기본형은 없다.

 d는 다른 사람에게 들은 말을 인용하는 것이므로 '친구가 그러는데 〈밀정〉이 그렇게 재밌대'가 맞다. '-대'는 직접 경험한 사실이 아니라 남이 말한 내용을 간접적으로 전달할 때 쓴다. 반면 '-데'는 말하는 사람이 과거에 직접 경험한 사실을 나중에 회상할 때 '-더라' 의미로 쓴다.

 e는 자격/지위를 나타내는 조사 '-로서'와 수단/방법을 나타내는 조사 '-로써'의 구분으로 이 경우에는 자격을 나타내는 조사 '-로서'를 써야 한다.

 f는 지난 일을 나타낼 경우에는 '-던지'를 쓰며, 선택의 의미의 경우에는 '-든지'를 사용하므로 이 경우에는 '울었던지'로 써야 한다.

 g의 '바람'은 '바라다(望)'의 명사형이며, '바램'은 '색이 변하다'라는 의미 '바래다'의 명사형이다. 여기에서는 '바라다'의 의미이므로 '바람'으로 써야 한다.

예제 5) 다음 중에서 바르게 표기한 것을 고르고 그 이유를 설명해 보자.

① 생일 축하하고, 앞으로 더욱 행복하길 {바래/바라}

② 당신 말이 맞는 것 {같애/같아}

③ 그 아이 때문에 {놀랬잖아/놀랐잖아}

④ 이번 시험을 잘 {치렀다/치뤘다}

**연구과제 1**

**1. 다음 문장 중에서 단어의 표기가 바른 것을 찾아보자.**

① 제품 사용 설명서를 반듯이 참고하여 주십시오.

② 추울 때는 뜨끈한 만두국이 최고다.

③ 직접 보니 영훈이가 참 멋있데.

④ 대화로서 갈등을 풀 수 있을까?

**2. 다음 문장 중에서 단어의 표기가 바르지 않은 것을 찾아보자.**

① 왜 너의 아까운 재주를 썩히고 있니?

② 그 날의 기억을 곰곰이 더듬어 보았다.

③ 이제부터 기분 좋지 않은 이야기는 삼가기로 하겠다.

④ 무를 싹뚝 잘라 저에게 주십시오.

**연구과제 2**

**다음의 문장을 읽고 적절하지 못한 어휘를 찾아 바르게 고쳐보자.**

① 그는 그녀 앞에서 눈을 지긋이 감았다.

② 내가 그런 것이 아니예요.

③ 그 아이는 웬 걸음이 그리 빠르니?

④ 과거에 부모님의 속을 많이 썩힌 것이 후회된다.

⑤ 나는 피곤할 때 따뜻한 물에 몸을 푹 담궈서 피로를 푼다.

⑥ 그는 재산이 부는 재미에 힘든 줄도 모르고 열심히 일했다.

⑦ 못 본 사이에 얼굴이 많이 틀려졌다.

⑧ 우리의 우정이 영원히 변하지 않기를 바래.

⑨ 우리 반의 경기를 마음을 조리며 지켜보았다.

⑩ 그녀는 그에게 상처 주는 말도 서슴치 않고 내뱉었다.

연구과제 3

**다음 문장에서 맞춤법에 어긋난 표기를 바르게 고쳐 보자.**

① 이 자리를 빌어 감사의 말씀을 드립니다.

② 탈락율이 높으니 너무 기대하지 마세요.

③ 촛점이 맞지 않는 안경을 썼더니 스포츠란의 기사들이 잘 보이지 않는다.

④ 보수는 섭섭치 않게 드릴 테니 염려하지 마시기 바랍니다.

⑤ 그냥 미안하다고 사과할껄.

⑥ 옥상에서 보니 길에서 노는 아이들이 눈꼽만하게 보였다.

⑦ 그녀의 눈은 푸른빛을 띄며 영롱하게 반짝이고 있었다.

⑧ 신문에서는 이 사건을 비서관들의 말을 빌어 보도했다.

⑨ 천하의 막되먹은 인간도 제 자식 귀한 줄은 안다.

⑩ 할머니께서 뇌졸증으로 쓰러져 지금 대학병원에 입원 중이셔.

## 2) 유의해야 할 띄어쓰기

띄어쓰기는 〈한글 맞춤법〉 총칙 제2항에 "문장의 각 단어는 띄어 씀을 원칙으로 한다."라고 규정되어 있다. 띄어쓰기의 기본 단위는 단어이며, 명사와 동사와 같은 실질 형태소 부분은 띄어 쓰고, 조사와 어미와 같은 형식 형태소 부분은 붙여 쓴다. 특히, 의존명사 앞에서는 띄어 쓰고, 조사와 어미는 앞말에 붙여 써야 함에 유의해야 한다.

## (1) 띄어쓰기의 기본 원리

① 조사는 앞 단어에 붙여 쓰며, 조사가 여러 개 겹칠 경우에도 붙여 쓴다.

a. 서술격 조사: 나 <u>때문이다.</u> / 저것은 <u>꽃입니다.</u>

b. 조사의 겹침: 강릉<u>까지도</u> / 여기<u>에서만이라도</u> / 서울<u>에서부터</u>

c. 어미 뒤: 가면서<u>까지도</u> / 자기<u>는커녕</u>

② 의존명사 앞에서는 띄어 쓴다.

a. 의존명사: 것, 나위, 대로, 데, 듯, 따름, 따위, 때문, 리, 바, 분, 뿐, 수, 양, 이, 척, 체, 터

b. 의존명사는 용언의 관형사형 뒤에서 나타나는 경우가 많다.

　　예) 아는 <u>것</u>이 힘이다. / 참을 <u>수</u> 없다. / 집 떠난 <u>지</u> 1년

③ 단위명사는 띄어 쓰되, 순서, 연월일, 시각을 나타낼 때, 아라비아 숫자 뒤에서는 붙여 씀을 허용한다. 수는 '만(萬)' 단위로 띄어 쓴다.

　　예) 1. 차 한 <u>대</u> / 북어 한 <u>쾌</u>

　　　　2. 100 <u>원</u> / 100<u>원</u>, 두 <u>시</u> 삼십 <u>분</u> / 두<u>시</u> 삼십<u>분</u>, 이 <u>학년</u> / 이<u>학년</u>

④ 두 말을 이어주거나 열거할 때 쓰는 단어들은 띄어 쓴다.

　　예) 1. 사과, 배, 귤 <u>등</u>이 있다.

　　　　2. 회장 <u>및</u> 임원 / 시인 <u>겸</u> 소설가

⑤ 보조용언은 띄어쓰기를 원칙으로 하되 붙여 씀을 허용한다. 다만 '-어지다', '-어하다'는 붙여 쓴다. 단, 앞말에 조사가 붙거나 앞말이 합성동사인 경우, 그리고 중간에 조사가 들어갈 때에는 그 뒤에 오는 보조용언은 띄어 쓴다.

　　예) 1. 도와 드린다 / 도와드린다　 올 듯하다 / 올듯하다

　　　　　아는 척한다 / 아는척한다

2. '-어지다' / '-어하다': 이루어지다 / 만들어지다 / 미안해하다

3. 잘도 놀아만 나는구나 / 네가 덤벼들어 보아라

⑥ 고유명사, 전문용어는 띄어 쓰는 것을 원칙으로 하나 단위별로 붙여 쓰는 것을 허용한다. 고유 명사 가운데 사람의 성과 이름, 성과 호 등은 붙여 쓰고 이에 덧붙는 호칭어, 관직어 등은 띄어 쓴다.

예) 1. 오진영, 채민서 씨, 최지원 교수님

2. 한국 대학교 기초 교육 대학(원칙) / 한국대학교 기초교육대학(허용)

## (2) 혼동하기 쉬운 띄어쓰기

### ① '-ㄴ지'의 띄어쓰기(의존명사/어미)

'지'는 용언의 관형사형 뒤에서 경과한 시간을 나타낸 경우에는 의존명사가 되어 띄어 쓴다. 막연한 의문이 있는 채로 뒤 절의 사실이나 판단과 관련시킬 때에는 어미가 되어 붙여 쓴다. 뒤에 오는 서술어는 '알다, 모르다'로 제한된다.

a. 용언의 관형사형 뒤에서 '경과한 시간의 의미'일 때 띄어 쓴다: 〈의존명사〉

그를 만난 지도 꽤 오래되었다. / 집을 떠난 지 3년이 지났다.

b. 막연한 의문이 있는 채로 뒤 절의 사실이나 판단과 관련시킬 때에는 붙여 쓴다

: 〈어미 -ㄴ지〉

그 사람이 누군지 아무도 모른다. / 집이 큰지 작은지 모르겠다.

### ② '-ㄴ데'의 띄어쓰기(의존명사/어미)

a. '장소, 경우, 일, 것,'의 의미: 〈의존명사〉

그가 사는 데는 여기서 한참 멀다.

그 책을 다 읽는 데 삼 일이 걸렸다.

b. 어떤 사실을 언급할 때, 또는 스스로 감탄할 때: 〈어미 –ㄴ데〉

　날씨는 추운데 눈은 내릴 것 같지 않습니다.

　어머님이 정말 아름다우신데.

### ③ '대로/만큼/뿐'의 띄어쓰기(의존명사/조사)

a. 관형사형 어미 뒤에서는 띄어 쓴다.

　예상했던 대로 시험 문제가 어려웠다.

　노력한 만큼 대가를 얻게 되었다.

　그 아이는 허공만 볼 뿐 아무 말이 없었다.

b. 체언 뒤에서는 붙여 쓴다.

　너는 너대로 나는 나대로

　저 집만큼 잘 지으시오.

　과제를 해 온 학생은 예지뿐이었다.

### ④ '같이'의 띄어쓰기

a. '둘 이상의 사람이나 사물이 함께', '어떤 상황과 다름없이'의 뜻일 때 띄어 쓴다: 〈부사〉

b. 체언 뒤에 붙어 '앞말이 보이는 전형적인 어떤 특징처럼'의 뜻일 때 붙여 쓴다: 〈조사〉

### ⑤ 조사 '커녕', '라고', '부터', '마는'의 띄어쓰기: 조사(보조사)이므로 앞말에 붙여 쓴다.

　졸리기는커녕 / "알았다"라고 / 하고서부터 / 친구로부터

### ⑥ '안되다/안 되다', '못되다/못 되다', '못하다/못 하다'의 띄어쓰기

a. 하나의 형용사인 경우에는 붙여 쓴다.

　시험에 떨어졌다니 참 안되었다. / 그는 심보가 못됐다.

b. '부정사(안/못) + 되다/하다'인 경우에는 띄어 쓴다.

　시험 시간이 아직 안 되었다. / 그녀가 떠난 지 채 1년이 못 되었다.

⑦ 합성어의 띄어쓰기

합성어는 두 개의 낱말이 서로 어울려 새로운 의미의 말이 만들어진 것이다. 이때는 하나의 단어이므로 띄어 쓰지 않고 항상 붙여 쓴다.

작은아버지 / 큰손 / 첫사랑

⑧ 접두사와 접미사의 띄어쓰기

a. '제(第)'는 접두사이므로 붙여 쓴다.

제1장, 제2차 세계대전

b. '짜리, 어치'는 접미사이므로 붙여 쓴다.

순대 2000원어치 주세요. / 이것은 얼마짜리이냐?

c. '드리다', '시키다'는 접미사이므로 붙여 쓴다.

불공드리다, 훈련시키다, 오해받다

 연구과제 1

1. 다음 중 띄어쓰기가 바른 문장을 찾아보자.

① 그 동안 연락이 없어 궁금했습니다.

② 나도 당신만큼 할 수 있습니다.

③ 그에게 수업이 가능한 지에 대해 문의하였다.

④ 그녀를 설득하는데 열흘이 걸렸다.

2. 다음 중 띄어쓰기가 바른 문장을 찾아보자.

① 지금은 외출중입니다.

② 그는 새벽 같이 일어났다.

③ 공사 때문에 이틀간 정전이 될 예정이다.

④ 사고로 KTX 열차의 도착 시간이 한 시간 가량 지체되었다.

다음 문장에서 띄어쓰기 원칙에 맞지 않는 부분을 찾아 바르게 고쳐보자.

① 여행간 그 지역은 나무는 커녕 풀도 없다.

② 그와 단지 커피 한 번 마신 것 뿐인데 소문이 나 버렸다.

③ 그녀는 고개를 숙인채 말했다.

④ 그때의 경험은 내가 이 고비를 넘기는데 많은 도움을 주었다.

⑤ 작년에 오천만명의 관광객이 이 성당을 찾았다.

⑥ 어린 나이에 그런 고생을 하다니 그 아이도 참 안 됐네.

## 3) 정확하고 명료한 문장

### (1) 정확한 문장

글을 쓸 때 우리는 '문장'을 통해 자신의 생각을 싣는다. 상황에 의해 이해되는 부분이 많은 '말'과 달리 '글'은 모든 정보를 문자로 표현해야 하므로 올바른 문장을 써야 의미가 제대로 전달될 수 있다. 따라서 글쓰기의 기본은 정확하고 명료한 문장 쓰기에서부터 출발한다고 할 수 있다. 정확한 문장은 자신의 생각을 명확하게 나타낼 수 있으며, 읽는 사람 역시 그 글을 쉽게 이해할 수 있다.

그렇다면 정확하고 명료한 문장이란 어떤 것일까? 그것은 '문법에 맞는 올바른 문장'을 말하며, 여기서 문법(文法)은 문장을 이루는 가장 기본적인 규칙을 뜻한다. 올바른 문장이란 문장의 필수 성분을 갖춘 문장, 성분 간의 호응이 제대로 된 문장, 앞뒤 문장 사이의 논리적인 관계가 명확하게 드러나는 문장 등 기본적 규칙을 따르는 문장을 말한다.

정확한 문장을 이해하기 위해서는 한국어 문법의 특성을 이해할 필요가 있는데 한국어 문장의 주요 특징을 정리하면 다음과 같다.

첫째, '주어-목적어-서술어' 구조의 언어이다. 따라서 전체 문장의 의미를 판단하는 서술어가 문장의 끝에 나오므로 정확한 문장의 의미를 파악하기 위해서는 끝까지 들어야 한다. 그리고 일반적으로 문장에서 중요한 사항들은 뒷부분에서 결정되며 문장에서 격조사, 보조사, 어미 등의 역할이 중요하다.

둘째, 수식어는 피수식어 바로 앞에 오는 것이 바람직하다. 수식어에는 관형어와 부사어, 구와 절 등이 있다. 관형어는 체언을, 부사어는 용언을 수식하는데 각각의 수식어는 피수식어 바로 앞에 오는 것이 바람직하다.

셋째, 국어는 주요 문장성분의 생략이 가능한 언어이다. 특히 "어디 가니?", "밥 먹으러."와 같은 대화문에서는 문장성분의 생략이 가능하다. 하지만 정확하고 명료한 글을 쓰기 위해서는 필수 성분을 생략하지 않는 것이 바람직하다.

넷째, 국어는 경어법이 발달한 언어이다. 국어의 경어법은 화자와 청자의 관계를 고려하여 상하관계, 상황에 따라 알맞게 표현해야 한다. 높임법, 대우법, 존대법과 같은 이름으로 부르기도 한다.

## (2) 바르지 못한 문장 바로 잡기

### ① 번역 투 문장 줄이기

올바른 문장을 쓰기 위해 고려해야 할 사항 중 하나로 외국어를 직역한 듯한 번역 투 문장을 사용하는 문제를 들 수 있다. 번역 투 문장을 많이 사용하면 간결성이 떨어져 의미 파악이 쉽지 않거나 국어의 문장 규칙을 깨뜨려 어색하게 느껴지는 경우가 많다. 다음의 문장을 고쳐보자.

> a. <u>김 선생에 의해 표현된</u> 문장은 내 글보다 훨씬 유려하다.
>
> b. 글을 쓸 때 <u>가장 중요한 것 중의 하나는</u> 글의 주제를 잡는 일이다.
>
> c. 그는 많은 <u>고민을 가지고 있습니다.</u>
>
> d. <u>외국어를 공부함에 있어서</u> 왕도란 없다.

서구어와 달리 우리말에는 피동형이 적으므로 피동 표현은 최소한으로 사용하는 것이 좋다. a의 문장은 "김 선생이 표현한 문장은 내 글보다 훨씬 유려하다."로 수정하는 것이 적합하다. b의 문장은 영어의 최상급의 번역 투 문장이 사용되었으므로 "가장 중요한 것은 글의 주제를 잡는 일이다."라고 써도 번역투를 사용하지 않고 같은 의미로 해석될 수 있다. c의 문장은 문법적으로 문제가 없는 문장이지만 자연스러운 우리말 표현은 아니다. 영어의 'have' 동사에 비하면 한국어의 '가지다' 동사가 쓰이는 빈도는 그리 높지 않으므로 "그는 고민이 많습니다."로 고치는 것이 더 자연스럽다. d에서 '~에(게) 있어'는 일어 번역 투의 문장이다. "외국어 공부에 왕도란 없다."나 "외국어를 공부하는 데에 왕도란 없다." 정도로 고치면 문장이 더 간결해진다.

### ② 정확한 조사, 어미 사용

국어의 조사와 어미 등은 주로 문법적인 관계를 나타내는 기능을 하며, 이들을 제대로 사용하지 못 하면 어색한 문장이 된다.

    a. <u>위에</u> 살펴본 바와 같이 연구자는 표절 방지를 위한 방법으로 저작권 교육을 제안하였다.

    b. 정부는 독도 문제를 <u>일본에게</u> 항의하였다.

    c. 예전부터 그는 자신의 아들을 새끼 <u>호랑이와</u> 비유해 왔다.

    d. 대학에도 시장 논리가 확산되면서 <u>인문학의 연구 활동의 여건이</u> 나빠졌다.

a는 서술어 '살펴보다'를 고려하여 '-에서'로 고쳐야 한다. b는 선행하는 것이 사람이나 동물이 아니므로 '-에'로 고쳐야 한다. '-에'와 '에게'는 유사한 의미를 가지는 부사격 조사이지만 '에'는 사물, 장소, 기관과 같은 무정 명사에, '에게'는 사람이나 동물과 같은 유정 명사에 쓰인다. 따라서 '일본'은 무정 명사이므로 '-에'를 쓰는 것이다. c는 '비유하다', 즉 '어떤 현상이나 사물을 비슷한 현상이나 사물에 빗대어 설명하다'는 의미를 고려하여 조사 '-와'를 '-에'로 고쳐야 한다. d와 같이 '-의'를 반복해서 사용하는 것은 바람직하지 않다. 의미를 고려하여 "인문학을 연구할 수 있는 여건이 나빠졌다." 정도로 고쳐야 한다.

### ③ 문장 성분 간의 호응

좋은 문장이란 주어, 목적어, 서술어 등 문장을 구성하는 성분끼리 적절히 호응하는 것을 말한다. 문장의 구성 성분에 주의하여 다음의 문장을 고쳐 보자.

> a. 우리의 첨단 기술 개발은 아직도 걸음마 단계이다.
>
> b. 고등학교에서 행해지고 있는 의무 봉사 활동이 대학 진학을 위한 수단으로써 많은 학생들이 인지하고 있다.
>
> c. 근처 식당 주인에 따르면 학교가 들어선 이후 학생들이 꾸준히 늘었다.

a의 문장은 서술어 호응이 잘 이루어지지 않아서 어색한 문장이다. 주어 '개발은'과 서술어 '단계이다'가 호응이 되지 않는다. 주어와 서술어의 호응이 이루어지도록 "우리의 첨단 기술 개발 수준은 아직 걸음마 단계이다."로 수정해야 한다. b는 학생들이 인지하고 있는 대상이 무엇인지 나와 있지 않은 문장이다. 따라서 적당한 목적어를 보충하여 "많은 학생들이 고등학교에서 행해지고 있는 의무 봉사활동을 대학 진학을 위한 수단으로써 인지하고 있다." 정도로 고쳐야 한다. c는 부사절 '근처 식당 주인에 따르면'과 서술어 '늘었다'가 호응이 되지 않는 예이다. 이 문장은 "근처 식당 주인에 따르면 학교가 들어선 이후 학생들이 꾸준히 늘었다고 한다." 정도로 수정할 수 있다.

### ④ 문법적으로 대등한 것의 병치

'A와/과 B', 'A(이)나 B', 'A하고 B하다'와 같이 두 개 이상의 요소가 이어진 구성에서 접속되는 두 요소는 대등한 지위를 가져야 한다. 즉 앞의 말이 '구'이면 뒤의 말도 '구', 앞의 말이 '절'이면 뒤의 말도 '절'이어야 한다. 접속되는 두 요소가 대등하지 않게 사용되는 것은 문장 쓰기에서 가장 많이 발생하는 오류이다. 다음의 문장을 문법에 맞게 고쳐보자.

> a. 환자의 침대 시트를 교체하고 병동 물품 관리, 의료 기구 소독, 약품 정리 등을 혼자서 해야만 했었다.
>
> b. 얼마나 판매되었는가와 제품 선호도가 진열의 기준이 된다.

a는 문장이 길어지면서 자주 나타나는 문법 오류의 예이다. 앞부분은 '침대 시트를 교체하고'와 같이 절(節)로 되어 있고 뒷부분은 구(句)로 되어 있다. 이렇게 '절'과 '구'가 연결되면 문장의 균형이 깨진다. 따라서 앞부분을 '구'로 바꾸어서 "환자의 침대 시트교체, 병동 물품 관리, 의료 기구 소독, 약품 정리 등의 일을 혼자서 해야만 했었다."로 수정하든지 뒷부분을 '절'로 바꾸어 "환자의 침대 시트를 교체하고 병동 물품을 관리하고 의료 기구를 소독하고 약품을 정리하는 등의 일을 혼자서 해야만 했었다."로 수정해야 한다. b 역시 나열할 때 문법적으로 대등한 요소를 병치해야 한다는 조건을 어긴 문장이다. "판매량과 제품 선호도가 진열의 기준이 된다."나 "얼마나 판매되었는가와 얼마나 제품을 선호하는가가 진열의 기준이 된다."로 수정해야 한다.

### ⑤ 문장 성분의 공유 관계

공유하고 있는 요소와의 호응관계는 문장이 길어질 경우, 문법적 오류가 자주 생기므로 신경을 써야 한다. 공유 관계가 제대로 성립될 수 있도록 나열, 접속되는 두 구절의 구조를 확인해야 한다. 특히 둘 이상의 요소가 접속된 구성이 목적어로 쓰인다면 목적어와 서술어의 호응 관계가 각각에 대하여 성립하는지 살펴보아야 한다. 아래의 문장을 문장 성분의 공유 관계에 주의하여 수정해 보자.

a. 아침에는 주로 빵과 우유를 즐겨 마시는 편이다.
b. 성격과 외모는 물론 능력까지 뛰어난 사람을 찾기란 여간 어려운 일이 아니다.

a에서 '우유를 마시다'는 자연스럽지만 '빵을 마시다'는 부자연스럽다. 따라서 이 경우에는 서술어를 따로 써서 "아침에는 주로 빵을 먹고 우유를 즐겨 마시는 편이다."로 수정해야 한다. b에서 '외모가 뛰어나다', '능력이 뛰어나다'는 성립할 수 있으나 '성격이 뛰어나다'는 옳지 않은 표현이다. 따라서 "성격이 좋고 외모는 물론 능력까지 뛰어난 사람을 찾기란 여간 어려운 일이 아니다." 정도로 수정해야 한다.

## ⑥ 중복된 표현이 쓰인 문장

의미의 중복이나 동일 어구의 반복 사용은 간결한 문장을 만들 수 없으므로 주의해야 한다.

    a. 두 명의 젊은 청춘남녀가 담소를 나누며 박물관을 둘러보고 있다.

    b. 남녀평등의 시작은 기존 사고와 관습이 상당 부분 남성 중심이었다는 것을 깨닫는 데서 출발

      한다.

a에서 청춘에는 '젊은'의 의미가 내포되어 있으므로 "두 명의 청춘남녀가 담소를 나누며 박물관을 둘러보고 있다."로 바꾸는 것이 좋다. b에서 주어는 '시작은'이고 서술어는 '출발한다'이다. 이 문장은 주어와 서술어의 호응 관계가 맞지 않을 뿐만 아니라 의미가 같은 어휘가 반복적으로 사용되고 있으므로 '남녀평등의 시작은'을 '남녀평등은'으로 고치는 것이 좋다.

## ⑦ 불필요한 피동형 문장

문장에서 꼭 피동형 문장을 써야 할 경우를 제외하고는 능동형 문장을 쓰는 것이 바람직하다. 특히 '-되어지다'와 같은 이중 피동문은 쓰지 않는 것이 좋다.

    a. 경쟁력 강화와 생산성 향상을 위해 경영 혁신이 요구되어지고 있다.

a의 문장은 이중 피동형 문장이다. '요구되어지고 있다'를 '요구되고 있다'로 고치는 것이 자연스럽다.

## ⑧ 문장이 장황하고 긴 문장

문장은 장황하고 긴 문장보다는 단문의 간결한 문장으로 쓰는 것이 좋다.

    a. 긴 문장을 대하다 보니 독자들은 주체 못할 호흡으로 숨이 가빠지거니와 여러 정보를 한꺼번에 접함으로써 종국에는 무슨 이야기를 읽었는지조차 헷갈리게 되어 독자들을 끌어모아도 시원찮은 판국에 오히려 글의 긴장감을 떨어뜨리고 있으니, 완성도로 따지자면 낙제점에 가

까운 글이다.

a의 문장은 너무 길다. 다음과 같이 문장을 나누어 고쳐 볼 수 있다.

긴 문장을 대하다 보니 독자들은 주체 못할 호흡으로 숨이 가빠지게 마련이다. 더욱이 여러 정보를 한꺼번에 접함으로써 종국에는 무슨 이야기를 읽었는지조차 헛갈리게 된다. 필자는 독자들을 끌어모아도 시원찮은 판국에 오히려 긴장감을 떨어뜨리고 있다. 이런 글은 완성도로 따지자면 낙제점에 가깝다.

◆ **문장 쓰기의 핵심**

1. 문장성분 간 호응 관계를 고려한다.

2. 필수성분을 생략하지 않는다.

3. 조사, 어미, 접속어, 시제 등을 정확하게 쓴다.

4. 문장을 모호하게 쓰지 않으며, 구체적으로 표현한다.

5. 피동형 '-되어지다', 사동형 '-시키다' 표현에 주의한다.

6. 문장의 대칭구조를 고려한다.

7. 외국어 번역체 문장을 쓰지 않는다.

8. 글은 객관적으로 쓰며, 장황하게 쓰지 않는다.

**1. 다음 중 조사나 어미의 사용이 모두 적절한 문장을 찾아보자.**

① 연극을 인생과 비유하는 데는 이유가 있다.

② 여당이나 야당이나 모두 상대 당에게 비난만 퍼부어서는 안 된다.

③ 그는 평소 사회문제에 별 관심이 없었고 이번 살인 사건에는 매우 흥분했다.

④ 이 제품은 한정판으로 출시된 것이어서 전문가들의 집중적인 관심을 받고 있다.

**2. 다음 중 문장 성분 간의 호응이 적절한 문장을 찾아보자**

① 무역 협상 방안에도 의견을 접근한 것으로 알려졌다.

② 소비자는 유기 농산물을 구입하는 일이 이 땅을 화학물질의 재앙으로부터 구하는 환경 실천 활동으로 인식해야 한다.

③ 인간은 언어 없이 하루도 사회생활을 영위할 수가 없다.

④ 정부의 에너지 소비억제 정책은 에너지 정책의 결핍이라는 비판이다.

**3. 다음 중 주술 성분 간의 호응이 적절한 문장을 찾아보자.**

① 한 줄기 시냇물이 들 가운데를 감돌아 흐르는 모습이 마치 한 폭의 그림 같았다.

② 주목할 만한 점은 여성뿐 아니라 남성들도 화장에 관심을 보이고 있다.

③ 확실한 것은 일부 관객의 돌출 행동으로 다른 관객의 눈살을 찌푸리게 했다.

④ 내 고향은 상주인데 이곳에는 감나무가 많아 예전부터 곶감으로 유명한 곳이다.

**4. 다음 중 중복된 어휘가 없는 문장을 찾아보자.**

① 자신의 경험을 바탕으로 했기에 더욱 공감을 느낄 수 있었다.

② 돼지 값 파동이 사회의 주요 현안으로 떠올랐다.

③ 근거 없는 낭설을 퍼트리고 다니는 사람은 처벌을 받게 마련입니다.

④ 이 글에는 반드시 갖추어야 할 필수적인 요소가 빠졌습니다.

다음의 문장을 문맥에 어울리는 자연스러운 문장으로 고쳐 보자.


① 언론 매체는 보도를 함에 있어서 객관성을 잃지 않도록 주의해야 한다.


② 그의 취미는 분야를 가리지 않는 방대한 독서였으며, 아무리 중요한 약속도 저녁 6시 이후에는 반드시 귀가해서 독서 시간을 지켰다.


③ 저희 업체는 얼마나 성실한가와 영어 실력을 기준으로 사원을 채용합니다.


④ 한글과 세계의 여러 문자를 비교해 볼 때 매우 조직적이며 과학적인 문자라고 하는 사실은 널리 알려져 있다.


⑤ 그는 마음먹은 일은 절대로 하고 만다.


⑥ 일본의 초등학교에서 가르쳐지고 있는 역사 교과서의 오류가 수정되지 않아서 한국 정부는 이에 대해 공식적으로 문제를 제기했다.


⑦ 대학은 정치, 문화, 경제, 예술에 이르기까지 지식을 폭넓게 익힐 수 있다.


⑧ 일부 학생들과 학부모들은 이 조항이 매우 만족스러움을 말하고 있다.


⑨ 영화 〈기생충〉의 주제에 공감을 느낀다면 주변 친구들에게 이 영화를 꼭 추천해 주세요.

⑩주최측에게는 이런 문제제기보다는 자신이 거둬들일 수 있는 커다란 이득에 더욱 집중할 것으로 보입니다.

# 2. 문단의 이해

## 1) 문단의 개념

문단이란 여러 개의 문장이 하나의 주제 아래 모인 문장의 집합체로서, 개인의 생각을 논리적으로 구성한 가장 기본적인 단위이다. 한 편의 글이 중심 생각인 주제를 갖듯이, 한 문단도 중심 생각을 갖는다. 이것을 소주제(小主題)라 한다. 이 소주제를 하나의 문장으로 나타낸 것을 소주제문이라 하며, 소주제문을 뒷받침하기 위하여 동원된 문장들을 뒷받침 문장이라 한다. 한 문장만으로 구성된 문단도 있지만, 대개 여러 문장이 유기적으로 결합되어서 이루어진다. 문단은 문장들의 상호관계 속에서 형성된다. 포괄적인 의미를 지닌 주제를 논리적으로 증명해 내기 위해서는 주제와 관련된 여러 소주제들을 통한 논증의 과정이 필요하다. 따라서 한 편의 글을 완성하기 위해서는 여러 개의 문단들이 필요하다.

연구과제

**문단의 개념을 알면 자기 생각을 표현하거나 타인의 글을 이해할 때 어떤 점이 좋을지 이야기해 보자.**

예 : 문단을 나누어 쓰는 목적은 하나의 생각을 효과적이고 명확하게 전달하는 데 있어. 수박에 대해 설명한다고 해 봐. 전체 주제는 수박에 대하여 설명하는 것이지만 수박의 맛, 모양, 색 등을 각각의 문단으로 묶어서 하고 싶은 말을 정리하면 읽는 사람에게 훨씬 효과적으로 글의 내용을 전달할 수 있겠지.

예 : 문단은 중심 생각을 담고 있는데, 여러 개의 문단은 전체 글의 주제와 관련된 내용을 서로 다른 면에서 이야기 하고 있어. 그러니까 문단의 중심 생각을 순서대로 연결하여 생각하면 전체적인 내용을 쉽게 파악할 수 있지.

## (1) 문단의 표식

각 문단은 형태상 '들여쓰기'로 구분한다. 들여쓰기란 문단이 시작되는 부분에서 한 글자 크기의 간격을 들여 쓰는 것을 말한다. 글의 내용이 달라져 문단이 바뀔 때마다 반드시 들여쓰기를 해서 문단이 구분됨을 표시해 주어야 한다. 그러나 왜 줄을 바꾸고 들여쓰기를 해야 하는지 모르고 글을 쓰는 이들이 많다. 최근 이메일이나 웹 사이트의 게시판에서 볼 수 있듯이 행을 임의적으로 나누어 문단의 구성력을 전혀 의식하지 않음을 드러내는 글들이 대표적인 경우이다.

아래의 예문은 학생의 글을 그대로 옮긴 것이다. 문단의 형식에 맞게 재구성해 보자.

예문

TV는 해롭다.

많은 사람들이 TV를 보면 함께 웃고 즐거워 하지만, 거기에서 파생되는

해로움에 대해서는 별다른 관심이 없는 것 같다. 그래서 본인은

이번 기회를 통해 우리가 쉽게 깨달을 수 있는 TV가 사람들에게

미치는 나쁜 점을 써 보고자 한다.

첫째, TV는 우리의 시간을 빼앗는다.

예로서 학생들을 보자.

모든 사람들, 특히 감수성이 예민한 학생들은 고정시켜 놓고

시청하는 프로그램이 몇 가지씩 있다.

이들은 시험이 바로 코앞에 다가와도, 반드시 그 프로를

보지 않으면 안 되게끔 TV에 중독되어 있다. 물론 본인도

포함된다.

둘째, TV는 사람들을 수동적으로 변모시킨다.

TV프로그램에 시청자들은 전혀 참여하지 않는다.

단지 미리 만들어져 방송되는 프로를 아무런 생각 없이

받아들일 뿐이다. 바로 이러한 TV의 특성이 교육에도 미쳐

요즘 강의실에선 질문을 하는 학생을 찾아보기 힘들게 되었다.

💡 혼글 프로그램이나 워드 프로그램에서 문서를 작성할 때 들여쓰기를 미리 설정하여 두면 엔터키를 누를 때마다 자동으로 들여쓰기가 이루어진다. 미리 설정을 안 할 경우, 스페이스바를 두 번 누르면 한 글자 크기의 간격이 생긴다.

**연구과제**

**1. 다음 (  ) 안에 알맞은 어휘를 써 보자.**

문단에서 (          )는 스포츠 팀의 유니폼과 같은 역할을 한다. 관중이 유니폼으로 두 팀을 쉽게 구분하여 관람할 수 있듯이 (          )는 독자로 하여금 문단을 구분하여 글의 내용이 달라졌음을 쉽게 알아볼 수 있도록 해 준다.

**2. 다음 글에서 들여 써야 할 두 부분을 찾아 표시해 보자.**

사람은 태어나는 순간부터 생물학적으로 남성과 여성으로 구분되어 일생 동안 살아간다. '남녀칠세부동석'이라는 말은 이러한 생물학적인 구분을 문화적인 규범으로까지 고정시킨 한국 사회의 남녀관을 반영하는 표현이다. 유아기 때부터 성별에 따라 다르게 교육을 받다가, 신체적인 구분이 뚜렷

해지는 사춘기에 도달하면 '나는 남자', '나는 여자'라는 성 정체성을 확실히 가지게 되는 것이다. 성 차이에 대해 엄격했던 문화적인 규범으로 인해 남녀의 사회적인 성역할도 구분되었다. 그래서 전통적으로 남자는 한 가정의 가장으로서 밖에 나가서 일을 하고, 여자는 안에서 살림과 육아를 맡아 하면서 내조를 해야 한다는 인식이 자연스러운 것으로 여겨진 것이다. 남편을 '바깥사람', 아내를 '안사람'이라 부르는 것도 여기에서 유래한 호칭이다.

## (2) 문단의 구분

문단은 '소주제 하나, 문단 하나'라는 대응 관계에 충실해야 한다. 실제로 특수 문단에 속하는 몇 예들을 제외하면, 전체 글에서 따로 하나씩 떼어 놓아도 문단은 충분히 독립된 의미를 지닌 글로서 역할한다. 문단의 구조가 '소주제문 + 뒷받침 문장'으로 이루어져 있기 때문이다.

그런데 문단을 구분하는 것을 논리 구조와 상관없이 편리하게 생각하는 태도를 자주 접하게 된다. 전체 글이 길이나 소주제의 수와 상관없이 문단 하나로 구성되어 있는 경우도 있고, 문장 하나를 문단 하나처럼 취급하는 경우도 있다. 이는 문단의 개념을 정확하게 이해하지 못한 데서 비롯된 것으로 주의해야 할 사항이다. 또한 문단을 일정한 분량에 따라 구분하는 경우도 있는데, 학생들의 글을 보면 보통 4~5줄 정도에서 일률적으로 문단을 변경하는 경우가 많다. 4~5줄 정도의 길이가 한 문단으로 가장 적당하다고 판단했을 터인데, 문제는 글의 내용과 상관없이 일률적으로 문단을 구분한다는 점이다. 문단은 글의 분량이 아니라 글의 내용을 토대로 구분해야 함을 명심해야 한다.

> **예문**
>
> ### 현대 건축의 특징 - 주제 분산
>
> 이제 더 이상 기능만을 중심으로 한 건물 건축으로는 건축주를 만족시킬 수 없다. 이왕이면 다홍치마라고 기능적으로도 우수한 건축물이면서 동시에 미학적 측면도 고려되기를 원하는 것이 현재

의 일반적 추세이다. 튼튼하고 높게, 그리고 내부를 넓게 쓸 수만 있다면 외부의 모양이야 그냥 콘크리트 기둥 모양이든 어떻든 상관이 없었고, 주변 환경과의 조화는 더욱 무시되는 것이 과거의 경향이었다. 그러나 최근 들어서는 기능적 측면을 무시하는 것은 아니지만 친환경적인 건축에 대한 관심이 높아지면서 건축에 이러한 요소가 충분히 반영되기를 요구하는 사례가 점차 확산되어 가고 있다.

〈학생 글〉

위의 예문은 현대 건축의 경향에 대한 두 가지 특징이 혼재되어 있다. 즉 미학적 측면, 친환경적 건축이라는 새로운 흐름이 그것이다. 그런데 우선 소주제화 되지도 않고 명확하게 문단으로 구분되어 있지도 않다. 그 결과 꼬리에 꼬리를 무는 방식이 되어 어느 틈엔가 미학적 관점이 슬그머니 친환경적 건축에 대한 논의로 옮겨와 버리는 진술이 되어 있다.

**예문**

**현대 건축의 특징 – 1주제 1문단**

기능만을 중시하던 건축에서 가장 두드러진 변화는 건물의 외관이나 내부 선, 공간 배치 등에서 미학적 측면이 강조되고 있다는 점이다. 과거의 건물은 기능적으로 오랜 세월을 견디고, 공간을 최대한 넓게 쓸 수 있도록 하는, 소위 내구성과 실용성 등을 최대한 고려하여 설계하면 문제가 없었다. 그러나 최근에는 건물 자체가 갖는 미학적 요소만으로도 충분히 가치를 지닐 수 있다는 점이 주목을 받고 있다.

한편, 친환경적 요인 역시 최근 들어 건축에 매우 중요한 영향을 미치고 있다. 전 세계적으로, 환경 오염으로 생긴 엘리뇨 등 이상 현상들을 체험하면서 환경의 소중함에 대한 인식이 확산되는 추세이다. 또, 기계와 빌딩, 자동차와 인공조명 등에서 벗어나 될 수 있으면 자연 친화적인 환경에서 거주하고, 일하고 싶은 욕망들이 점차 고개를 들고 있다. 이러한 열망들이 친환경적인 건축에 대한 요구로 나타나고 있다.

위의 예문은 각각의 문단에서 하나의 소주제만을 다루고 있다. 이런 문단의 구성은, 우선 쓰는 사람에게는 내용을 간결하고 명확하게 구성할 수 있게 하고, 읽는 사람에게는 내용을 쉽게 파악하게 만들어 준다는 장점이 있다.

## 2) 문단의 구성

문단은 글 전체에서 생각의 덩어리 역할을 한다. 문단에서 하나의 문장은 중심 생각을 나타내고, 나머지 문장들은 이 문장을 부연해 주어야 한다. 앞에서도 말했듯이, 중심 생각을 나타내는 문장을 '소주제문'이라고 하고 이를 부연하는 문장을 '뒷받침 문장'이라고 한다. 일반적으로 하나의 문단은 하나의 소주제문과 여러 개의 뒷받침 문장으로 구성된다. 소주제문은 주제와 관련이 깊어야 하고, 개념이 구체적이고 의미가 간결해야 한다. 뒷받침 문장은 중심생각을 뒷받침하는 사실, 예시, 이유, 근거 등을 제시한다. 소주제문은 주로 문단의 맨 앞이나 맨 뒤에 쓰게 되는데, 문단의 앞부분과 뒷부분 모두에 소주제문을 써서 주장을 강조할 수도 있다.

> **예문**
>
> ①불교의 교리와 문화는 무역통로를 통해서 전파되었다. ②동남아시아에서는 상업적인 거점이 인도 영향권의 중심지였고, 불교 공동체가 그들 사이에서 생겨났다. ③불교문화의 영향은 인도의 서북부로부터 파미르 고원과 중앙아시아에 걸쳐 있던 실크로드를 따라 북쪽과 동쪽으로 침투해 갔다. ④이 실크로드 연변의 오아시스들은 상업과 행정의 중심지이며 군사적인 요새였고 종교적인 중심지였다.
>
> ▶▶▷ 디트리히 젝켈, 『불교 미술』

위의 글에서 필자가 주장하고자 하는 중심 내용은 첫 문장에 있다. 이 중심 내용을 담고 있는 문장을 우리는 '소주제문' 혹은 '주제문장'이라고 한다. 그러니까 소주제문은 "불교의 교리와 문화는 무역통로를 통해서 전파되었다"이다. 그리고 나머지 문장들은 모두 이 '소주제문'을 뒷받침하기 위한 문장들이다.

뒷받침 문장은 소주제문을 부연 설명할 수도 있고, 뒷받침 문장을 부연 설명할 수도 있다. 이 글에서 ②와 ③은 소주제문 ①을 뒷받침하는 문장들이지만 ④는 ③을 뒷받침하고 있다. 즉 ②는 ①에 대한 부연 설명으로, 동남아시아에서는 불교 공동체가 상업적인 거점인 인도 영향권의 중심지에서 발생했다는 '사실'을 말하고 있다. 그리고 ③은 '실크로드'를 따라 불교의 교리와 문화가 전파되어 갔다는 것으로, ①의 '예시'이자 '사실'에 해당한다. 하지만 마지막 문장 ④는 소주제문 ①을 부연 설명하는 것이 아니라 바로 앞 문장 ③을 부연 설명하고 있다. 즉 ④는 실크로드 연변의 오아시스에 대한 이야기로, 바로 앞 문장의 실크로드가 어떠한 의미를 지니는지를 보여 주고 있다. 뒷받침 문장은 소주제문뿐만 아니라 뒷받침 문장을 뒷받침할 수도 있다.

이상에서 살펴 본 대로 문단은 하나의 '소주제문(주제문장)'과 여러 개의 '뒷받침 문장'으로 구성된다. 여기서 소주제문이 문단의 어느 위치에 놓이느냐에 따라 두괄식, 미괄식, 양괄식, 중괄식, 무괄식으로 나눌 수 있다. 문단의 형식에 따라 전달하고자 하는 메시지가 읽는 사람에게 받아들여지는 양상도 달라질 수 있다. 그러므로 글의 성격이나 독자의 성향 등을 고려하여 문단의 형식을 정하는 것이 바람직하다. 문단의 형식과 그에 따른 내용들을 간략하게 표로 정리해 보면 다음과 같다.

| 형식 | 문단 내 주제문의 위치 | 특징 |
|---|---|---|
| 두괄식 | 첫머리 | ① 첫머리만 읽고도 전체 맥락을 쉽게 이해할 수 있음<br>② 선별적 읽기가 가능함<br>③ 결론을 우선 제시함 |
| 미괄식 | 마지막 | ① 결말에 대한 관심을 유발함<br>② 귀납적으로 전개함 |
| 양괄식 | 첫머리, 마지막 | ① 소주제를 강조할 수 있음<br>② 두 소주제문의 역할이 다름 |
| 중괄식 | 중간 위치 | ① 초점이 흐려질 우려가 있음<br>② 포괄적 내용과 구체적 내용을 함께 담을 수 있는 이점이 있음 |
| 무괄식 | 없음 | 글의 분위기로 메시지를 전함 |

1. 다음 글에서 소주제문을 찾아 밑줄을 그어 보자.

　우리가 건강하게 살기 위해서는 비타민 D가 반드시 필요하다. 그런데 음식으로 필요한 비타민 D를 충분하게 얻는 것은 한계가 있다. 비타민D가 충분하게 들어 있는 식품은 많지 않다. 따라서 일상적인 식사로는 몸에 필요한 만큼의 비타민D를 얻을 수 없다.

2. 다음 글에서 소주제문을 찾아 밑줄을 그어 보자

　흡연을 권장하자는 것은 아니다. 그러나 흡연자를 위한 정책적 배려도 있어야 옳다는 것이다. 담뱃값을 올리거나 온 세상을 금연구역으로 정하는 방법만으로는 흡연의 문제가 해결되지 않는다. 자살을 시도했다고 벌금을 물릴 수는 없다. 과음했다는 것만으로 '국민건강'을 고려해 거리에서 추방할 수도 없는 노릇이다. 오로지 '금지'하는 것만으로 성공한 정책은 본 적이 없다. 인간은 불가사의한 영혼을 지닌 문화적인 동물이다. 담배는 비의적인 영혼과 다양한 문화, 팍팍한 삶의 언저리에 두루 놓여 있다. 피우려는 자의 권리도 배려해야 한다.

3. 다음 문단은 "'우뢰'가 맞는지 '우레'가 맞는지"에 대한 답변이다. 소주제문과 뒷받침 문장을 구분해 보자.

　'우레'가 표준어입니다. 예전에는 '우뢰(雨雷)'로 쓰기도 했는데 이는 우리말 '우레'를 한자어로 잘못 인식하여 적은 것입니다. 이 말이 한자어가 아니라 고유어임은 옛 문헌에서 확인할 수 있습니다. 15세기의 옛 문헌에 보면 "소릿 울에 三千界를 뮈우도다(一聲雷震三千界)"(『金剛經三家解 2: 2』)와 같이 '울에'가 나타납니다. 이보다 더 후대인 16세기 말 송강 정철의 가사 작품인 「관동별곡」에는 "들을 제는 우레러니 보니는 눈이로다"에서와 같이 '우레'가 나타납니다. 그러므로 '우레'

를 표준어로 삼고 잘못 써 온 '우뢰'는 비표준어로 처리한 것입니다.

**4. 아래의 글은 소주제문이 드러나지 않는 형식(무괄식)의 문단이다. 하지만 충분히 글의 중심 내용을 파악할 수 있다. 이 문단의 중심내용이 무엇인지 말해 보자.**

첫 파견지는 아프가니스탄이었다. 20여 년 간의 전쟁과 4년째 가뭄이 계속되는 곳. 재난의 가장 큰 피해자는 역시 어린이다. 현장근무 첫날. 월드비전 치료급식소에 실신상태의 네 살짜리 남자아이가 들어왔다. 극심한 영양실조. 의사는 생사를 장담할 수 없다고 했다. 입소 2주일이 되는 날, 이 아이가 나와 눈이 마주치자 방긋 웃는 게 아닌가. 순간, 가슴이 너무 벅차서 터지는 줄 알았다. 아이는 웃고 있는데 나는 어찌나 눈물이 나던지. 이 아이를 살리는 데 우리가 한 일은 시간 맞추어 영양죽을 먹인 것뿐이다. 이렇게 구해낸 어린 생명 수천 명. 한 아이의 한 달간 영양죽 값은 우리 돈 만원이다.

▶▶▷ 한비야, 「'사랑의 총알'이 필요합니다」

**5. 다음 소주제문의 뒤를 이어 뒷받침할 수 있는 문장을 2~4개 정도 써 보자.**

대학생들은 대학 생활을 하는 동안 아기가 성장하는 것과 같은 과정을 거친다.

## 3) 문단 구성의 원리

앞서 언급한 대로, 일반 문단들은 하나의 소주제 문장(topic sentence)과 이를 뒷받침하는 문장(supporting sentence)들로 구성된다. 이러한 문단을 제대로 구성하려면 통일성(일관성), 연결성, 강조성의 세 가지 원리를 따라야 한다.

### (1) 통일성

한 문단 안의 소주제문과 뒷받침 문장은 하나의 주장만을 설명해야 한다. 따라서 뒷받침 문장들은 소주제와 깊이 관련된 내용으로 써야 하고 새로운 주제에 대해서는 문단을 구분하여 다른 문단에서 설명해야 한다.

**예문**

**내용이 일관성이 없고 산만하다는 평가를 받는 글**

지금 우리 사회는 충동이 이성을 앞서는 양상을 보인다. 잠깐 생각하면 될 것을 견디지 못해 아들이 부모를 살해하고, 부모가 어린 자식을 한강 다리 밑으로 던지는가 하면, 길 가다 눈빛이 마음에 안 든다고 사람을 때려죽이는 일들이 있었다. 그런가 하면, 순간 충동을 못 이겨 뒷일을 생각 않고 긁어 댄 카드는 어린 신용불량자들을 양산했다. <u>이들의 장래를 생각하면 가슴이 아프다. 그들에게 실적만을 생각하고 무책임하게 카드를 발급해 준 카드사들의 행태는 결국 자신들에게 짐으로 돌아갔다.</u>

밑줄 그은 부분은 위에서 "지금 우리 사회는 충동이 이성을 앞서는 양상을 보인다."라는 소주제문을 설명해 오다가 일관성을 잃고 다른 내용으로 옮겨 가 버렸다. 통일성이 깨진 것이다.

## 구심점이 있는 글

내가 건축을 사랑하는 이유는 끝없는 도전에 있다. 누가 몇 층을 올렸느냐가 아니라, 누가 더 새로운 디자인으로, 더 섬세한 감각으로 아름다움을 세울 것인가에 대한 승부가 바로 건축이다. 게다가, 과거 인류의 조상들이 자연과의 조화를 통해 이룩해 놓았던 건축의 아름다움을 현대 조형 속에 최대한 살려 보려는 노력을 기울이고 있다. 더욱 매력적인 것은 이러한 시도들이 인간의 생활 속에서 빛을 발하고, 그 삶을 풍요롭고 쾌적하게 하는 방향으로 전개되고 있다는 점이다.

위의 글은 건축을 사랑하는 이유가 끝없는 도전임을 소주제로 내세우고, 이어지는 문장들에서 모두 그 끝없는 도전을 긍정적으로 표현하고 있다. 이렇게 함으로써 소주제와의 통일성을 유지하게 되는 것이다.

### (2) 연결성

소주제문을 도와주는 뒷받침 문장들은 순서에 맞게 배열해야 한다. 시간의 흐름이나 공간의 이동, 논리적인 인과관계 등을 기준으로 뒷받침 문장들의 순서를 정해야 한다. 그래야만 문단 내의 문장들이 모두 무리 없이 자연스럽게 연결된다.

①시간의 흐름 : 어떤 사건을 기술할 때에는 시간의 흐름에 따라 차례대로 서술하는 것이 자연스럽다.

그날 오후에는 윈톤 켈리의 피아노가 흘렀다. 웨이트리스가 하얀 커피 잔을 내 앞에 놓았다. 그 두툼하고 묵직한 잔이 테이블 위에 놓을 때 '카탕' 하고 듣기 좋은 소리가 났다. 마치 수영장 밑바닥으로 떨어진 자그마한 돌멩이처럼, 그 여운은 내 귀에 오래토록 남아 있었다. 나는 열여섯이었고, 밖은 비가 내리고 있었다.

▶▶▷ 무라카미 하루키, 「커피를 마시는 어떤 방법에 대하여」

② **공간의 이동**: 원근법에 따라 먼 곳에서부터 서술을 시작했으면 '먼 곳→ 가까운 곳'의 순서로 차츰 옮겨 와야 하고, 그 반대라면 '가까운 곳 → 먼 곳'의 순서로 차츰 옮겨 가야 자연스러운 서술이 된다.

---

> **예문**
>
> 어느 날 나는 동산 가운데 있는 대나무 밭을 거닐다가 이상하게 생긴 대나무 한 그루를 발견하였다. 그 뿌리 부분과 끝 부분은 다른 대나무와 비슷한데, 그 가운데 부분의 마디가 다른 것에 비해 촘촘하게 짧고 또 굽어 있었다. 그래서 그곳을 자세히 들여다보니 벌레들이 좀 먹은 구멍이 나 있었다.
>
> ▶▶▷ 하수일, 「병든 대나무를 보고」

③ **논리적 인과관계**: 논리적인 면에서 어긋남이 없도록 서술해야 한다. 앞뒤 서술이 모순된 점은 없는지, 이치에 합당한 서술인지를 꼼꼼히 점검하여 서술하도록 한다.

---

> **예문**
>
> ### 순리적 연결이 되지 못한 글
>
> 우리는 '남잡이가 나잡이'가 되는 예를 흔히 본다. 남을 잡아 주는 것은 결국 나를 잡아 주는 것이 된다. 남을 탓하는 사람은 결국 자기가 욕을 먹게 되고, 남에게 잘 해 준 사람도 결국 자기도 그만한 손해를 보기도 한다.

위의 문단은 앞뒤 문장의 내용이 잘못 풀이되어 이치에 맞지 않게 연결되어 있다. 이런 것은 상식에 어긋나므로 우리는 그것을 순리적으로 받아들이지 못한다. 논리적 인과관계를 꼼꼼히 살펴야 연결이 자연스러운 문단이 된다. 다음의 문단을 보자.

**순리적으로 잘 연결된 글**

우리는 '남잡이가 나잡이'가 되는 예를 흔히 본다. 남을 해치는 것은 결국 자기를 해치고 마는 일이 세상에는 많다. 남을 욕하는 사람은 결국 자기가 욕을 먹게 되고, 남에게 손해를 끼친 사람은 결국 자기도 그만한 손해를 입고 만다.

위의 문단은 앞뒤의 문장이 순리적으로 연결되어 있다. 위의 〈예문〉처럼 문단에서는 이치에 합당한 서술이 이루어져야 한다.

### (3) 강조성

한 문단 안에서 소주제는 충분히 강조되어야 한다. 그래야 독자가 그 글의 중심 내용을 인상 깊게 받아들이고 충분히 이해할 수 있다. 강조성은 다음의 세 가지 방법으로 실현할 수 있다.

#### ① 뒷받침 문장(상세화, 합리화, 예시화)에 의한 강조

상세화란 주제의 내용을 알기 쉽게 설명하는 것이다. '즉, 자세히 말하면, 다시 말하면, 풀어서 말하면' 등의 표지가 주로 사용된다. 합리화란 주장이나 결과에 대해서 그 근거를 논리적으로 밝히는 것이다. '왜냐하면, 그 까닭은, ~ 때문이다' 등의 표지가 사용된다. 예시화란 실제로 일어난 사건이나 행동 등을 알려 주는 것이다. '예를 들면, 가령, 일례로, ~이/가 그 예이다' 등의 표지가 사용된다.

#### ② 소주제문의 위치에 의한 강조

한 문단에서 가장 앞부분이나 마지막 문장에 주의가 집중되는데, 소주제문을 이곳에 두면 주제를 효과적으로 강조할 수 있다. 소주제문을 문단의 가장 앞부분에 두는 것을 두괄식, 마지막에 두는 것을 미괄식이라 한다. 때때로 앞부분과 마지막에 반복하여 두거나 문단의 중간에 두는 경우도 있는데, 이것을 각각 양괄식(쌍괄식), 중괄식이라 한다.

### ③ 수사법에 의한 강조

수사법이란 글의 의미를 보다 효과적으로 전달하기 위한 표현의 기교를 말한다. 대표적인 수사법으로는 직유법, 은유법, 과장법, 대조법, 도치법, 설의법 등이 있다.

**연구과제**

**1. 다음 글에서 '통일성'에 어긋나는 문장을 찾아 밑줄을 그어 보자.**

스마트폰 등 휴대 기기 사용이 일반화되면서 목과 허리, 어깨에 통증을 느끼는 사람이 많아졌다. 같은 자세로 오랫동안 작은 화면에 집중하다 보면 자연스레 몸이 움츠러들어 신경이 긴장 상태가 되기 때문이다. 따라서 스마트폰을 오래 사용할 때에는 수시로 자세를 바꿈으로써 긴장을 풀어 주는 것이 좋다. 또 큰 화면을 통해 많은 정보를 한꺼번에 처리할 수 있는 스마트폰을 고르는 것이 좋다.

**2. 다음 글의 '연결성'은 어떤 순서에 의해 확보되는지 써 보자.**

고속도로에서 승객이 대형 사고를 막아 낸 사실이 알려져 화제다. 사건은 지난 15일 0시 25분쯤 치악 휴게소를 3km쯤 앞둔 곳에서 발생했다. 서울에서 안동으로 가던 고속버스에서 기사 김 모 씨(53)가 운전 중 갑자기 정신을 잃고 쓰러졌다. 이를 본 승객 천 모 씨(44)는 운전석으로 달려와 운전대를 잡고 버스가 중앙선을 넘으려는 것을 막았다. 다른 승객들은 힘을 모아 운전석에서 쓰러진 기사를 끌어냈다. 기사를 대신하여 운전석에 앉은 천 씨는 3분 정도 거리에 있는 치악 휴게소로 버스를 몰아 승객들을 안전하게 이동시켰다. 하마터면 큰 사고로 이어질 수 있는 아찔한 사건이었다.

(                                                )

**3. 다음 글에서 소주제문을 강조하기 위해 각각 어떤 방법을 사용하고 있는지 써 보자.**


① 요즘 추억을 떠올리게 하는 제품이 인기이다. 초등학교 앞에서 사 먹던 과자, 다시 듣는 90년대 인기 가요 음반 등이 그 예이다. 그만큼 인간이 과거를 그리워한다는 것이다.

(                                                                        )


② 해외여행을 가고 싶지만 한꺼번에 많은 돈을 내기 어려울 때는 '후불제 여행' 상품을 이용하면 좋다. 즉, 여행비의 반을 먼저 내고 나머지 돈은 여행을 다녀온 뒤에 갚아도 된다. 이 상품은 가격이 부담되어 해외여행을 가지 못했던 사람들의 관심을 끌고 있다.

(                                                                        )


③ 어떤 문제를 해결하기 위해 다른 사람들과 논의를 할 때에는 현실적이지 않은 의견도 들어 보는 것이 좋다. 가끔은 비현실적인 생각으로부터 새로운 해결 방법이 떠오를 수도 있기 때문이다. 당장은 문제 해결에 도움이 되지 않을 것 같은 의견이라도 일단은 들어 보는 것이 좋다.

(                                                                        )

## 💡 버릴 건 과감하게 버려라

양의 격률이라는 것이 있다. 너무 부족하거나, 너무 많지도 않을 정도의 적당한 양의 정보를 글 속에 제공할 것을 요구하는 규범이다. 특히 지나치게 장황하거나, 중언부언하는 것을 경계하는 것이다. 일반적으로 보고서를 비롯하여 모든 실용적인 글쓰기는 자신이 소유하고 있는 모든 정보를 남김없이 털어 넣고서 지식을 과시하는 장이 아니다. 그런데도 무언가 자신이 잘 아는, 혹은 애착을 갖는 내용이 나오면 유독 그 부분에서 균형감을 잃고 다른 소재들에 비해 양적 균형감을 무너뜨리는 경우를 흔히 발견할 수 있다. 심지어는 해당 주제와는 전혀 무관한 것임에도 불구하고 억지로 끼워 넣기를 시도함으로써 전체 글의 논리 구조를 흐트러지게 하는 경우도 있다. 그렇다고 모든 정보를 언제나 균등한 분량으로 써야 한다는 강박관념에 사로잡힐 필요는 없다. 자신의 주장이나 글의 주제를 선명하게 드러내기 위해 가장 필요한 정보에 상대적으로 많은 양의 분량을 제시하는 것이 글쓰기에서는 중요하다.

## 4) 특수 문단

### (1) 도입 문단

도입부는 글의 시작 부분을 말한다. 글의 종류에 따라 서론, 서두 등으로 불리기도 한다. "시작이 반이다."라는 말이 있듯이, 무슨 일이든 시작이 제일 어렵다. 글을 쓰는 입장에서도 도입부를 쓰는 일은 어렵고 괴로운 일이다. 글을 쓸 계획을 잘 세웠다 하더라도 서두에서 망설이게 되는 것은 당연하다.

도입부(서두)는 독자가 그 글을 읽을지 말지를 결정하는 잣대가 된다. 글이 시작부터 딱딱해서는 웬만한 독자가 아니라면 읽지 않는다. 서두가 재미있거나 매력이 있으면 다행이지만 그렇지 않으면 그 글은 외면당한다. 다행히 독자가 관심 있는 주제라서 딱딱한 서두를 인내심 있게 읽어준다 하더라도 글이 밋밋해지는 것을 면하기는 어렵다.

도입부의 기능은 글의 첫인상을 주면서 독자의 호기심을 이끌어내고, 주제와 관련해서 주의를 환기시키는 것이다. 짧은 글에서는 도입부에서 글의 목적이나 문제의식이 뚜렷이 드러나지 않는 경우도 있지만, 대체로 도입부에서는 글의 목적과 배경을 제시하고 문제가 무엇인가를 보여준다. 이렇듯 도입부는 글의 방향을 제시할 뿐 아니라, 글에 대한 흥미를 유발시키고 글 전체에 대한 개략적인 암시도 줄 수 있다는 점에서 매우 신중하게 써야 한다.

〈도입부의 구성 요소와 내용〉

| 구성 요소 | 내용 |
|---|---|
| 주제 제시 | 글에서 논의하고자 하는 중심 생각을 제시한다. |
| 논의의 방법과 방향 제시 | 주제의 범위를 제한하고, 논의를 어떠한 방향과 방법으로 이끌어 갈 것인지의 방법론 제시 |
| 글의 목적 | 글 전체 서술을 통하여 얻고자 하는 목적 제시 |
| 주의 환기 | 글을 읽는 사람들의 관심을 유도 |
| 배경 제시 | 현재 주제와 관련된 사항이 어떤 상황에 처해 있는지를 확인하고 그 문제점들을 제시해 준다. 이를 통해 글을 쓰게 되는 당위성을 이끌어 낸다. |

이러한 내용들을 도입부에 모두 넣어서 쓰는 예도 있고, 이 가운데 필수적이라고 할 수 있는 목적, 주제만을 제시하고 바로 본론으로 들어가는 글도 찾아볼 수 있다.

---

**예문**

①우리는 대체로 머리끝에서 발끝까지를 서양식으로 꾸미고 있다. "목은 잘라도 머리털은 못 자른다."고 하던 구한말의 비분강개를 잊은 지 오래다. ②외양뿐 아니라, 우리가 신봉하는 종교, 우리가 따르는 사상, 우리가 즐기는 예술, 이 모든 것이 대체로 서양적인 것이다. 우리가 연구하는 학문 또한 예외가 아니다. 피와 뼈와 살을 조상에게서 물려받았을 뿐, 문화라고 일컬을 수 있는 거의 모든 것을 서양에서 받아들인 듯싶다. ③이러한 현실을 앞에 놓고서 민족 문화의 전통을 찾고 이를 계승하고자 한다면, 이것은 편협한 배타주의나 국수주의로 오인될 수 있을 것이다.

그러면, 민족 문화의 전통을 말하는 것은 반드시 보수적이라는 멍에를 매어야만 하는 것일까? ④이 문제에 대한 올바른 해답을 얻기 위해서는, ⑤전통이란 어떤 것이며, 또 그것은 어떻게 계승 되어 왔는가를 살펴보아야 할 것이다.

▶▶▷ 이기백, 「민족 문화의 전통과 계승」

---

이 글은 매우 전형적인 도입부의 형식을 보여주고 있다. 이 글의 특징 중에 하나는 제목과 주제가 일치하는 글이라는 것이다. 글의 전개에서 ①은 소위 '주의 환기'에 해당하는 것으로 독자들에게 호기심을 불러일으킨다. ②는 간접적인 상황(배경)들, 즉 민족문화와 반대가 되는 외래문화 침투의 예들을 보여 주면서 소위 주제와 관련한 '문제의 현황'을 역설적으로 보여주고 있다. ③에서는 직접적인 서술은 아니지만 간접적인 방식으로 '주제를 제시'하고 있다.

다음 문단에 이르러서는 매우 간단한 진술이기는 하지만 ④에서 '논의의 정당성(이유)과 결과'를 암시하고 있고, ⑤에서는 전통의 개념과 계승의 방식에 대해 논의하겠음을 밝힘으로써 '주제의 범주'를 한정하고 있다. 이처럼 도입부의 구성 요인들은 글의 종류와 주제를 고려하여 가장 효율적인 짜임새를 보여야 한다.

 도입 문단이 인상적이어야 독자의 관심을 끌 수 있다. 그러나 지나치게 서두에 집중하다 분량 조절에 실패하면 자칫 용두사미가 될 수 있으므로 유의해야 한다. 이것은 음식을 먹기 전에 애피타이저로 배를 채우는 모양새와 같다.

앞서 언급했듯이, 글의 시작을 어떻게 하느냐는 쉬운 문제가 아니다. 해당 독자들에게 무엇을 요구할 것인가에 따라, 혹은 글 쓰는 사람이 강조하고 싶은 것이 무엇인지에 따라 도입부를 쓰는 방식도 조금씩 차이를 보이는 것이 일반적이다. 도입 문단을 쓰는 몇 가지 유형화된 방법을 살펴보자.

### ① 문제를 제기하면서 시작하는 방법

사람들에게 이미 잘 알려져 있는 문제에 대해서 다시 신중하게 생각해 볼 계기를 제공하거나, 미처 생각지 못한 점을 지적해야 할 때에 주로 사용하는 방법이다. "아, 여기에 이런 문제가 있었구나."를 생각하게 하는 것이 중요하다.

> **예문**
>
> 이미 1995년부터 서서히 시작되어 온 고구려사 왜곡 문제가 이제야 시작된 것인 양, 나라 전체가 더위만큼 후끈 달아오르고 있다. 특히 네티즌들의 분노는 극에 달해 당장 극단적인 방법들을 제시하고 있지만 중국이라는 나라에 대한 이해가 우선 필요한 시점이다. 긍정적인 해결이 중요한 것이지, 지금 당장의 분노 표출이 중요한 것이 아니기 때문이다. 중국의 입장에서는 모른 척해 버리면 그만인 문제일 수도 있기 때문에 자칫 대화의 통로마저 막아 버리는 우를 범하는 과격수는 피해야 한다. 벌써 우리는 항의 한 번으로 정부 수립 이전의 역사들을 완전히 말소 당하는 수모까지 덩달아 겪지 않았는가.

문제 제기 방법을 사용할 때에는, 그 문제가 나오게 된 배경이나 그것과 관련된 상황을 설명하고 난 뒤에 문제를 제기하면 훨씬 효과적이다. 위의 〈예문〉처럼, 평범하게 "그럴 것이다."라고 생각하는 문제에서 간과하기 쉬운 것들을 지적하고 이를 통해 관심을 유발하는 효과까지 거둘 수 있다는 점에서 매우 유용한 방법이다.

디지털과 유전자 혁명으로 미래는 거리와 경계가 소멸된다고 한다. 공간과 시간의 거리가 점차 사라져 시공(時空)의 개념이 희미해진다고 한다. 기계는 다른 기계를 먹고 기술은 다른 기술을 삼킨다. 과연 이런 문명의 포식이 우리를 행복하게 해줄까. 집단과 집단, 개인과 개인이 벌이는 속도 경쟁은 예측의 한계를 이미 넘어 버렸다. 사람의 시간을 빨아먹는 괴물 텔레비전은 어떻게 진화할 것인가. 사람의 여백을 흡입하는 휴대폰은 인간을 어디로 호출할 것인가.

▶▶▷ 김택근, 「진정한 '느림의 삶'을 위하여」

위의 〈예문〉은 문제 제기가 확실하게 드러나 있지 않다. 그러나 글의 제목을 본다거나 문단 내에 나오는 "속도 경쟁"이라는 표현에 집중한다면 문제가 무엇인지를 눈치 챌 수 있다. 도입부는 주제와 관련하여 분위기를 환기하는 기능이 중요하기 때문에 독자들이 그 다음의 내용에 대해 궁금증을 가지게 할 수 있고, 이를 통해 관심을 유도하는 효과까지 거둘 수 있다. 따라서 문제가 무엇인지 명확하게 제시하지 않고, 문제와 결부된 '상황(배경)'만을 제시함으로써 문제를 '암시'해 주는 것도 좋은 방법이다.

### ② 주제문을 내세우며 시작하는 방법

글에서 논의하고자 하는 중심 생각을 먼저 제시하면서 시작하는 방법으로 가장 일반적인 방법이다. 주로 주제가 참신하거나 최근 들어 새롭게 관심을 끌고 있는 문제의 글, 그리고 학술 연구 논문 등에서 주로 사용하는 방법이다. 글의 목적과 방향을 처음부터 명확하게 제시하기 때문에 독자들이 명확하게 이해할 수 있다는 장점이 있다.

나는 국정교과서에 반대한다. 한국사 교과서 논란이 아니어도 어느 과목이든 한 가지 교과서로 배우고 가르치는 것에 찬성하지 않는다. 미리 말하지만 검인정 방식이 좋다는 뜻도 아니다. 결론부터 판단한 것이 아니라 경험하고 느꼈으니 분명하게 주장할 수 있다. 몇 해 전 〈보건〉 교과서를 만드는 데 참여한 뒤 내린 결론이다. 그러고 보니 〈보건〉 교과서는 존재를 모르는 사람도 많을 듯하다. 2009년 교과목이 부활하면서 검인정 교과서가 만들어졌으니, 학생이 가까이 없으면 낯선 과목일 것이다. 지금도 초·중·고등학교에서 그 교과서가 쓰인다.

　참여를 처음 부탁받았을 때 했던 각오가 생생하지만, 금방 좌절한 것도 잊지 못한다. 일이 어그러진 것을 깨달은 것은 준비 모임 첫날. 저자들 앞에 지침, 기준, 내용체계 등 이름도 헷갈리는 촘촘한 '가이드라인'이 놓였고, 정작 교육목표나 전체 구성은 고민할 필요도 없었다. 교과서를 만든다는 것에 실망했다. 그다음은 누구나 짐작할 수 있는 대로다. 영역과 세부내용까지 정해져 있는데 더하고 뺄 것이 무얼까. 흡연을 예로 들면 이렇다. 중학교 과정에 '니코틴 중독과 흡연 예방'이라는 항목이 들어 있고, "담배의 중독성을 알고 흡연의 권유를 거절하는 방법과 금연 방법을 익힌다"가 세부내용이다.

▶▶▷ 김창엽, 「'자유발행제' 교사서를 허하라」

위의 〈예문〉은 '국정교과서를 반대한다'는 자신의 중심 생각(주제)을 먼저 제시함으로써 글의 목적과 방향을 명확하게 하고 있다. 주제문을 내세우면서 도입부를 쓸 때는, 주의 환기 등이 없이 바로 시작하기 때문에 주제 자체가 사람들의 주의를 끌 수 있을 만한 것이어야 한다는 점을 유의하자.

---

**예문**

　고구려사를 중국 역사의 일부로 하기 위한 동북공정의 역사 왜곡은 일본의 역사 교과서 왜곡 사건보다 더욱 심각한 문제이다. 일본의 역사 교과서 왜곡 사건은 검인정 교과서 가운데 하나인 '새로운 역사 교과서'가 문제가 되었지만, 중국의 역사 왜곡은 중국 정부 기관이 나서서 진행하고 있기 때문이다. 그렇다면 우리는 중국의 역사 왜곡에 맞서 어떻게 대응을 해야 할 것인가. 가장 먼저 생각할 수 있는 것이 남북한 공조이다. 중국이 우리 역사를 놓고 자기 나름의 잣대로 왜곡해 온다면, 결론은 남북 간의 공조가 최선의 길이다. 먼저 북한에 남아 있는 유물이나 유적만이라도 제대로 보고 공유할 수 있어야 한다.

북한 고구려 고분군의 세계문화유산 등재 여부를 결정할 UNESCO 총회가 올 여름 중국에서 열린다. 특단의 상황이 발생하지 않는 한 등재가 유력하지만, 여전히 변수는 남아 있다는 것이 전문가들의 의견이다. 그렇다면 세계문화유산 등재가 최종적으로 결정되기까지 북한 고분군의 보존과 관리를 위한 시설, 기술, 재정 지원에 나서는 등 남북 간의 공조가 필요한 것이다.

▶▶▷ 최광식, 『대고구려의 역사, 중국에는 없다』 해설

위의 〈예문〉은 몇 가지 이유에서 주제 언급형 도입부가 적절하다. 중국의 역사 왜곡이라는 소재가 일본의 역사 왜곡과는 달리 새롭게 부각된 문제라는 점, 그 문제를 해결하기 위한 우리의 대응 방식(중심생각-주제문)을 새롭게 포함한다는 점 등이 독자들에게 흥미를 줄 수 있다.

참고로, 문제 제기를 하는 방식과 주제문을 제시하는 방식을 혼합하여 사용하는 것도 서두를 시작하는 좋은 방법이 될 수 있다.

### ③ 대상의 개념을 정의하면서 시작하는 방법

일반인들이 잘 모르는 개념, 혹은 새 해석이 필요한 개념을 대상으로 글을 쓰게 될 때 많이 사용하는 방법이다. 생소한 용어를 처음부터 반복하여 쓰느니 용어에 대한 정의를 내려주고 시작하는 것이 효과적인 글의 전개가 될 것이다.

예문

모든 학문은 나름대로 고유한 대상영역이 있습니다. 법률을 다루는 학문이 법학이며, 경제현상을 대상으로 삼는 것이 경제학입니다. 물론 그 영역을 보다 더 세분화하고 전문화시켜 나갈 수 있습니다. 간단히 말하면, 학문이란 일정 대상에 관한 보편적인 기술을 부여하는 것이라고 해도 좋을 것입니다. 우리는 보편적인 기술(記述)을 부여함으로써 그 대상을 조작, 통제할 수 있습니다. 물론 그러한 실천성만이 학문의 동기는 아니지만, 그것을 통해 학문은 사회로 향해 열려 있는 것입니다.

여기에서 핵심 낱말은 '보편성'입니다. 결국 학문이 어떤 대상의 기술을 목표로 한다고 해도, 그 것은 기술하는 사람의 주관에 좌우되지 않고, '원리적으로는' "누구에게도 그렇다."라는 식으로 이

루어져야 합니다. "나는 이렇게 생각한다."라는 것만으로는 불충분하며, 왜 그렇게 말할 수 있는가를 논리적으로, 그러니까 '원리적으로는'* 누구나가 알 수 있는 방법으로 설명하고 논증할 수 있어야 합니다.

그것을 전문용어로 '반증가능성(falsifiability)'이라고 합니다. 즉 어떤 지(知)에 대한 설명도 같은 지(知)의 공동체에 속한 다른 연구자가 같은 절차를 밟아 그 기술과 주장을 재검토할 수 있고, 경우에 따라서는 반론하고 반박하고 갱신할 수 있도록 문이 열려 있어야 합니다.

---

* '원리적으로는'이라는 말이 거듭 사용되고 있는 까닭은 "누구나 안다"는 말이 실제적으로나 현실적으로 누구나 안다는 것이 절대 아니라는 점을 오해하지 않도록 환기시키기 위해서입니다. 원리적으로는 그렇지만, 누구나 바로 이해할 수 있는 것은 아닙니다. 거기에는 능력의 차이라는 문제가 있으며, 거기에서 바로 '계몽'이라는 이념이 나옵니다. 그렇지 않다면 교육이 필요 없을 것입니다.

▶▶▷ 고바야시 야스오, 「학문의 행위론」

'학문'은 사람들이 대체로 잘 알고 있는 개념일 수도 있다. 그러나 일반인들이 생각하는 학문과 조금 다른 해석이 가미되어 새롭게 정의할 필요가 있었기 때문에 "학문이란 일정 대상에 관한 보편적인 기술을 부여하는 것"이라는 정의법을 사용한 문장으로 시작하여 논의를 전개하고 있다. 특히 '보편성'의 개념에 천착하면서 글의 주제를 부각시키고 있다.

이처럼, 개념을 정의하면서 시작하는 방법은 예술이나 문화, 정치, 철학 등의 영역에서 추상적이고 개념적 어휘가 글의 중심 테마가 될 때 사용하면 좋다.

**예문**

의미를 전달하기 쉽지 않지만 제대로 실감하는 말의 하나가 '욱하다'라는 단어다. 외국어에도 '욱하다'라는 뜻을 가진 단어들이 있다. 하지만 '욱하다'라는 말이 우리 사회에서 유독 와 닿는 것은 특유의 공동체주의적 문화와 관련이 있다. 가족이나 회사와 같은 공동체 안에서 개인이 느끼는 불편한 마음이 주변인들은 잘 모르게 축적되다가 일순간 폭발하는 경우를 드물지 않게 체험할 수 있기 때문이다.

'욱하다'는 앞뒤를 헤아림 없이 분노가 불끈 일어나는 것을 뜻한다. 요즈음 우리 사회에서는 분노가 갑자기 폭발한 사건들이 자주 발생하고 있다. 과거에도 분노가 유발하는 사건들이 적지는 않았다. 그러나 최근 관찰되는 사건은 과거보다 황당하고 잔인하며 피해 규모 또한 크다. 분노가 유발하는 사건들의 빈번한 발생은 우리 사회가 그만큼 불안하다는 것을 증거하고, 사회통합이 약화돼 있다는 것을 함축한다.

▶▶▷ 김호기, 「분노 유발하는 사회」

개념을 정의하면서 시작하는 방식에서 유의해야 할 사항은 개념의 설명만 나열하는 것이 아니라 글의 주제에 접근하는 해석도 포함되어야 한다는 점이다.

### ④ 내용을 구분 제시하며 시작하는 방법

글에서 앞으로 다룰 내용을 항목별로 나누어 제시하면서 글을 전개하는 방법이다. 내용을 구분하여 제시하면 글의 범위와 대상이 분명하게 드러나 앞으로의 내용을 예상하며 읽을 수가 있다.

예문

인터넷과 관련된 새로운 커뮤니케이션 형식들(싸이월드, 블로그, UCC, 트위터 등)은 새로운 놀이 공간을 창출하고 있다. 놀이 공간으로서 인터넷은 고정되어 있는 것이 아니라 끊임없이 대중의 욕망과 산업, 테크놀로지, 정치 현실의 변화 속에서 새롭게 구성되고 있다. 따라서 이 글은 지난 2000년대 초반 이후 놀이 공간으로 인터넷이 어떤 변화과정을 겪어왔는가를 논의하고자 한다. 이를 위해서 첫째, 놀이의 주체로서 대중은 어떻게 인터넷 공간 내에서 위치되는가를 살펴보고, 둘째, 인터넷과 새로운 커뮤니케이션 형식들은 어떻게 놀이 공간을 제공하고 있으며, 셋째, 이와 같은 놀이 공간이 우리 사회 문화와 정치과정에서 어떻게 기능했는가를 논의하고자 한다.

▶▶▷ 주창윤, 「놀이 공간으로서 인터넷 문화의 형성과정」

위의 글은 '놀이 공간으로서 인터넷 문화의 형성과정'을 탐구한다는 목적 하에 전반적인 배경을 설명하고, 글의 목적을 명확히 밝히고 있다. 그런 뒤 글의 진행 방향을 구체적으로 구분하여 제시하고 있다. 이렇게 내용을 구분 제시하면서 도입부를 작성하면, 독자들의 집중력과 이해력을 높일 수 있다. 특히 이 방법은 논문(학위논문, 소논문)이나 보고서, 제안서 등 긴 글을 쓸 때 유용하다.

**예문**

미팅(meeting)은 원래 '만남'이라는 의미를 가진 영어 단어이다. 그러나 현재의 대학 사회 혹은 젊은이들 사이에 통용되는 미팅의 의미는 생면부지의 남녀가 자연스럽게 만날 수 있는 기회를 제공하는 수단으로 받아들여지고 있다. 일회용품을 좋아하는 세태라고는 하지만 사람과 사람의 만남이란 그 자체로서 소중한 것인 만큼, 쉽게 그리고 재미만을 추구하는 만남은 바람직하지 않은 것 같다. 많은 의견들이 있을 수 있겠지만, 미팅에 참여하는 사람들의 마음가짐을 중심으로 미팅을 세 가지 유형으로 나누고, 이를 바탕으로 미팅의 참다운 가치에 대해 고찰해 보고자 한다.

첫째는 '복권형'이다. 이 유형에 속하는 사람들은 흔히 '혹시나 했더니 역시나.'라는 말로 미팅에 임하는 기본자세를 삼는다. 확률에 대한 치밀한 계산을 가지고 복권을 사는 사람은 없다. 그냥 길 가다가 판매소가 보이니까 한번 사서는 샀다는 사실조차 잊고 지내는 것이 보통이다. 마찬가지로 어쩌다 미팅의 기회가 생기면 잔뜩 부푼 마음으로 만나기로 한 장소로 나간다. 그러나 막상 만난 상대가 마음에 들지 않아 '오늘도 역시'라는 생각이 들면 떨떠름한 표정으로 팔장 끼고, 다리 꼬고, 입 내밀고 앉아서는 자리의 분위기를 여지없이 흐트려 버린다.

위 글은 '미팅'에 대한 개념을 정의한 뒤 현재 통용되는 미팅의 의미를 간략하게 설명한 다음, 미팅의 유형을 세 가지로 나누어 미팅의 참다운 가치를 살피겠다는 전체 글의 전개 방향을 제시하고 있다. 이렇게 되면, 독자들은 앞으로 전개될 글의 범위와 내용을 예상하면서 읽을 수가 있다.

위의 〈예문〉 글들에서 보듯이, 내용을 구분 제시하며 시작하는 방법은, 주제문을 내세우거나 문제를 제기하면서 시작하는 방법, 개념을 정의하는 방법 등과 적절히 혼용해서 쓰면 훨씬 효과적이다.

### ⑤ 인용하면서 시작하는 방법

다른 사람의 말이나 의견 따위를 끌어다 쓰면서 문단을 시작하는 방법도 흔히 쓰인다. 자신이 주장하는 바를 좀 더 객관성 있는 것으로 만들기 위하여 저명한 사람의 말이나 글 혹은 격언, 속담 등을 끌어 들여서 시작할 수도 있다. 인용을 할 때에는 인용어구들이 참신하고 새로운 것들이어야 그 의미를 잘 살릴 수 있다.

> **예문**
>
> "나는 가난한 탁발승이오. 내가 가진 거라고는 물레와 교도소에서 쓰는 밥그릇과 염소 젖 한 깡통, 허름한 요포 여섯 장, 수건 그리고 대단치도 않은 평판 이것뿐이오." 마하트마 간디가 1931년 9월 런던에서 열린 제2차 원탁회의에 참석하기 위해 가던 도중 세관원에게 소지품을 펼쳐 보이면서 한 말이다. K. 크리팔라니가 엮은 『간디어록』을 읽다가 이 구절을 보고 나는 몹시 부끄러웠다. 내가 가진 것이 너무 많다고 생각되었기 때문이다. 적어도 지금의 내 분수로는.
>
> ▶▶▷ 법정, 「무소유」

인용문은 인용의 부분과 해석의 부분(《예문》의 밑줄 부분)으로 구성된다. 인용구를 활용할 때는 언제나 해석 부분이 결합되어야 함을 명심해야 한다.

> **예문**
>
> 子貢問政 子曰 足食 足兵 民信之矣
>
> 子貢曰 必不得已而去 於斯三者何先 曰 去兵
>
> 子貢曰 必不得已而去 於斯二者何先 曰 去食
>
> 自古皆有死 民無信不立
>
> ―「顔淵」

자공이 정치에 관하여 질문하였다. 공자가 말하기를, "정치란 경제(足食), 군사(足兵) 그리고 백성들의 신뢰(民信之)이다." 자공이 묻기를, "만약 이 세 가지 중에서 하나를 버려야 한다면 어느 것을 먼저 버려야 하겠습니까?" "군사를 버려라"(去兵). "만약 (나머지) 두 가지 중에서 하나를 버리지 않을 수 없다면 어느 것을 버려야 하겠습니까?" "경제를 버려라(去食). 예부터 백성이 죽는 일을 겪지 않은 나라가 없었지만 백성들의 신뢰를 얻지 못하면 나라가 설 수 없는 것이다."

<u>이 구절은 정치란 백성들의 신뢰를 얻는 것이며 백성들의 신뢰가 경제나 국방보다 더 중요하다는 것을 천명한 구절입니다.</u> 자공(子貢)은 호상(豪商)으로, 공자의 주유(周遊)에 동참하지 못함을 반성하여 공자 사후 6년을 수묘(守墓)한 제자입니다. 그리고 공자 사후에 자신의 재산을 들여 공자 교단을 발전시키는 결정적 역할을 합니다. 그리하여 공자는 자공과 함께 부활했다고 하지요.

▶▶▷ 신영복, 「신뢰를 얻지 못하면 나라가 서지 못 한다」

위의 예처럼 인용을 활용할 때, 인용구가 길어도 상관이 없다. 하지만 인용 부분은 주제와 밀접하게 연관되어야 한다. 또한 해석의 부분은 주제에서 해명하고자 하는 사실을 뒷받침해 주어야 한다.

### ⑥ 시사적 내용을 언급하면서 시작하는 방법

시사적인 사실들을 언급하면서 글을 시작하는 방법은 주제가 실제로 사회에서도 얼마나 많은 관심과 호응을 얻고 있는 내용인지를 알릴 수 있다는 장점이 있다. 이 방법은 최근에 사회적으로 많은 관심을 불러일으키고 있거나, 신문·방송 등의 대중 매체를 통해서 많이 알려진 내용들을 언급하며 시작하는 것으로, 사회적 파장이 큰 사건일수록 더욱 큰 효과를 얻을 수 있다.

예문

**사설: AI가 인간직업 대체하는데 걸맞은 교육은 되고 있나**

구글 딥마인드의 인공지능 컴퓨터 알파고와 이세돌의 역사적인 대국이 남긴 영향이 크긴 컸다. IT전문가들은 물론 일반인들까지 알파고를 화제로 삼더니, 총선을 앞둔 각 당들이 수학자와 과학자 등 이공계 인사를 비례대표 1번으로 낙점했다. 여기에 고용노동부가 국내 400여개 직업 중 AI(인공지능) 로봇이 대체할 수 있거나, 대체하기 어려운 직업군을 발표해 관심을 모으고 있다. 콘크리트공, 정육·도축원, 플라스틱제품 조립공, 청원경찰 등은 대체가 용이한 직업으로 꼽혔다. 반면 화가, 사진사, 조각가, 작곡가, 무용가 등 예술관련 업종은 그 반대였다. 영국 옥스퍼드대 교수들의 '미래기술영향' 연구 분석모형을 활용했다고 한다.

환경미화원이나, 이미 드론이 대체하기 시작한 택배원, 베이비시터는 물론 전문직으로 분류되는 손해사정인이나 항공관제사, 일반 의사도 대체가능성이 높은 직군에 포함됐다. 수리적 계산능력이나 종합적인 데이터를 바탕으로 항공기 이착륙 순서 등을 결정하는 데 컴퓨터가 인간보다 정확성에서 앞선다는 것을 굳이 설명할 필요는 없을 것이다. 알파고의 승리 이후 AI가 인간을 정복할 것이라는 디스토피아적인 전망이 제기됐을 때만 해도 실감하기 어렵다는 사람이 많았다. 그러나 구체적으로 대체 직업이 나열되니 해당 업종 종사자나 일반인들도 만감이 교차하는 듯하다.

▶▶▷《헤럴드경제》, 2016. 3. 25.

시사적인 내용은 글을 쓸 당시의 문제이기 때문에 대부분의 사람들이 많은 관심을 가지고 있다. 따라서 독자의 호응을 얻기가 쉽고, 자신의 주장을 펼치기에도 수월하다.

예문

인공지능(AI)이 인간과의 대결에서 또 한 번 승리를 거머쥐었다. 이번엔 바둑이 아닌 모의 공중전투 무대에서, 알파고가 아닌 알파가 실력을 뽐냈다. 미 신시내티대의 분사기업 사이버네틱스(Psibernetix)가 개발한 인공지능 알파(ALPHA)가 미 공군의 베테랑 교관 진리(Gene Lee)와의 공중전투 시뮬레이션에서 완승을 거둔 것이다. 공군 연구소가 보유하고 있는 다른 인공지능들도 알파에게 모두 패했다. 더욱 놀라운 점은 알파가 수십만 원짜리 PC급 컴퓨터로 훈련을 받아왔다는 점이다.

〈신시내티대 매거진〉 보도에 따르면 예비역 대령인 리는 그동안 수천 명의 공군 조종사들을 훈련시켜 왔으며, 80년대부터 공중전투 시뮬레이션에서 인공지능과 상대해 왔다. 하지만 지난해 10월 이후 치러진 수차례 대결에서 그는 알파를 한 번도 이기지 못했다. 심지어 연구진이 알파의 속도와 회전, 무장, 센서 능력에 일정한 제한을 두어 제 능력을 발휘하지 못하게 했을 때도 결과는 마찬가지였다.

▶▶▷ 곽노필, 「인공지능, 모의 공중전투서 베테랑 조종사에 완승」

시사적인 내용은 사람들이 금방 망각할 수 있기 때문에 시론(時論)에는 효과적이지만 학술적이고 이론적인 글에서는 되도록 사용하지 않는 것이 좋다.

### ⑦ 구체적인 사건 또는 일화를 이야기하면서 시작하는 방법

글을 쓰고자 하는 내용과 관련된 사건이나 일화를 먼저 보여 주고 이어서 자신의 생각을 풀어 나가는 방법이다. 이때의 사건이나 일화는 자신이 직접 경험한 것일 수도 있고 책이나 다른 사람들을 통해 들은 이야기일 수도 있다. 물론, 주제와 적극적인 관련이 있어야 한다는 전제가 뒤따른다.

---

**예문**

86년 아시안게임 여자 육상 3관왕인 임춘애 선수는 우승 직후 인터뷰에서 '라면을 먹고 뛰었다'고 말해 전 국민의 심금을 울렸다. 그 후 임춘애는 헝그리정신의 한 상징으로 사람들의 기억에 남아 있다. 얼마 전의 일이다. 텔레비전에서 사회자가 임춘애의 라면신화를 신나게 얘기했더니 20대의 여성 연예인이 부러움에 가득 찬 얼굴로 이렇게 말한다. "그 언니는 좋았겠다. 매일 라면을 먹을 수 있어서. 나는 살찔까 봐 못 먹는데." 나는 가끔, 인간이 사회생활을 영위하는 데 절대불가결한 권리라는 '기본권'에 대해 각자의 처지에 따라 이런 식의 현격한 인식차가 존재한다는 느낌을 받곤 한다.

▶▶▷ 정혜신, 「칠흑 같은 어둠 속에 사는 이들」

---

구체적인 사건 또는 일화를 제시할 때는 반드시 간단한 논평(《예문》의 밑줄 부분)을 덧붙여야 한다. 어떠한 경우에도 사건이나 일화만 덩그러니 있어서는 안 된다. 구체적인 사건이나 일화를 먼저 제시하게 되면 독자들에게 흥미를 제공하고 또 무슨 주장이나 의견을 펼친 것인가에 대한 호기심을 줌으로써 기대 효과를 높일 수 있다. 여기에 덧붙여 자칫 딱딱하게 흘러가기 쉬운 주제를 유연하게 만들 수 있다는 장점도 있다.

"남자친구가 조용히, 무릎 꿇고 추천한 그곳, ××× 성형외과"

얼마 전 지하철에서 본 광고 문구다. 주먹을 움켜쥔 채 무릎 꿇고 앉아 있는 한 남성의 하반신 사진이 광고판의 절반을 차지하고 있었다. 잠시 눈을 의심했다. 이렇게까지 막갈 수도 있구나. 성형외과 앞에서 간청하는 남자와 그 옆에서 고민하는 여자라니. 하긴 그리 놀랄 일도 아니다. 국가 폭력을 주제로 한 영화 〈변호인〉을 보러 갔다가, 영화가 상영되기도 전에 가공할 '턱뼈녀'를 동원한 성형광고에 의해 무자비한 언어폭력과 감성 폭력을 당한 적도 있다. 그뿐인가. 강남의 한 성형외과에서는 직접 깎은 턱뼈들로 '턱뼈탑'을 만들어 병원 로비에 전시했다는 엽기적인 얘기까지 들린다.

<u>이런 일들은 단순히 도를 넘어선 외모지상주의나 성형광풍만을 가리키는 것이 아니다. 그것은 우리 사회의 내밀한 본성을 들춰준다. 우리 사회가 인간에 대한 최소한의 예의마저 상실한 '무례사회'로 변해버렸음을 폭로한다.</u> 무례사회는 돈만 벌 수 있다면 인격모독쯤은 아무렇지도 않은 사회, 인간을 경시하는 사회다. 성형광고의 주체인 '의사 선생님들'의 경우에서 보듯, 이 사회를 지배하는 기득권 집단의 인식은 지극히 천박하다.

▶▶▷ 김누리, 「무례사회」

구체적인 사건이나 일화를 제시할 경우, 있는 그대로의 사실을 풀어 쓸 수도 있지만, 글의 내용에 따라 적절하게 각색을 하는 것도 좋은 방법이 된다.

구체적인 사건이나 일화를 제시하거나 시사적인 내용을 언급할 때 유의해야 할 사항은, 대표성이 있는 사건과 상황을 찾아야 한다는 점이다. 특히 이런 상황을 쓰다 보면 자칫 이야기가 길어질 수 있기 때문에 각별히 주의해야 한다.

이상에서 가장 많이 쓰이는 도입 문단 쓰기 방식들에 대하여 살펴보았다. 이것 외에도 도입 문단의 형식은 많다. 모든 글들이 그러하듯이 도입 문단 쓰기 역시 글의 용도에 따라 가장 적절한 방식을 선택해야 한다. 예를 들어 학술 논문 같은 경우에는 시사적인 내용이나 구체적인 사건, 일화 등으로 시작하는 방식을 잘 사용하지 않는다. 글의 종류와 내용에 따라 도입 문단의 활용 방식은 달라질 수 있다.

다만, 글을 쓸 때 굳이 형식을 외워서 서두를 작성하려고 할 필요는 없다. 특히 위에서 제시한 도입 문단의 형식을 도식적으로 그대로 적용할 필요는 없다. 더욱이 글을 잘 쓰는 사람이라면 도입 문단을 따로 학습할 필요는 없다. 주제와 구성단계를 충실히 수행했다면 도입 문단은 자연스럽게 나오게 되어 있다. 그렇지 않다면 도입 문단의 몇 가지 형식쯤은 기억해 두는 것이 좋다. 앞에서도 언급하였지만, 두세 가지 방식을 적절하게 혼합하여 사용하는 것이 훨씬 효과적일 수 있다.

## (2) 종결 문단

종결 문단을 쓰는 법도 글의 종류와 내용에 따라 여러 가지가 있을 수 있다. 대개는 지금까지 논의해 온 내용을 요약하거나 전망을 하면서 자신의 주장을 보여주는 것이 보통이다. 즉, 도입 문단에서 제기한 문제와 그것에 대한 본문의 논의를 요약하면서 자신의 주장을 보여주거나, 앞서 제기된 문제에 대해 자신의 주장을 바탕으로 전망을 하면서 끝을 맺는다. 또한 종결 문단에서 깊은 인상을 남기거나 여운을 남기며 글을 맺기도 한다. 몇 가지 유형을 보도록 하자.

### ① 논의된 내용을 요약하며 끝맺는 방법

이 방법은 내용을 요약함으로써 결론을 내리는 방법으로 가장 널리 사용되는 글의 마무리 방법이다. 분명하게 글을 요약하며 설명하여 주기 때문에 글을 읽는 사람에게는 내용이 잘 정리되는 장점이 있다. 주로 설명문이나 논설문 또는 논문에서 많이 사용하는 방법이다.

예문

지금까지 논의한 바와 같이, 세계무역기구, 우루과이라운드, 그린라운드 등 일련의 세계화 과정의 요인들은 여전히 강자의 논리를 반영하고 있다. 그렇기 때문에 세계화를 무조건 찬양하고 추종하려고 해서는 안 된다. 외국의 투자 유치에 대해서 조심스럽게 접근해야 한다. 아직 국제 경쟁력을 갖추지 못한 분야의 제조업과 서비스업에 외국 자본이 진출한다면, 국내의 관련 산업은 체질개선을 통해 경쟁력을 강화하기보다는 오히려 쉽게 붕괴될 가능성이 높다. 이렇게 볼 때 선진국의 입장에서 세계화와 개방화는 곧 비교 우위에 있는 상품을 많이 파는 것을 의미하지만, 우리의 입장에서 세계화와 개방화는 여전히 경제적 존속을 더욱 심화시킬 가능성이 농후하다.

논의된 내용을 요약하는 방법은 필자의 주장이 무엇인지 분명히 알 수 있게 하는 장점이 있다.

### ② 서두의 내용을 반복하거나 되살려 주며 끝맺는 방법

서두에서 제시했던 내용을 반복하거나 되살려 주면 구조적인 안정감을 줄 수 있고 강조의 효과도 거둘 수 있다.

예문

상상은 정신의 놀이다. 상상할 때는 정신은 노동을 하지 않고 놀이를 한다. 미래에는 노동이 유희가 될 것이라는 카를 마르크스의 예언은 맞았다. 비록 인류의 미래는 공산주의의 것이 아니었지만, 상상력이 생산력으로 전화하면서 노동은 점차 유희에 가까워지고 있기 때문이다. 미래의 윤리학은 미학이 될 것이라는 그의 예언도 실현되고 있다. (중략)

오늘날의 상상력은 기계공학, 정보공학, 유전공학이라는 테크놀로지의 뒷받침을 받고 있다. 그런 의미에서 오늘날의 상상력은 미디어 이론가 빌렘 플루서의 말대로 '기술적 상상력'이라고 부를 수 있을 것이다. 컴퓨터 시뮬레이션은 상상과 현실 사이에 놓여 있던 질료의 저항을 점점 더 무력화시키고 있다. 상상이 질료의 저항 없이 곧 바로 현실로 전화하게 된 것이다. SF는 더 이상 문학의 장르가 아니다. 그것은 아예 현실의 조건이 되어 버렸다. 드디어 상상력이 힘이 되는 시대가 왔다. '상상력의 혁명'은 이미 시작되었다. 미래의 생산력은 상상력이 될 것이다.

▶▶▷ 진중권, 『놀이와 예술 그리고 상상력』

서두의 내용을 반복하거나 되살려 주면서 끝맺을 때는, 서두나 본문에서 썼던 말을 그대로 쓰기보다는 같은 내용이라도 표현을 달리해야 더 큰 효과를 줄 수 있다.

### ③ 요망사항이나 전망을 제시하면서 끝맺는 방법

주로 사회를 비판하는 논설문에서 자주 사용하는 방법으로 특정인이나 일반인에 대한 요망

사항을 제시하거나 앞으로의 문제를 전망하며 끝맺기도 한다.

불과 한 세대 정도만 세월이 흘러도 어쩌면 사투리는 고색창연한 언어박물관에서조차 찾아볼 수 없는 언어가 될지도 모른다. 우리 할아버지와 할머니, 그리고 부모세대와 더불어 우리 사투리도 급격하게 사라져가고 있는 안타까운 현실이 그걸 말해 준다. 특히 컴퓨터나 휴대폰 등이 대량으로 보급되면서 낯선 은어나 속어, 비어 그리고 신조어가 난무하는 때에, 우리 사투리를 찾아내고 지키는 일은 우리의 정체성을 확인하는 길이 되지 않겠는가.

▶▶▷ 안도현, 「사투리를 옹호함」

요망사항을 제시하면서 끝맺는 경우에는 너무 권위적인 목소리를 내서 독자들에게 거부감을 주지 않도록 주의해야 한다.

### ④ 인용을 하면서 끝맺는 방법

지금까지 논의해 왔던 내용을 요약하거나 자신이 펼친 논지를 증명할 수 있는 남의 말이나 글을 인용하면서 마무리하는 방법이다.

"국민적 증오심은 문화가 얕은 나라일수록 심하다."

오스카 와일드의 말이다. 우리 사회의 온갖 분열과 경계, 또는 양극화의 문제는 경제적 성장으로 절대 모두 치유할 수 없다. 반사회적인 이런 단층은 무엇보다 양질의 예술문화로 그 틈을 효과적으로 메워갈 수 있다고 본다. 그런데 문화예술에 대한 공공적 투자가 잘못돼 오히려 '국민적 증오심'을 부추기는 결과가 된다면, 얼마나 어리석은가. 갈망은 있어도 돈이 없어 예술관에 갈 수 없는 사람들, 뛰어난 예술 재능을 가졌으나 역시 돈 없어 그 재능을 황폐화시키는 사람들까지 마침내 '국민적 증오심'을 갖게 된다면, 경제고 정치권력이고 간에, 우리 사회는 사막이 될 수밖에 없다.

▶▶▷ 박범신, 「1000원짜리 문화의 행복」

저명한 사람의 말이나 명언을 인용하면서 끝맺을 경우, 독자에게 강한 인상을 주어 글쓴이의 주장이 오랫동안 머릿속에 맴돌게 하는 장점이 있다.

### ⑤ 정경을 묘사하며 끝맺는 방법

이 방법은 별다른 설명 없이 정경을 묘사하여 여운을 남기며 끝을 맺는 방법이다. 주로 감상문이나 문예적인 글에서 많이 쓰인다.

**예문**

클럽 블랙씨. 흑해를 끼고 있는 그루지아 서쪽 휴양지 바투미 뒷골목에 위치해 있는 작고 허름한 선술집. 오랜 항해를 마친 뱃사람들이 단골로 드나드는 싸구려 클럽. 모두 다섯 개의 테이블. 가파른 목조 계단 위로는 붉은 비로드 커튼이 쳐진 다락방이 있다. 사람들은 그 다락방을 특실이라고 부르기도 했다. 긴 소파가 누워 있는 그 방은 술에 취해 즉석으로 사랑이 이루어지기도 하는 장소였다. 그럴 때면 마야가 실내 음악 볼륨을 있는 대로 크게 틀어 놓았다. 어떤 때는 십여 명의 선원들이 한꺼번에 우르르 몰려 들어와 술을 마시고 아가씨들과 춤을 추다가 언제 그랬냐는 듯 썰물처럼 빠져나가 그 적요함에 문득 쓸쓸해진 아가씨들끼리 남은 술과 안주를 먹으며 담배를 피우고 춤을 췄었지. 춤을 추는 중앙 홀의 바닥은 시멘트가 조금씩 마모돼 사막같이 모래가 버석거렸다. 시간이 멈춰 버린 지구 안의 한 공간. 천 년 전에도 있어 왔고 천 년 후에도 그대로 있을 듯한, 낡고 허물어질 듯한 그 술집. 벽에 걸려 있는 인도네시아나 필리핀이나 일본 국기들, 각종 배의 깃발들, 색이 누렇게 변해 있는 세계지도. 태평양, 대서양, 아라비아해, 지중해, 그곳들의 푸른 바다를 헤치고 오랜 항해를 거친 선원들은 이곳 클럽 블랙씨에 잠시 정박한 거지. 뿌우뿌우 무적(霧笛)이 우는 안개 긴 한밤중 항구에서 들려오는 고래 울음 같은 기적 소리에 탁자에 눕힌 무거운 머리를 들어 취한 눈꺼풀을 게슴츠레 올려 보면 자욱한 담배연기 사이로 스탠드 안쪽에 빨간 네온 불빛으로 '클럽 블랙씨'라고 반짝거리는 시그널을 발견하게 되는 거지. 마치 고향에 온 듯이 한없이 풀어진 마음과 함께.

내 생(生)에 마지막으로 머물렀던 기항지(寄港地), 다시 갈 수 없는 곳. 클럽 블랙씨.

▶▶▷ 안광, 「클럽 블랙씨」

정경을 묘사하면서 끝맺는 방식은 주로 신변의 일상사를 많이 다루기 때문에 독자에게 친밀감을 줄 수 있다. 또한 정경을 묘사하면서 끝을 맺으면 영화의 엔딩장면(Ending scene)처럼 깊은 여운을 줄 수 있다.

# 4장 기술의 방법

1. 정의

2. 분석

3. 비교와 대조

4. 분류와 구분

5. 예시

6. 서사

7. 묘사

8. 논증

# 1. 정의

정의는 하나의 용어 또는 하나의 개념어에 명확한 의미를 부여하는 기술의 방법이다. 정의의 가장 쉬운 예는 사전에서 찾을 수 있다. 하나의 낱말이 주어지고, 그 낱말의 뜻을 풀이하는, 사전의 가장 기본적인 기술방법이 바로 정의이다.

예를 들어 〈청년실업의 현황과 해결방안〉이라는 글을 쓸 경우, '청년'이 몇 살부터 몇 살까지를 의미하는지, '실업'의 명확한 기준은 무엇인지 글쓴이와 독자가 다르게 생각할 수 있다. 그러므로 글을 시작하는 단계에서 '청년'의 뜻이 무엇인지, '실업'의 의미는 어떠한지, '청년실업'은 어떻게 정의되는지 명확히 밝히는 작업을 해야 한다.

학술적 차원에서 정의는 사물이나 개념의 본질적인 의미를 논리적으로 규정하는 것이다. 정의의 가장 기본적인 방법은 '~이란 ~을 의미한다' 같은 문장의 형식을 취하는 것이다. 이때, '~이란'을 피정의항(被定義項), '~을 의미한다'를 정의항(定義項)이라고 한다. 다시 말해 정의는 피정의항과 정의항의 결합으로 이루어진다. 여기서 다시 정의항은 종차(種差)와 유개념(類概念)의 결합으로 이루어진다. 여기서 유개념은 범주와 부류를 가리키는 개념을 의미하고, 종차는 그 범주와 부류 내에서 다른 종개념(種概念)들과의 차이를 의미한다.

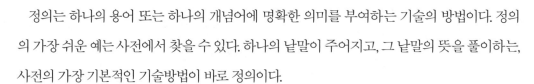

| 정의 |
| --- |
| 피정의항 + 정의항(= 종차 + 유개념) |

예를 들어 휴머노이드에 대하여 정의를 해보자. 휴머노이드는 인간의 형상을 본뜬 로봇을 의미한다. 여기서 '휴머노이드'는 피정의항, '인간의 형상을 본뜬 로봇'은 정의항이다. 여기서 다

시, 정의항 가운데 '인간의 형상을 본뜬'은 종차, '로봇'은 유개념을 가리킨다.

이와 같은 정의를 '사전적 정의'라고 한다. 그러나 사전적 정의만으로는 의미전달이 충분하지 않을 때가 있다. 그러한 경우 사전적 정의를 바탕으로 의미를 확대한 정의, 즉 '확대 정의'를 사용할 수 있다. 용어 또는 개념어의 어원을 밝히는 방법은 확대 정의의 가장 대표적인 방법이다. 예컨대 로봇(robot)의 어원은 체코어 로보타(robota)로 '노동' 또는 '노예 상태'를 의미한다는 것을 밝히면, 이것은 로봇의 사전적 정의 속에 내재된 함축적이고 적용 가능한 폭넓은 의미까지를 보여줄 수 있는 확대 정의가 된다.

그밖에 또 다른 정의의 방법으로 '간략 정의'가 있다. 간략 정의는 용어나 개념어 다음에 괄호를 열어 그 안에 동의어나 간략한 의미를 나타내는 정의의 방법이다. 예컨대 '성자(예수)' 같은 경우, 성자가 곧 예수를 의미한다는 것을 독자들에게 간략히 전달하면, 이러한 정의를 간략 정의라고 할 수 있다. 간략 정의는 주제어 이외의 용어나 개념어를 간단히 효율적으로 규정하는 방법이다.

> **예문**
>
> 파놉티콘은 '모두'를 뜻하는 'pan'과 '본다'는 뜻의 'opticon'을 합성한 것이다. 직역하면 '모두 다 본다'는 뜻이다. 원래는 죄수를 감시할 목적으로 영국의 철학자이자 법학자인 제러미 벤담(Jeremy Bentham)이 1791년 처음으로 설계한 감옥이다. 이 감옥은 중앙의 원형공간에 높은 감시탑을 세우고, 중앙 감시탑 바깥의 원 둘레를 따라 죄수들의 방을 만들도록 설계되었다. 또 중앙의 감시탑은 늘 어둡게 하고, 죄수의 방은 밝게 해 중앙에서 감시하는 감시자의 시선이 어디로 향하는지를 죄수들이 알 수 없도록 되어 있다. 이렇게 되면 죄수들은 자신들이 늘 감시받고 있다는 느낌을 가지게 되고, 결국은 죄수들이 규율과 감시를 내면화해서 스스로를 감시하게 된다는 것이다.
>
> ▶▶▷ 안병익, 〈파놉티콘(Panopticon)과 시놉티콘(Synopticon)〉

위의 예문은 파놉티콘을 정의하면서 시작된다. 오늘의 미디어 환경을 비유하는 말로도 사용되는 파놉티콘의 의미를 명확히 밝혀주는 것으로, SNS나 온라인으로 공개되는 개인의 이야기가 개인정보 침해와 감시의 위험에 놓여 있다는 것을 서술하고자 하는 이 글의 의도를 보다 효과적으로 전달하게 된다.

# 2. 분석

분석은 사물이나 개념을 나누고[分] 쪼개서[析] 설명하는 기술방법이다. 전체가 어떠한 구성요소들의 결합으로 이루어져 있는지 밝히는 것이 목적이다. 예를 들면, "꽃은 꽃받침, 꽃잎, 수술, 암술로 구성된다."와 같은 기술이 분석이다. 꽃이라는 전체가 꽃받침, 꽃잎, 수술, 암술이라는 구성요소들의 결합으로 이루어져 있다는 것을 밝혀 준다.

분석의 기본적인 방법은 '~은 ~으로 구성된다' 같은 문장의 형식을 취한다. 여기서 '~은'은 전체, '~으로 구성된다'는 부분이어야 한다.

| 분석 |
|---|
| 전체 = 부분1 + 부분2 + 부분3 + … = 구성요소1 + 구성요소2 + 구성요소3 + … |

예컨대, "소설은 인물, 사건, 배경으로 구성된다."라는 문장은 가장 전형적인 분석의 방법으로 기술된 것이다. 또한 "타이레놀의 주성분은 아세트아미노펜과 피마브롬이다."라는 문장도 분석의 방법으로 기술된 것이다.

분석은 분류와 혼동되어서는 안 된다. "봄꽃에는 개나리, 민들레, 목련, 모란 등이 있다."와 같은 기술이 분류이다. 분류는 분석과 달리 종류를 나열한다. 또한 분석은 해석과 혼동되어서도 안 된다. 분석은 나누고 쪼개는 작업이라면, 해석은 의미부여를 하는 작업이다. "생텍쥐페리의 『어린 왕자』는 어른을 위한 동화이다."라는 문장은 이 작품의 구성성분을 밝히는 것이 아니라 이 작품에 의미부여를 하는 것이므로 분석이 아니라 해석이다.

알랑은 행복의 조건을 4가지로 나누어 말한 바가 있다. 첫째, 직업을 위한 전문지식이 필요하다. 이는 생명의 유지를 위한 기본 요건이다. 둘째, 한 가지의 외국어를 익히는 일이다. 견문을 넓히고 자기의 말이나 문화를 좀 더 잘 이해하기 위한 바탕이다. 셋째, 한 가지의 스포츠를 익히는 일이다. 건강과 레크리에이션을 위해서 갖추어야 할 바이다. 넷째, 하나의 악기를 다루는 일이다. 정서 순화와 취미 생활을 위하여 필요한 것이다. 물론 이 조건이 행복을 위한 절대 조건은 아닐 것이다. 그러나 이런 네 가지 조건을 갖추면 우리의 인생을 뜻 있고 멋있게 사는 데 확실히 도움이 될 것이라 생각한다.

▶▶▷ 알랑, 『행복론』 재구성

위의 글은 행복을 이루는 조건을 네 가지로 분석한 글이다. 자칫 첫째~, 둘째~, 셋째~, 넷째~ 등으로 나누어져 있어서 분류라고 생각하기 쉽지만, '행복'이라는 추상적인 개념을 종류별로 분류한 것이 아니라 행복의 조건을 작은 요소(조건)들로 나누어서 설명하고 있기 때문에 분석으로 보아야 한다. 다시 말해 전체를 각각의 부분으로 나누어 체계적으로 해체하는 과정이 바로 분석이다. 특히, 깊이 있는 분석이 되려면 부분과 전체가 논리적으로 연결되어야 한다. 이런 과정을 통해 독자는 피상적으로 인식해 오던 문제에 대해 보다 심화된 인식을 갖게 된다. 이처럼 분석은 추상적이기 쉬운 개념에 구체적인 설명을 더함으로써 효과적인 이해를 가능하게 한다.

# 3. 비교와 대조

비교는 논의 대상의 특성을 명확히 밝히기 위하여 또 하나의 대상의 특성과 견주는 기술방법이다. 비교에서는 둘 이상의 논의 대상들 간의 공통점과 차이점을 드러내는 것이 중요하다. 예를 들면, 스마트폰 가운데 갤럭시의 특성을 밝히기 위하여 아이폰의 특성과 견주어 공통점과 차이점을 드러낸다면 독자는 갤럭시의 특성을 더욱 잘 이해할 것이다. 바로 이러한 것이 비교하는 글쓰기의 강점이다.

비교하는 글쓰기를 하다 보면, 비교 대상들 간에 공통점이 큰 경우도 있고, 차이점이 큰 경우도 있다. 전자의 경우를 비교라 하고 후자의 경우를 대조라 한다. 즉, 둘 이상의 논의 대상을 견주어 보는 것을 광의의 비교라고 한다면, 공통점을 주로 드러내는 것을 협의의 비교, 차이점을 주로 드러내는 비교를 대조라 한다. 그런데 일반적으로 비교 대상 간에는 공통점과 차이점이 모두 존재하므로 비교의 글쓰기에서는 공통점과 차이점이 동시에 드러난다.

| 비교(광의) | |
|---|---|
| 비교(협의) | 대조 |
| 공통점 강조 | 차이점 강조 |

비교와 대조를 할 때 주의해야 할 사항은 대상을 선정할 때, 그들이 같은 차원에서 견줄 만한 자격과 가치를 가지고 있는가를 살피는 것이다. 예를 들어 비교 대상을 위암과 식도암으로 설정하면 같은 차원에서 논의할 수 있다. 그러나 견주는 대상을 위암과 관절염으로 설정한다면 같은 차원에서 논의하기 어렵다는 점을 고려해야 한다.

대상을 비교 혹은 대조할 때 일정한 기준이 있어야 한다는 것은 매우 중요하다. 그런데 이것이 단순히 대상 간의 공통점과 차이점을 지적하고 확인하는 데 그쳐서는 안 된다. 자기가 쓰려고 하는 글의 목적에 맞도록 비교와 대조의 내용을 이끌어 나가야 한다는 뜻이다. 각 대상의 특징을 동시에 파악하면서 필자의 중심 논의를 살릴 수 있는 방향으로 대상의 공통점 혹은 차이점을 서술해 나갈 수 있도록 하는 것이 중요하다.

**예문**

지난 6월 이탈리아의 작곡가이자 피아니스트인 루도비코 에이나우디는 북극해에 작은 판 하나를 띄워 피아노를 설치하고 그 앞에 앉았다. 뒤로는 노르웨이의 빙하가 무대 장치처럼 펼쳐져 있었다. 예순 살의 피아니스트는 자신이 작곡한 "북극을 위한 엘레지(애가)"를 연주하기 시작했다. 맑고 슬픈 피아노 소리 사이로 북극의 바람소리가 들리더니 피아노 뒤편에서 얼음벽 일부가 스르르 무너지는 모습이 카메라에 잡혔다. 영상 마지막에는 "북극을 지켜주세요"라는 자막이 지나갔다.

8월에는 영국의 물리학자이자 과학 프로그램 해설자로 유명한 브라이언 콕스가 오스트레일리아의 텔레비전 방송에서 한 정치인과 나란히 앉았다. 그 정치인은 인간 활동에 의한 기후변화에 관해 과학계의 "절대적인 의견일치"가 있다는 콕스의 말을 받아들이지 않았다. 그는 콕스에게 과학자라면 "의견일치"를 들먹이지 말고 증거를 대야 한다고 공격했다. 그러자 콕스는 종이 한 장을 들어 보이며 이렇게 말했다. "제가 그래프를 가져왔습니다." 그래프에는 지구 온도 변화 추이를 보여주는 데이터들이 잔뜩 찍혀 있었다. 마치 "지구의 말을 들어라"라고 호소하는 듯했다.

과학자와 피아니스트에게는 비슷한 힘이 있다. 멀리 있는 것들이 내는 작은 신호를 감지하고 증폭하여 우리 앞에 가져다주는 능력이다. 우리의 눈과 귀를 북극해에 붙들어 둔 에이나우디의 피아노는 북극을 위한 엘레지이면서 또 웅변이었다. 콕스가 꺼내든 그래프는 곧 과학자들의 성명서였다. 그래프 하나가 억지 부리는 정치인을 머쓱하게 만들 수 있는 것은 그 점 하나마다 고단한 관측과 모델링과 계산과 검증의 무게가 얹혀 있기 때문이다. 이렇게 과학자와 피아니스트는 각자의 방식으로 '지구 민심'을 수집해서 전달한다. 말 못하는 지구를 대신해서 이들이 들려주는 지구의 민심은 흉흉하다.

▶▶▷ 전치형, 〈과학자와 피아니스트〉, 《한겨레신문》

예문은 지구 기후변화의 심각성을 알리는 두 개의 에피소드를 보여준다. 피아니스트 에이나우디는 북극해 일부를 보호구역으로 지정하는 의제를 다루는 오스파 위원회 개최에 맞추어 국제환경단체 그린피스와 함께 이 연주를 기획했다. 영국의 물리학자이자 과학 프로그램 해설자인 브라이언 콕스는 오스트레일리아의 텔레비전 방송에서 의견대립을 보이는 정치인에게 지구온도 변화 추이를 보여주는 데이터를 제시한다.

이 글은 피아니스트와 과학자가 주제를 전달하는 방식은 다르지만, 작은 신호를 감지하고 증폭하는 유사한 힘을 통해 지구의 환경문제를 일깨운다는 점에 주목한다. 지구온난화의 문제는 감각적으로 접근하느냐, 이성적으로 접근하느냐의 문제가 아니라는 것을 비교의 방식으로 효과적으로 전달하고 있는 것이다. 이 비교 효과 덕분에 피아니스트의 악보와 과학자의 그래프는 지구의 말을 전하는 엘레지이자 웅변이며 성명서로 나란히 위치하게 된다.

만약 예문의 두 에피소드가 목적은 같지만 그것을 전달하는 방식이 다르다는 점을 전달하는 글을 쓰고자 한다면, 그 차이점에 집중하여 감각에 호소하는가 이성에 호소하는가, 그것은 어떻게 다른가를 기술하는 대조의 방식을 활용해 볼 수 있다.

# 4. 분류와 구분

광의의 분류는 어떠한 사물이나 개념을 일정한 기준에 따라 여럿의 하위유형(하위개념, 종개념)으로 나누거나 상위유형(상위개념, 유개념)으로 묶음으로써 그 특성을 명확히 밝히는 기술방법이다. 이 가운데 상위유형을 기준에 따라 여럿의 하위유형으로 나누는 것을 구분이라고 하고, 여럿의 하위유형을 기준에 따라 하나의 상위유형으로 묶는 것을 협의의 분류라 한다.

| 분류(광의) | |
| --- | --- |
| 분류(협의) | 구분 |
| 하위유형 1  하위유형 2  하위유형 3<br>↓<br>상위유형 | 상위유형<br>↓<br>하위유형 1  하위유형 2  하위유형 3 |

가톨릭관동대학교의 단과대학은 사회과학대학, 미디어예술대학, 의과대학, 휴먼서비스대학, 공과대학, 관광스포츠대학, 항공대학, 사범대학, 의료융합대학으로 구분된다. 전공의 유관성이 적은 것처럼 보이는 호텔경영학과, 조리외식학과, 경기지도학과는 관광스포츠대학으로 분류된다.

분류를 하기 위해서는 첫째, 무엇을 분류할 것인지 대상을 정한다. 둘째, 분류의 기준을 설정한다. 셋째, 일정한 기준에 따라 분류된 대상 가운데 빠진 대상이 없는지 검토한다. 예컨대, 글의 제목이 〈요양병원 환자 분류에 따른 간호사의 역할〉이라고 할 때, 요양병원의 환자들을 분류하기로 정했다면, 노인들의 주요 증상을 분류의 기준으로 세워, 고혈압 환자, 당뇨병 환자, 파킨슨병 환자, 척수손상 환자 등으로 분류할 수 있다. 그 다음 질환에 따라 간호사의 역할을 조사하여 기술하면 제목에 맞는 한 편의 글이 완성된다.

---

**예문**

국화는 무리지어 핀다. 꽃 색은 노란색·흰색·주황색 등 다양하며 크기에 따라 대국·중국·소국으로 구분한다. 2000여 종이 넘는 품종들이 알려져 있는데, 감국화, 흰국화, 들국화는 약으로 쓴다. 감국화는 장과 위를 편안하게 하고 5맥을 좋게 하며 팔다리를 잘 놀리게 하고 풍으로 어지러운 것과 두통에 좋다. 눈의 정혈을 돕고 눈물이 나는 것을 멈추며, 머리와 눈을 시원하게 하고 풍습비를 치료한다. 흰국화 또한 풍으로 어지러울 때 쓴다. 들국화는 부인의 뱃속에 있는 어혈을 치료한다.

▶▶▷ 신동원·김남일·여인석, 『한 권으로 읽는 동의보감』 부분 보완

---

예문에서는 국화라는 유개념을 꽃 색, 크기 등을 기준으로 나눌 수 있음을 기술한 뒤에, 감국화, 흰국화, 들국화는 약으로 쓰이고 있음을 설명한다. 이러한 기술방법을 구분이라고 한다.

---

**예문**

서양 신화에 등장하는 여신들을 '처녀 여신들', '상처받기 쉬운 여신들', 그리고 '창조하는 여신' 이렇게 세 그룹으로 나눌 수 있다.

첫 번째 그룹은 처녀 여신들로, 아르미테스, 아테나 그리고 헤스티아가 여기 속한다. 이 처녀 여신들은 자율적이고 충분한 자질을 가지고 있는 여성들을 대표한다. 다른 여신들과는 달리 이들은 사랑에 쉽게 빠지지 않는다. 그리고 그들이 중요하게 생각하던 것을 감정적인 애착 때문에 포기하지 않는다. 따라서 그들은 피해자가 되지도 고통을 받지도 않는다. 원형으로서 이 세 여신들은 여성들에게도 독립심의 욕구가 있다는 것을 보여 주며, 자기 자신에게 의미가 있는 일에 집중할 수 있는 능력이 있다는 것을 보여준다.

두 번째 그룹인 헤라, 데미테르, 페르세포네는 '상처받기 쉬운 여신들'로 분류했다. 이 여신들은 아

내, 엄마, 딸이라는 전통적인 역할을 대표한다. 이 세 여신들은 관계지향적인 여신들로서, 자신에게 의미 있는 관계를 잘 유지하는 것이 그들이 자신감을 갖는 데 매우 중요한 요소가 된다. 이들은 애정과 유대감이 필요한 여성을 대변한다. 이들의 마음은 다른 사람에게로 향해 있으며 상처받기 쉽다.

비너스로 알려진 아프로디테는 사랑과 미의 여신으로 '창조적인 여신'인 세 번째 유형에 속한다. 그녀는 여신들 중 가장 예쁘고 매혹적이다. 그녀는 사랑과 미를 만들고, 창조적인 생활을 만들어 내었다. 그녀는 자신이 선택하여 새로운 관계를 맺으며 희생자가 되지 않았다. 그녀의 의식은 집중력이 있으면서 동시에 포용성이 있어서, 서로 영향을 주고받는 관계를 지향한다. 아프로디테 원형은 지속성보다는 강렬함을 관계에서 구하고, 창조적인 과정에 가치를 두며, 항상 변화할 수 있는 여지를 가졌다.

▶▶▷ 진 시노다 볼린, 『우리 속에 있는 여신들』

예문은 서양신화에 등장하는 수많은 여신들(하위 유형)을 세 가지 기준(상위 유형)으로 정리하고 있다. 각자의 이야기로 존재했던 여신들을 성향과 기질을 기준으로 묶어 여성에게 내재하는 심리적 원형을 몇 가지 유형으로 설명하기 위해서다. 여기에 쓰인 기술의 방법을 분류라고 한다.

# 5. 예시

예시는 어떠한 사물이나 개념을 독자가 쉽게 이해할 수 있도록 구체적인 예를 들어 설명하는 기술방법이다. 글쓰기에서 예시가 필요한 이유는 추상적인 관념이나 난해한 대상에 대해 설명할 때 구체적인 사례를 보여주는 것이 독자가 그 의미를 정확히 이해하는 데 도움이 되기 때문이다. 예를 들어 글의 목적이 '지구온난화의 위험성을 일깨우는 것'이라고 했을 때, 이스터섬이 환경파괴로 멸망했던 예를 보여준다면 목적을 달성하는 데 효과적일 것이다.

예시의 주의사항은 크게 세 가지가 있다. 첫째, 지나치게 개인적인 경험이나 특수한 사례보다는 설명 대상에 대해 타당하고 보편적인 예를 활용해야 한다. 둘째, 너무 많은 예는 오히려 혼란을 줄 수 있으므로 한두 가지의 예를 드는 것이 효과적이다. 셋째, 예시가 글 전체의 흐름과 조화를 이뤄야 한다.

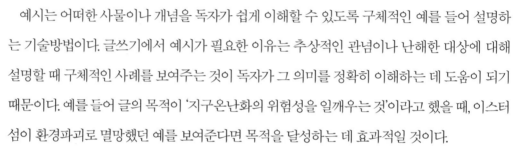

**예문**

장애인 차별금지 및 권리구제 등에 관한 법률에 따르면 교육 책임자는 특정 수업이나 실험·실습, 현장견학, 수학여행 등 학습을 포함한 모든 교내외 활동에서 장애를 이유로 참여를 제한, 배제, 거부해서는 안 된다고 정하고 있다. 그러나 "너는 몸이 불편하니까 야외수업은 빠져도 돼. 힘드니까 쉬어도 돼." 등 배려라는 이름으로 장애인을 차별하는 사례가 많다.

일반초등학교 '도움반'에 다니고 있는 신지은 양(11·가명)은 최근 학교에서 진행한 1박 2일 현장체험학습을 가지 못했다. 지은 양은 휠체어가 필요한 지체·지적 중복장애 1급 장애인이다. 담임교사는 지은 양의 부모에게 "아이가 하룻밤 자고 오는 것을 신체적으로나 정신적으로 견뎌내지 못할 것 같다."며 에둘러 불참할 것을 요구했다. 지은 양의 어머니는 "보조교사가 휠체어만 밀어주면 큰 어려움 없이 다닐 수 있다. 친구들과 같은 체험을 할 수 있게 하고 싶다."고 했지만 담임은 "아이의 안전을 책임질 수 없을 것 같다. 죄송하다."고 답했다.

▶▶▷ 〈'배려'라는 이름으로 장애인 차별하는 교실〉,《주간경향》

사회적 약자에 대한 관심과 차별 금지에 대한 교육이 전개되고 있는 한국의 교육현장에서 장애인 차별이 벌어지고 있다는 것도 문제적이지만, 그 차별이 배려라는 이름으로 벌어지고 있다는 것은 쉽게 이해되지 않는다. 배려와 차별은 이율배반적인 말이기 때문이다. 이때 예문이 보여주는 신지은 양의 사례는 학교 현장에서 배려의 모양을 한 차별이 어떻게 이루어지고 있는지를 보여주는 효과적인 기술방식이 된다.

# 6. 서사

서사는 시간의 흐름에 따라 어떠한 행위나 사건을 서술하는 기술방법이다. 이것은 "무엇이 어떻게 되었나?" 하는 질문과 관련된다. 그래서 이야기의 형식을 띠게 된다. 기본적으로 시간의 경과에 따른 변화라 할 수 있는 움직임이나 사건의 관계, 문맥적 연관성 등이 구체적으로 제시되어야 한다. 그래서 서사를 '사건의 시간적 진술'로 정의한다. 그러나 일정한 시간적 과정 속에서 일어나는 일이라고 모두 서사가 되는 것은 아니다. 서사는 상황의 나열이 아니라, '의미 있는 사건'을 시간적 전개 과정을 통해 기술하는 방식이다. 이때의 사건은 일정한 의미와 가치를 지닌 것이어야 한다.

서사의 핵심은 시간성에 있다. 이 말은 어떠한 사건이 그 변화를 드러낼 수 있도록 시간의 흐름 속에서 구성 요소들을 유기적으로 연결하라는 뜻이다. 그래서 서사의 기술방식에서는 '누가, 언제, 어디서, 무엇을, 어떻게, 왜'의 육하원칙을 고려하는 것이 중요하다.

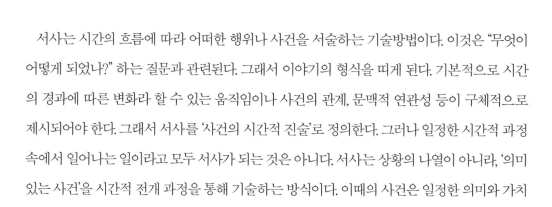

**예문**

아버지는 술중독자, 형은 마약중독자였다. 어머니는 청소 일을 하며 가계를 책임져야 했다. 4남매 중 막내인 소년은 초콜릿을 원 없이 먹는 게 소원이었다. 소년이 치워야 했던 쓰레기통 수레에 친구들은 '페라리'라 적어놓곤 "쟤 페라리 몰고 간다."며 놀려댔다. 소년은 친구들에게 소리쳤다. "두고 봐, 언젠가 내가 진짜 페라리를 탈 거야." 20년 뒤, 서른 살이 된 소년의 고향 포르투갈 마데이라의 푼샬에는 소년의 동상이 세워졌다. 그렇게 먹고 싶던 초콜릿을 먹으며 기자회견장에 나타나기도 하고, 진짜 페라리를 가진 것은 오래전 일이다. 소년의 이름은 크리스티아누 호날두다.

호날두의 진화는 비단 축구에만 있지 않다. 잘생긴 외모로 곧잘 섹스 스캔들이 터지던 악동이지만 그는 매년 헌혈을 하기 위해 문신을 하지 않는 것으로 유명하다. 고향마을의 이재민들에게 거액을 쾌척하기도 했고, 아동구호단체와 전 세계 기아 어린이들을 지원 중이다. 아프리카 어린이들을 위해 3천 만 달러를 기부했고, 공익광고엔 출연료를 받지 않는다. 팔레스타인 가자지구 학교 설립과 아프가니스탄 재건사업에 거액을 기부하기도 한다. 신이 된 호날두는 어떤 경우에도 가난했던 유년을 잊지 않고 세계와 호흡하려 노력한다.

▶▶▷ 김준, 〈지금 바로 '호날두의 시대'!〉, 《한겨레21》

호날두는 한국 축구팬에게 특별한 존재였다. 2005년 맨체스터 유나이티드에 진출한 박지성의 포지션 경쟁자였기 때문이다. 한국 선수의 경쟁자이면서도 한국 팬들의 사랑을 많이 받았던 호날두는 2019년 7월, 친선경기를 치르기 위해 한국에 와서 노쇼 논란으로 많은 팬을 잃게 된다.

예문은 호날두의 노쇼 논란 이전에 쓰인 것으로, 그의 기부활동, 자선행위를 보여주며 그의 선행을 상찬하고 있다. 그런데 그러한 호날두의 선행이 가난했던 시절을 잊지 않는 데서 비롯된다는 것을, 유년기를 재구성한 첫 문단으로 효과적으로 전달함으로써 호날두의 나눔을 실천하는 삶은 '꿈을 이룬 한 가난한 소년의 이야기(서사)'로 거듭나게 된다.

# 7. 묘사

묘사란 어떠한 대상의 빛깔, 모양, 소리, 촉감, 맛, 냄새 등이 눈앞에 있는 것처럼 느껴지도록 그림 그리듯이 감각적으로 재현(再現, representation)해 내는 기술방법을 의미한다. 독자는 묘사를 통해 한 편의 이미지를 머릿속에 떠올리게 된다. 묘사의 핵심은 공간성에 있다. 그러한 이유에서 묘사는 시간성이 핵심인 서사와 상호보완적으로 함께 쓰이는 경우가 많다.

묘사에는 어떠한 대상의 외양과 인상을 사실 그대로 묘사하는 '객관적 묘사'와 느낌에 따라 묘사하는 '주관적 묘사'가 있다. 전자가 정보전달을 목적으로 한다면, 후자는 감성적 표현을 목적으로 한다. 예를 들면, 디지털카메라의 설명서에는 디지털카메라 각 부위의 외양을 묘사하면서 그 부위의 기능을 설명하는 것을 볼 수 있다. 이러한 묘사가 바로 객관적 묘사이다. 한편, 영화 감상문에서는 명장면의 생생한 인상을 감동적으로 묘사하면서 그 영화를 추천하는 것을 볼 수 있다. 이러한 묘사가 바로 주관적 묘사이다.

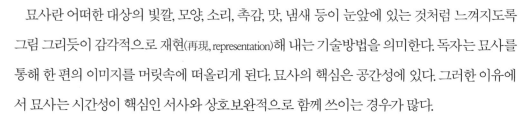

예문

파놉티콘은 '모두'를 뜻하는 'pan'과 '본다'는 뜻의 'opticon'을 합성한 것이다. 직역하면 '모두 다 본다'는 뜻이다. 원래는 죄수를 감시할 목적으로 영국의 철학자이자 법학자인 제러미 벤담(Jeremy Bentham)이 1791년 처음으로 설계한 감옥이다. 이 감옥은 중앙의 원형공간에 높은 감시탑을 세우고, 중앙 감시탑 바깥의 원 둘레를 따라 죄수들의 방을 만들도록 설계되었다. 또 중앙의 감시탑은 늘 어둡게 하고, 죄수의 방은 밝게 해 중앙에서 감시하는 감시자의 시선이 어디로 향하는지를 죄

<u>수들이 알 수 없도록 되어 있다.</u> 이렇게 되면 죄수들은 자신들이 늘 감시받고 있다는 느낌을 가지게 되고, 결국은 죄수들이 규율과 감시를 내면화해서 스스로를 감시하게 된다는 것이다.

▶▶▷ 안병익, 〈파놉티콘(Panopticon)과 시놉티콘(Synopticon)〉

예문은 앞서 '정의'를 설명하는 부분에서 읽었던 글이다. 파놉티콘의 의미를 설명한 후, "이 감옥은~"부터 파놉티콘의 이미지를 떠올릴 수 있도록 기술하고 있다. 파놉티콘이 의미상으로 '모두 다 본다'는 뜻을 가지고 있고, 18세기에 고안된 감옥이라고 하는데 그것이 어떤 모양을 하고 있는지까지 알 수 있도록 한다. 그렇게 함으로써 파놉티콘이 현대사회에서 규율과 감시를 내면화해서 스스로를 감시하게 된다는 의미로 사용되는 이유를 보다 효과적으로 전달하게 된다.

# 8. 논증

논증(論證, argument, argumentation)이란 어떠한 문제해결을 위하여 주장을 제시하고, 그 주장을 뒷받침하는 근거를 마련하여 독자를 논리적으로 설득하는 기술방법이다. 논증에서 주장을 논제(論題)라고 하고 근거를 논거(論據)라고 하며 증명과정을 추론(推論)이라고 한다.

---

논증 = 논제 + 논거

$\longrightarrow$

추론

---

논증을 하기 위해서는 우선 자신의 주장이 담긴 논제를 명제(命題)로 제시해야 한다. 명제는 참과 거짓을 판별할 수 있는 문장이다. 자신의 주장을 명제로 제시해야 자신의 주장이 참이라는 것을 증명할 수 있는 조건이 갖추어지는 것이다.

명제에는 사실의 참 거짓을 판별하는 사실명제, 선악이나 미추에 대해 정의적 판단을 하는 가치명제, 그리고 행동이나 정책 등의 실천을 요구하는 당위명제(=정책명제)가 있다. 사실명제는 '~이다'의 형식을 띤다. 예를 들면, "대한민국은 자유민주주의 국가이다." 같은 명제가 사실명제이다. 가치명제는 '~하다'의 형식을 띤다. 예를 들면, "밀레니엄 세대는 친환경적인 삶을 추구한다."와 같은 명제가 가치명제이다. 정책명제는 '~해야 한다'의 형식을 띤다. 예를 들면, "학교폭력 방지법은 모든 학생에게 교육해야 한다."와 같은 명제가 정책명제이다.

논제가 제시되었다면 다음으로 그것을 뒷받침할 논거가 제시되어야 한다. 논거에는 사실논거와 소견논거가 있다. 사실논거는 자연법칙, 조사 결과, 실험 결과 등 객관적 사실에 바탕을 둔 논거를 의미한다. 소견논거는 권위자, 전문가, 목격자, 경험자 등 신뢰할 만한 인물의 의견에 바탕을 둔 논거를 의미한다. 사실논거와 소견논거 모두 진실성을 지녀야 한다. 정확성, 신뢰성, 윤리성을 지닌 논거여야 한다는 뜻이다.

| 논제 | | | 논거 | |
|------|------|------|------|------|
| 사실 명제 | 가치 명제 | 당위 명제 | 사실 논거 | 소견 논거 |

논제와 논거가 제시되었다면, 다음으로 추론을 해야 한다. 추론에는 연역 추론(deduction), 귀납 추론(induction), 유비 추론(類比 推論, analogical inference), 가설 추론(假說 推論, abduction), 변증 추론(辨證 推論, dialectic) 등이 있다.

연역 추론은 보편적이고 일반적인 법칙이나 진리를 담은 명제로부터 새로운 명제를 이끌어 내는 논리적 추론이다. 연역 추론은 일반성으로부터 특수성으로 나아가는 추론이라고 할 수 있다. 연역 추론의 대표적인 예는 삼단논법(三段論法)이다. 삼단논법은 대전제, 소전제, 결론 3단계의 형식을 기본으로 한다. 삼단논법에서는 대전제가 참이고, 소전제가 참이면, 결론도 참이 된다. 예를 들면, 모든 인간은 죽는다(대전제), 소크라테스는 인간이다(소전제), 소크라테스는 죽는다(결론) 같은 추론이 삼단논법에 의해 참인 결론을 이끌어내는 연역 추론이다.

귀납 추론은 여러 개별 명제들의 공통점을 근거로 하여 추상화된 일반 명제를 이끌어내는 논리적 추론이다. 그러므로 귀납 추론은 특수성으로부터 일반성으로 나아가는 추론이라고 할 수 있다. 귀납 추론의 대표적인 예는 실험이나 통계를 통해 일반적인 법칙성을 이끌어내는 연구이다. 사회과학이나 자연과학 영역의 연구에서 주로 귀납 추론이 활용된다. 그밖에 선거 후 출구조사나 검색어 빅 데이터를 통해 당선자를 예측하는 것도 최근에 많이 사용되는 귀납 추론이다. 귀납 추론은 타당성을 높이기 위하여 충분히 많은 사례를 검토해야 하며, 전형적인 사례를 검토해야 한다.

다음으로 유비 추론(유추)은 어떠한 개별 명제들로부터 이와 유사성을 지니는 다른 개별 명제들을 이끌어내는 논리적 추론이다. 유비 추론의 핵심은 유사성이다. 만유인력은 사과가 땅으로 떨어지는 사실로부터 유비 추론한 것이다. 이처럼 지구와 화성이 환경이 비슷하니 화성에도 생명체가 존재할 것이라고 유비 추론할 수도 있다. 그러나 유비 추론은 그 자체로는 증명된 것이 아니라 개연성이 있다는 것을 제시할 뿐이다. 그러므로 유비 추론으로 이끌어낸 명제의 증명은 다시 한 번 해야 한다.

가설 추론은 결과로부터 원인을 이끌어내는 논리적 추론이다. 일반적인 전제 'P이면 Q이다'와 개별적인 명제 q로부터 결과 q의 원인이 p일 것이라고 추론하는 것이 바로 가설 추론이다. 환자의 증상을 보고 병의 원인을 추론하는 것이 대표적인 가설 추론이다. 예를 들면, 수면장애, 언어장애, 판단력 감퇴 등의 증상을 보고 환자의 병을 치매로 추정한다면, 이는 가설 추론이다. 그러나 치매 이외의 다른 병일 수도 있다. 그러므로 가설 추론은 원인을 추측하는 선에서 활용되어야 한다.

변증 추론은 정립과 반정립 간의 모순을 지양함으로써 종합을 이끌어내는 논리적 추론이다. 인간의 역사가 발전하는 법칙성을 가지고 있다면, 그것은 바로 서로 대립되는 담론들이 모순을 지양하며 발전적으로 제3의 결론을 이끌어내기 때문이라는 논리가 바로 변증 추론이다.

| 추론 | | | | |
|---|---|---|---|---|
| 연역 추론 | 귀납 추론 | 유비 추론 | 가설 추론 | 변증 추론 |

논증을 할 때 주의사항은 첫째, 글쓴이가 자신의 주장을 잘하는 것도 중요하지만, 비판적인 독자의 반론(反論)에 대비해야 한다는 점이다. 그러므로 '주장(글쓴이)→반론(독자)→재반론(글쓴이)'을 통해 자신의 주장을 공고히 해야 한다. 또한, 독자의 관점에서 논제, 논거, 추론을 철저히 검토하여 자신의 주장에 오류(誤謬)가 없도록 해야 한다.

오류는 진리의 반대개념이다. 오류에는 논리적 오류와 실질적 오류가 있다. 논리적 오류의 대표적인 예는 순환논법(循環論法, vicious circle)이다. 순환논법은 논제와 논거가 서로 의존하여 의론이 되풀이되는 허위의 논증을 가리킨다. 예를 들면, '살아남은 자는 강하다. 강한 자는 살아남기 때문이다'는 순환논법의 오류에 빠진 문장이다. 실질적 오류는 진술과 자료상의 사실이 불일치하는 것을 의미한다. 예를 들면, 피고인이 알리바이를 진술했음에도 불구하고 범행현장에서 범행증거가 발견된 경우이다.

논증을 할 때, 그 밖에도 인신공격의 오류, 무지의 오류, 부정확한 언어 사용의 오류, 성급한 일반화의 오류, 허수아비 공격의 오류 등을 범하지 않도록 주의해야 한다.

---

**예문**

근대 과학기술 문명은 자연에 대한 위협을 사회화한다. 근대 기계주의의 정신을 구현한 철도는 자연적 공간을 살해하면서 물자와 인구의 이동을 촉진한다. 철도는 산업기계를 모든 지역에 전파하면서 공장을 세우고 도시를 건설하면서 인간의 삶을 위태롭게 한다. 문명의 축복은 기계의 재앙에 의해 상쇄되고 만다.

철도는 그 이면에서 대형재난을 제도화한다. 전 산업사회의 참사가 자연적인 것이었다면, 산업화의 그것은 기계적인 것이었다. 기차의 운행이 문명화될수록 인간의 재앙은 더욱 파괴적인 양상을 띠게 된다. 쉬벨부쉬는 『철도여행의 역사』에서 "열차사고는 19세기의 가장 떠들썩한 사건들에 속한다."라고 지적한다.

개화기 시대의 조선인들은 크고 작은 교통사고를 경험하면서 문명의 질서를 학습해갔다. 그들에게 기차가 구현한 문명의 속도는 현기증을 불러 일으켰다. 기차는 기계의 질서를 습득할 것을 요구했지만 그것을 내면화하는 데는 오랜 시간이 걸렸다. 전차와 기차 도입 초창기에 일어난 무수한 사고들은 이런 문화적 지체현상을 단적으로 보여주는 사례다.

전차 선로는 조선인들에게 목침 대용으로 인기가 높았다. 그들은 한여름 밤에 벌레가 들끓는 방보다는 밖에 나와 선로를 베개 삼아 잠자기를 즐겼다. 기계문명은 이런 조선인의 생활습관을 고려하지 않고 달렸다. 이처럼 선로를 베고 자다 치어 죽은 사건은 일제시대까지 지속되었다.

1935년 《조선일보》는 문명의 진보와 인간의 비극이 정비례하고 있다는 사실을 정확이 읽고 있었다. 이 신문은, "신문화의 발전은 실로 눈부신 바가 있으나 그 반면에는 기계 문명이 가져온 비극과 참극 또한 많아서 철도사고로 말미암아 비명에 스러진 가여운 넋이 오천 명에 가깝다."라고 전하고 있다.

▶▶▷ 박천홍, 『매혹의 질주, 근대의 횡단: 철도로 돌아본 근대의 풍경』

위의 글은 근대를 바라보는 여러 이론 중에서 문명이 인간의 삶을 위태롭게 만들었다는 한 입장을, 기차라는 구체적 문물이 인간에게 어떠한 위협이 되었는지를 논증해 나가는 방식으로 설명하고 있다. 근대문화가 시작된 유럽은 물론 미국에서 벌어진 기술적인 사고와 그로 인해 벌어진 문명의 충격을 『철도여행의 역사』로 구체화하고, 기계 문명이 가져온 비극과 참극의 경험은 개화기 조선이라는 공간도 예외가 될 수 없었다는 것을 설득력 있게 전달하고 있다. 이와 같이 일반적인 원리로부터 특수한 경우의 결론을 이끌어내는 추론의 방식을 연역추론이라고 한다.

**예문**

프랑스에서는 공개적으로 죄를 인정하고 사죄하는 공개사과형이 1791년에 처음 폐지되었다가, 뒤이어 단기간의 부활을 경과하여 1830년에 다시 폐지되었다. 효수대는 프랑스에서는 1789년에, 영국에서는 1837년에 금지되었다. 오스트리아, 스위스, 펜실베이니아 주와 같은 미국의 몇몇 주에서는, 작은 도로의 한복판이나 대로에서 실시하던 공공 토목공사에서 족쇄를 차고 여러 가지 색깔의 옷을 입고, 다리에 쇠공을 찬 죄수들이 동원되어 군중들과 서로 욕하고 조소나 구타, 원한이나 공모의 신호를 주고받는 일이 있었는데—그러한 공사는 대부분의 지역에서 18세기 말, 혹은 19세기 전반에 금지되었다. 레알이 '추악한 장면'이라고 말한, 효수대에 죄인을 매다는 형은 맹렬한 비난에도 불구하고 프랑스에서는 1831년까지 존속되었다가 마침내 1848년 4월에 폐지되었다. 사슬에 묶인 유형수들을 프랑스 전국으로, 브레스트나 툴롱까지 끌고 가던 쇠사슬 행렬을 대신해서, 1837년에 사용되기 시작한 것이 검은 칠을 한 수수한 모양의 죄수 호송차이다. 끔찍한 광경으로서의 형벌은 점점 사라지게 되었다. 그리고 형벌 속에 해당되는 모든 구경거리적 요소들은 그 이후 중요하지 않은 것으로 나타나게 된다.

▶▶▷ M. 푸코, 『감시와 처벌』

예문은 역사 속에서 잔인한 신체형이 비슷한 시기에 사라지게 되었다는 것을 각 나라별 사례들을 모아 일반화하는 방식으로 입증하고 있다. 인간을 처벌하는 방식이 신체형에서 규율과 같은 유순한 방식으로 변하는 것이 사실상 근대 사회의 구조를 공고히 하는 한 방식이었음을 입증하고 있는 이 책은, 신체형이 사라진 각각의 시기가 근대사회가 체제를 갖추던 18세기 말, 혹은 19세기 전반과 맞물린다는 것을 구체적 사례로 보여주는 것이다. 이와 같이 특수한 사례들을 모아서 일반화된 결론을 내리는 추론의 방법을 귀납추론이라고 한다.

---

**예문**

첫 단계로 화성은 생물체가 살고 있는 지구와 유사한 점이 많다. 지구와 화성은 모두 태양계의 혹성으로, 태양으로부터의 거리가 비슷하고, 태양을 중심으로 공전·자전하고 있다.

둘째 단계로 지구의 특징을 들어보면, 지구에는 물과 공기가 있고, 생물이 살고 있다.

셋째 단계로 지구의 특성으로 미루어 볼 때, 비슷한 조건을 지니고 있는 화성에도 물과 공기가 있고, 생물이 존재할 가능성이 있다고 할 것이다.

▶▶▶ 권영민, 『우리 문장 강의』

---

위의 글에서는 지구와 화성의 유사성을 밝힌 후, 지구에 생명체가 존재하므로 화성에도 생명체가 존재할 가능성이 있다는 결론을 유추해 내고 있다. 이처럼 A:B의 관계를 통해 C:D의 관계를 미루어 짐작해 내는 것, 이러한 추론 방법을 유비추론, 즉 유추라고 한다.

---

**예문**

일본에서는 최근 몇 해 동안, 권력층이 역사학 교수들로 하여금 역사적 사실을 왜곡하도록 강요하는 일이 생겼었다. 이들 교수들은, 비록 그때까지는 전적으로 사실을 가르치고 또 그것을 밝히는 일에만 종사해 왔지만, 이제 자기들의 직업적 양심과 자기들이 항상 응용해 온 과학적 방법을 위해서는 그들이 그때까지만 해도 수동적으로나마 받아들이고 있던 이데올로기를 반박하고 나서야 하게 될 처지에 놓였었다.

대부분의 경우, 이러한 모든 요인은 동시적으로 움직인다. 왜냐하면, 그것이 아무리 모순에 찬 것이라 할지라도 이들 요인 전체는 한 사회가 그 사회의 전문가들에게 대해 보여주는 일반적 태도를 반영하는 것이기 때문이다. 하지만 그들 전문가들도 언젠가는 '제도적 모순'을 깨닫는 데 이르고야 만다.

그러므로 지식인이란 자기 내부와 사회 속에서 구체적 진실에 대한 탐구와 지배자의 이데올로기 사이에 대립이 존재하고 있음을 깨달은 사람이다. 이러한 깨달음은, 비록 그것이 '현실적인 것이 되기 위해서는' '우선' 지식인 자신의 직업적 활동과 자신의 기능이라고 하는 수준 자체에서 이루어져야 되지만, 결국 그것은 사회의 근본적 모순, 즉 계층 간의 갈등을 드러내는 일이며, 지배 계급 자신의 내부에서 지배 계급이 자기의 기도를 위해 요구하는 진실과 자신의 지배권을 공고히 하려는 목적으로 여타 계급들에게 주입시키고자 하면서 그 유지를 위해 애쓰는 신화, 가치관, 전통과의 사이의 유기적 갈등의 허울을 벗겨 드러내놓는 일에 지나지 않는다.

▶▶▷ J. 사르트르, 『지식인을 위한 변명』

위의 글은 저자가 '지식인을 위한 변명'이라고 밝혔듯이, '지식인들의 존재방식' 자체가 변증적인 것이 될 수밖에 없음을 설명하고 있다. 즉 지식인들은 지배이데올로기 등과 무관하게 직업적 양심과 과학적 방법으로 자신의 일에 종사한다. 그러나 자신이 속한 사회의 제도적 모순을 깨닫게 될 때 지배이데올로기를 반박해야 하는 처지에 놓이게 된다. 그런데 이때 자신의 위치가 지배층에 속하는 것이라는 것도 깨달은 자로서의 지식인은 진실 탐구와 현실 사이에서 그 모순을 다시금 이론으로 정립하고 전달해야 하는 존재가 된다. 이 역할을 해야 하는 것이 지식인이며, 그가 변증적으로 존재할 때 지식인으로서의 정체성을 유지할 수 있는 것이다.

1. 다음을 '피정의항=종차+유개념'의 형식에 맞춰, 사전적 정의를 해보자.

   (1) 젠더

   (2) 생태주의

2. 다음을 3가지 요소 이상으로 분석해 보자.

   (1) 혐오 사회의 원인

   (2) 4차 산업혁명의 특징

3. 다음을 비교·대조하여 공통점과 차이점을 3가지 찾아보자.

   (1) 건망증과 치매

   (2) 드라마와 영화

4. 다음을 분류 또는 구분 해보자.

    (1) 올림픽 종목

    (2) 컴퓨터의 종류

5. 다음의 주장을 독자에게 설득하기 위한 예시를 들어보자.

    (1) 시리아 난민을 도와야 한다.

    (2) 음식물 쓰레기 종량제를 강화해야 한다.

6. 다음 보고서와 관련된 서사문을 작성해 보자.

(1) 학과 답사

(2) 실험 과정

7. 다음을 연역추론, 귀납추론, 유비추론, 가설추론, 변증추론으로 논증해보자.

(1) 태아의 생명은 존엄하다. (연역추론)

(2) 대학 기숙사 시설을 확대해야 한다. (귀납추론)

(3) 눈의 원리와 카메라의 원리는 유사하다. (유비 추론)

(4) 몇몇 증상을 통해 위염으로 추정할 수 있다. (가설 추론)

(5) 절대평가와 상대평가에 대한 학생들 여론이 대립된다. (변증 추론)

# 5장 계열별 글 읽기와 분석

1. 인문사회 계열 글 읽기와 분석

2. 예체능 계열 글 읽기와 분석

3. 이공 계열 글 읽기와 분석

## 인문사회 계열

시장경제는 무엇인가

스포츠 이벤트와 광고의 만남

미키마우스, 오래오래 사세요

파놉티콘과 시놉티콘

성자의 유희

분노 유발하는 사회

교육기회의 불평등

AI가 인간직업 대체하는데 걸맞은 교육은 되고 있나

## 예체능 계열

도시브랜드를 좌우하는 스포츠관광

진정한 '느림의 삶'을 위하여

'쿡방'의 정치경제학

우리끼리만, 아는 사람들만 보는 거야

바이칼호도 품었던 이광수 … 한국문학, 북방을 상상하라

나아진다는 것

놀이 공간으로서 인터넷 문화의 형성과정

## 이공 계열

현대물리학과 동양사상

질서와 무질서

쿤식 사료 읽기

21세기 과학기술의 특징

가치중립적 과학은 존재하나

무례사회

살아있는 물체는 평행으로의 이행을 피한다

인간 유전자 조작과 과학윤리

게놈지도의 득과 실

# 1. 인문사회 계열 글 읽기와 분석

## 시장경제는 무엇인가

　시장 경제는 국민 모두가 잘살기 위한 목적을 달성하기 위한 수단으로 선택한 나라살림의 운영방식이다. 그러나 최근에 재계, 정계, 그리고 경제관료 사이에 벌어지고 있는 시장경제에 대한 논쟁은 마치 시장경제 그 자체가 목적인 것처럼 왜곡되고 있다. 국민들이 잘살기 위해서는 경제가 성장해야 한다. 그러나 경제가 성장했는데도 다수의 국민들이 잘사는 결과를 가져오지 못하고 경제적 강자들의 기득권을 확대 재생산하는 결과만을 가져온다면 국민들은 시장경제를 버리고 대안적 경제체제를 찾을 것이다. 그렇기 때문에 시장경제를 유지하기 위해서는 성장과 분배의 균형이 중요하다. 시장경제는 경쟁을 통해서 효율성을 높이고 성장을 달성한다. 경쟁의 동기는 사적인 이익을 추구하는 인간의 이기적 속성에 기인한다. 국민 각자는 모두가 함께 잘살기 위해서가 아니라 내가 잘살기 위해서 경쟁을 한다. 모두가 함께 잘살기 위한 공동의 목적을 달성하기 위한 수단으로 시장경제를 선택한 것이지만 개개인은 이기적인 동기로 시장에 참여하는 것이다. 이와 같이 시장경제는 개인과 공동의 목적이 서로 상반되는 모순을 갖는 것이 그 본질이다. 그래서 시장경제가 제대로 운영되기 위해서는 국가의 소임이 중요하다.

　시장경제에서 국가가 할 일을 크게 세 가지로 나누어 볼 수 있다. 첫째는 경쟁을 유도하는 시장체제를 만드는 것이고, 둘째는 공정한 경쟁이 이루어지도록 시장 질서를 세우는 것이며, 셋째는 경쟁의 결과로 얻어진 성과가 모두에게 공평하게 분배되도록 조정하는 것이다. 최근에 벌어지고 있는 시장경제의 논쟁은 세 가지 국가의 역할 중에서 논쟁의 주체들이 자신의 이해관계에 따라서 선택적으로 시장경제를 왜곡하고 있다. 경쟁에서 강자의 위치를 확보한 재벌들은 경쟁 촉진을 주장하면서 공정경쟁이나 분배를 말하는 것은 반시장적이라고 매도한다. 정치권은 인기 영합의 수단으로, 그리고 일부 노동계는 이기적 동기에서 분배를 주장하면서 분배의 전제가 되는 성장을 위해서 필요한 경쟁을 훼손하는 모순된 주장을 한다. 경제 관료들은 자신의 권력을 강화하기 위한 이기적인 관점에서 경쟁촉진과 공정경쟁 사이에서 줄타기 곡예를 하며 분배에 대해서 말하는 것은 금기시한다. 모두가 자신들의 기득권을 위해서 선택적으로 시장경제를 왜곡하고 있다.

경쟁은 원천적으로 공정성을 보장하지 못한다. 서로 다른 능력이 주어진 천부적인 차이는 물론이고, 물려받는 재산과 환경의 차이로 인하여 출발선에서부터 불공정한 경쟁이 시작된다. 그럼에도 불구하고 경쟁은 창의력을 가지고 노력하는 사람에게 성공을 가져다주는 체제이다. 그래서 출발선이 다를지라도 노력과 능력에 따라서 성공의 기회가 제공되도록 보장하기 위해서 공정경쟁이 중요하다. 경쟁은 또한 분배의 공평성을 보장하지 못한다. 경쟁의 결과는 경쟁에 참여한 모든 사람들의 노력의 결과로 이루어진 것이지 승자만의 노력으로 이루어진 것이 아니다. 경쟁의 결과가 승자에 의해서 독점된다면 국민들은 경쟁에의 참여를 거부할 수밖에 없다. 그래서 경쟁에 참여한 모두에게 공평한 분배가 이루어지는 것이 중요하다.

의식주는 삶의 기본이다. 입고, 먹고, 그리고 주거공간을 마련하는 것은 생존을 위한 것이다. 인간적인 최소한의 삶의 터전으로서 주거의 규모를 국민주택이라고 부른다. 국민주택 분양가 공개로 촉발된 최근의 재계, 정치권, 경제 관료들 사이의 시장경제 논쟁은 오히려 시장경제를 왜곡하고 있다. 국민주택 시장에서 경쟁이 공정성과 공평성을 담보하지 못하여 다수의 국민들이 고통 받는 시장 실패의 상황에서 국민들에게 인간다운 삶의 최소한을 보장해주기 위해서는 분양가 공개가 아니라 국가가 국민주택 전부를 떠맡아서 건설을 한다고 해도 이는 반시장적일 수 없다. 경쟁지상주의적 논리만을 앞세우고 공정경쟁과 균형적인 분배를 위한 규제를 반시장적인 것으로 매도하는 주장이야말로 오히려 국민 다수로 하여금 시장경제 그 자체를 거부하게 하는 위험한 반시장경제적 왜곡이다.

▶▶▷ 장하성, 〈시장경제는 무엇인가〉, 《한겨레신문》, 2004.7.28.

## 스포츠 이벤트와 광고의 만남 : 매킨토시와 슈퍼볼

1980년대 가장 큰 관심을 불러일으킨 광고를 꼽으라면 애플 사(Apple Inc.)가 새롭게 출시한 매킨토시 광고일 것이다. 과장된 크리에이티브로 화제를 끈 소형대행사 치엣/데이(Chait/Day)가 기획·제작한 매킨토시 광고는 광고 역사에 한 획을 그을 만큼 여러 전환점을 만들어낸 것으로 유명하다. 애플의 최고 경영자 스티브 잡스(Steven Paul Jobs)는 치엣/데이의 틀을 깬 광고방식이 애플 사의 정신과 여러모로 일치한다고 생각하고 60초짜리 매킨토시 컴퓨터 론칭광고를 의뢰했다. 치엣/데이는 전략적인 사고가 동반된 크리에이티브로 명성을 얻었는데, 1984년 올림픽의 나이키 광고나 에너자이저 건전지 광고 등 1980년대의 랜드마크라고 부르는 캠페인들로 잘 알려져 있다.

치엣/데이가 제작한 나이키의 LA올림픽 후원광고는 메리 데커, 칼 루이스 같은 스포츠 스타들의 질주장면을 극장화면처럼 가로가 긴 직사각형의 초대형 포스터에 담았다. 그리고 이 포스터를 거리에 도배하다시피 했다. 포스터는 빨간색, 파란색, 흰색 등 강렬한 원색으로 사람들의 시선을 끌었는데, 파란 하늘에 하얀 구름이 떠 있는 경기장에서 빨간색 팬츠 차림에 빨간색 나이키 운동화를 신은 검은 피부의 칼 루이스가 땅을 차고 날아오르는 장면을 실제보다 더 생생하게 시각화해 보는 이들에게 깊은 인상을 심어주었다. 이 광고로 나이키는 자사보다 훨씬 더 큰 액수를 후원한 컨버스(Converse) 사를 제치고 올림픽의 주요 후원자라는 인상을 심어 주었다. 분홍색 토끼 캐릭터가 주는 과장된 시각적 자극으로 사람들의 눈길을 끈 에너자이저 건전지 역시 미국인들이 가장 싫어하면서도 가장 잘 기억하는 장수 캠페인으로 남아 있다.

10억 달러라는 엄청난 예산을 투입한 매킨토시 광고는 사람들이 컴퓨터화된 세상에 대해 품고 있는 막연한 불안감을 해소하고자 했다. 광고는 1984년이 되면 기술발달로 빅브라더가 시민의 일거수일투족을 감시하고 통제하는 세상이 도래할 것이라는 조지 오웰의 암울한 소설 『1984년』을 염두에 두고 기획되었다. 광고의 첫 장면은 똑같은 누더기 옷을 입고 표정 없는 잿빛 얼굴의 사람들이 끝없이 긴 행렬을 지어 좁은 복도로 들어가는 모습으로 시작된다. 복도 마지막의 큰 방 한가운데에 있는 비디오화면에서 위협적인 인상과 목소리의 독재자가 장광설을 늘어놓는다. 사람들은 멍하니 앉아 미동 없이 듣고 있다. 이때 사람들 한가운데서 주황색과 흰색 운동복을 입은 근육질의 여성이 망치를 들고 화면을 향해 뛰어가자 검은색 옷을 입은 무장 경찰들이 여자를 쫓아간다. 화면 앞에 도달한 여자는 잠시 멈춰 서서 망치를 빙빙 돌리더니 화면을 향해 힘껏 던진다. 그리고 독재자가 등장한 화면이 수천 개의 조각으로 부서져 떨어진다. "1월 24일 애플 컴퓨터는 매킨토시를 출시할 것입니다. 그리고 여러분들 1984년이 왜 '1984년'과 다른지 알게 될 것입니다"라는 자막과 함께 광고가 끝난다. 슬로건에서 '1984년'은 조지 오웰의 작품을 지칭한다.

이 광고는 컴퓨터 시장에서 독재자처럼 군림하던 IBM과 완전히 다른 운영 체계와 사용 방식을 제공하는 매킨토시가 등장한 상황을 비유적으로 나타낸다. IBM에 대한 반란은 매킨토시가 추구한 광고 의도 중에 하나임이 분명하다. 하지만 소설 『1984년』을 출발점으로 삼은 것은 채플린이 등장했던 IBM 광고와 마찬가지로 기술이 가져다 줄 수 있는 해방적인 측면을 강조하고 컴퓨터에 대한 심리적 거부감을 없애는 데 목적이 있다고 이야기할 수 있다. 스티브 잡스는 신비감을 더하기 위해 슈퍼볼 경기 방영 중에 단 한 번만 이 광고를 내보냈는데 광고효과는 예상을 훨씬 뛰어넘었다. 애플 사는 광고 후 100일 동안 매킨토시가 5만 대 판매될 것을 예상했는데 예상치를 훌쩍 뛰어넘어 7만 2,000대가 판매되었다. 그리고 1년이 지난 후에 이 광고는 '광고의 역사를 만드는' 광고로 선정되기까지 한다.

매킨토시 광고는 여러 면에서 의미가 있다. 먼저 사람들의 이목을 집중시켜 미디어의 관심을 끄는 '이벤트 광고'를 트랜드로 만든 출발점이 되었으며, 슈퍼볼을 최고의 텔레비전 광고 경연장이자 신제품 론칭 캠페인의 통로로 확립시키는 관례를 만들어냈다. 대행사들은 매년 2월 첫째 주 일요일마다 9,000만 명의 시청자에게 보여줄 가장 놀라운 작품을 준비하기에 여념이 없었다. 일간지들은 슈퍼볼을 광고축제로 만드는 데 기여했다. 광고를 보기 위해 슈퍼볼을 시청하는 사람들까지 생겨날 정도였다.

▶▶▷ 양정혜, 「스포츠 이벤트와 광고의 만남: 매킨토시와 슈퍼볼」, 『광고의 역사』, 도서출판 한울, 2009.

# 미키마우스, 오래오래 사세요

1998년 미국의 저작권 보호 기간 연장법은 '저자 생존 시와 사망 후 50년, 법인에 의한 저작물인 경우에는 75년'이던 저작권 보호 기간을 '저자 생존 시와 사망 후 70년, 법인에 의한 저작물인 경우에는 95년'으로 늘렸다. 역사적으로 돌이켜 보건대, 이는 1790년의 미국 저작권법 규정상 저작권 보호 기간 14년에 14년 추가 연장이 가능하던 것에 비하면 엄청나게 늘어난 것이다.

하지만 1998년의 법은 불명예스럽게도 미키마우스 보호법(미국식 표현으로 '미키마우스'는 '수준 이하' 혹은 '엉터리'라는 의미가 있다.—옮긴이)으로 알려져 있다. 이런 별명이 붙은 것은 디즈니가 (만화 영화 〈스팀보트 윌리〉를 통해) 1928년에 최초로 만든 미키마우스의 탄생 75주년을 내다보고 저작권 연장 로비를 주도했기 때문이다. 또 하나 특기할 사실은 이 법은 소급 적용된다는 것이다. 기존 저작물의 보호 기간을 연장한다고 해서 새로운 지식이 만들어지는 것이 아니라는 것쯤은 누구나 당장 알아챌 수 있는데도 말이다.

이야기는 저작권에서 끝나지 않는다. 미국 제약업은 로비를 통해 특허권을 사실상 최대 8년까지 연장하는 데 성공했다. 이들은 연장의 구실로 미국식품의약국의 약품 승인 과정이 지연되는 경우를 보상하기 위한 필요성, 데이터 보호의 필요성 따위를 내세웠다. 당초 미국의 특허권 보호 기간은 저작권과 마찬가지로 14년이었다. 미국 제약업은 결국 자신의 발명품에 대한 특허 수명을 두 배로 늘리는 데 성공한 것이다.

지적소유권 보호 기간을 연장한 나라가 미국만은 아니다. (1850~1875년 사이의) 19세기 후반에 60개국의 평균 특허 수명은 약 13년이었다. 그러던 것이 1900~1975년 사이에는 16년 혹은 17년으로 연장되었다. 최근 들어 미국은 지적소유권 보호 기간의 상향 추세를 가속화하고 공고히 하는 데 주도적인 역할을 하고 있다. 미국은 WTO의 무역 관련 지적재산권 협정에 20년의 특허 보호 기간을 명문화함으로써 '세계적인 표준'으로 만드는 데 성공했고, 그에 따라 60개국의 평균 특허 수명은 2004년 19년으로 늘어나게 되었다. 미국 정부는 또 쌍무적인 자유무역협정을 통해 제약 특허의 사실상의 연장과 같은 무역 관련 지적재산권 협정을 넘어선 내용들을 퍼뜨리고 있다. 하지만 사회적 관점에서 볼 때 20년의 특허 보호 기간이 13년이나 16년보다 낫다는 내용은 내가 아는 경제 이론 중에는 없다. 이 기간이 길어질수록 특허권자가 유리하다는 것만 분명할 뿐이다.

지적소유권 보호는 독점—및 그 사회적 비용—을 가져오므로 보호 기간 연장은 그 비용을 증대시킬 것임에 틀림없다. 지적소유권 보호 기간 연장은 사회가 새로운 지식에 대해서 지불해야 하는 비용이 더 늘어난다는 것을 의미한다. 물론 보호 기간 연장이 더 많은 지식을 낳는다면 이 비용은 정당화될 수도 있다. 하지만 보호 기간 연장으로 인한 비용 증가를 보상하기에 충분할 정도로 지식이 증가되고 있다는 증거는 그 어디에서도 찾아볼 수 없다. 이 사실을 고려한다면 우리는 현재의 지적소유권 보호 기간이 과연 적절한지 신중히 검토해 보고, 필요하다면 단축해야 한다.

▶▶▷ 장하준, 「미키마우스, 오래오래 사세요」, 『나쁜 사마리아인들』, 부키, 2011

## 파놉티콘(Panopticon)과 시놉티콘(Synopticon)

파놉티콘은 '모두'를 뜻하는 'pan'과 '본다'는 뜻의 'opticon'을 합성한 것이다. 직역하면 '모두 다 본다'는 뜻이다. 원래는 죄수를 감시할 목적으로 영국의 철학자이자 법학자인 제러미 벤담(Jeremy Bentham)이 1791년 처음으로 설계한 감옥이다. 이 감옥은 중앙의 원형공간에 높은 감시탑을 세우고, 중앙 감시탑 바깥의 원 둘레를 따라 죄수들의 방을 만들도록 설계되었다. 또 중앙의 감시탑은 늘 어둡게 하고, 죄수의 방은 밝게 해 중앙에서 감시하는 감시자의 시선이 어디로 향하는지를 죄수들이 알 수 없도록 되어 있다. 이렇게 되면 죄수들은 자신들이 늘 감시받고 있다는 느낌을 가지게 되고, 결국은 죄수들이 규율과 감시를 내면화해서 스스로를 감시하게 된다는 것이다.

오늘날 SNS나 온라인 공간을 파놉티콘에 비유를 많이 한다. 온라인 서비스를 통해 개개인의 일거수일투족이 감시당할 수 있다는 것으로 영국의 소설가 조지 오웰(George Orwell)의 소설 『1984년』에서 보여준 빅브라더(big brother) 시대가 도래한 것으로 보는 것이다.

페이스북 창업자인 마크 주커버그는 "2004년, 내가 하버드 대학 기숙사에서 아이비리그 대학생을 대상으로 페이스북을 만들었을 때 많은 사람들은 왜 인터넷에 정보를 공개해야 하는지 의문을 제기했다. 하지만 이제 사람들은 더 많은 개인정보를 다른 사람들과 공유하는데 편안함을 느낀다. 개인적 프라이버시 문제는 더 이상 사회적 규범이 아니다. 프라이버시 시대는 끝났다"라고 공언했다.

더글러스 러시코프(Douglas Rushkoff)는 "돈을 내지 않고 사용한다면 당신이 상품이다"라고 말했다. 처음에 사람들은 자신의 사적 정보가 조금 희생되더라도 달콤한 공짜의 유혹을 포기할 수 없었다. 소위 학계에서 말하는 프라이버시 계산(자신의 프라이버시를 희생하는 대가로 얻게 되는 편익과 위험을 비교해)을 통해 해당 서비스를 사용할 것인지 아닌지를 결정한다는 것이다.

전 CIA요원인 에드워드 스노든은 2013년 가디언지를 통해 미국과 영국의 안보국이 전 세계 일반인들의 통화기록과 인터넷 사용정보 등의 개인 정보를 수집 사찰해온 사실을 폭로했다. 정부의 대규모 사찰이 가능해진 배경에는 사용자들이 공짜 서비스를 사용하며 제공하는 데이터들이 그 중심에 있었다. 트리스토퍼 CIA 부국장은 "몇 년 동안 대중을 몰래 감시한 우리로서는 많은 사람들이 자발적으로 자신들의 거주지와 종교, 정치적 견해, 순서대로 정리한 친구 목록, 이 메일 주소, 전화번호, 자신이 찍힌 수백 장의 사진, 현재 활동 정보를 공개하니 놀랍다. CIA로서는 정말 꿈에 그리던 일이 현실이 되었다"라고 말하기도 했다.

시놉티콘은 파놉티콘의 반대되는 개념으로 감시에 대한 역감시란 의미이다. 시놉티콘은 파놉티콘에서 한 단계 더 나아간 것으로 사이버 세상이 열리면서 일방적 감시가 아닌 상호감시가 가능한 시대가 등장했다는 것이다. 즉, 현대 사회는 인터넷의 발달, 활발한 시민운동 등으로 인한 정보사회로 접어들면서 파놉티콘의 일방적 감시가 시놉티콘으로 바뀌고 있다. 즉, 과거처럼 소수만이 권력과 언론을 독점하고 다수의 일반 시민을 통제하는 체제가 아니라 일반 시민들 역시 자신들을 감시하는 권력자를 감시하고 통제한다는 것이다.

노르웨이 범죄학자 토마스 매티슨은 언론과 통신을 통해 다수가 소수의 권력자를 감시할 수 있는 체제로 발달했다고 주장하면서 이러한 권력 감시를 시놉티콘이라 이름 붙였다. 사회에서 일어나는 일에 대한 비판적인 의식의 교류, 부정적인 현실의 고발, 중요사안에 관한 의견 결합 등 네티즌들의 조사로 권력자들을 감시하는 역발상 체제가 바로 이것에 해당한다. 시놉티콘에 크게 기여한 것은 바로 인터넷의 익명성이다. 권력자에게 쉽게 말할 수 없는 내용들을 서로 익명 체제하에 교류하고 투합할 수 있게 되었기 때문이다.

한국에서는 일 년 전 메신저 서비스인 카카오톡을 통해 검찰이 수색영장을 받은 개인의 사적 정보를 열람할 수 있다는 것이 언론을 통해 밝혀졌다. 그 여파로 유저들이 독일산 메신저인 텔레그램(Telegram)으로 이동하는 '사이버망명' 현상이 벌어지기도 했다. 일반 메신저도 검열 대상이라는 불안감 때문이었다.

사이버망명 소동은 해프닝으로 끝났지만 감찰기관의 감시 기능과 이를 싫어하는 시민 사회의 갭은 여전히 숙제로 남아 있다. 미국과 선진국들은 테러방지법 제정을 통해 SNS 및 온라인 공간의 감찰 기능을 강화하고 사전정보를 취득하여 테러 및 국가 위협을 최소화 하고 있다. 반면 한국은 범죄자로 추정되는 인물조차도 온라인을 통한 감찰이나 감시가 어려운 것이 현실이다. 개인정보 침해 가능성과 공공의 안전성은 한동안 논쟁이 불가피할 것으로 보인다.

개인정보를 연결하는 행위를 앵커링(Anchoring)이라고 한다. 사람이 움직이는 모든 것에서 정보가 발생한다. 지하철, 버스, 거리 CCTV, 차량용 블랙박스, 신용카드 결제, 네이버 및 구글 검색 및 조회 등 보고, 타고, 쓰고, 이용하는 모든 것들이 정보가 되어 하나씩 쌓이고 있다. 지금 시대는 바로 개인과 관련된 모든 정보가 수집되고 쌓이는 빅데이터 시대인 것이다. 앵커링은 이질적인 정보를 갖고 한 사람을 파악하는 일 또는 특정 정보를 연결시켜 특정인의 정보를 파악하는 것을 의미한다. 빅데이터 수집이나 분석을 반대하는 사람들은 바로 이 앵커링을 통한 개인정보 침해를 이유로 들고 있다.

에드워드 스노든은 '사회가 발전하면서 프라이버시에 대한 관점도 변화하고 있다. 외부의 간섭이나 침해로부터 벗어나 자유롭게 혼자 있을 수 있는 권리가 고전적 관점에서 프라이버시의 정의였다면, 요즈음처럼 정보기술이 발달하고 많은 사람들이 어울려 복잡한 관계를 만들어가는 현대사회에서는 오히려 개인정보에 대한 자기 결정권의 관점에서 보는 편이 더욱 맞는 정의'일 것이라고 말한다.

현대 사회의 방대한 빅데이터는 사회경제적으로 아주 유용하게 활용될 수 있는 중요한 자산이다. 빅데이터를 수집하고 활용하는 부문에 있어서 개인정보 침해의 위험성 관점보다는 사회발전과 공공의 이익에 더 무게를 두어야 한다고 생각한다. 일부 감찰기관이 범죄자를 감시하는 파놉티콘의 사회가 아닌 빅데이터를 안전하게 활용하고 시민이 상호 감시하는 시놉티콘의 사회를 만들어 가야 하겠다.

▶▶▷ 안병익, 〈칼럼: 파놉티콘(Panopticon)과 시놉티콘(Synopticon)〉,《전자신문》, 2016.2.11.

# 성자의 유희

냉소는 고결한 정신이다. 냉소는 억압을 그 본성으로 하는 모든 권력에 대한 반항이다. 냉소는 길들여지지 않는 영혼이고, 목을 꺾어 누르려고 하는 '보이지 않는 손'의 몸통을 눈 까뒤집고 쳐다보는 시선이고, 저주받은 세상에 대한 저주이다.

그래서 냉소는 역사적으로 악마의 것이었다. 오랜 방황 끝에 영혼을 빼앗겨 버려도 좋을 아름다움을 발견할 파우스트가 "머물러라, 너는 참 아름답다!"라고 말하면서 장대한 죽음을 맞이할 때 메피스토펠레스는 "최후의 무가치한, 공허한 순간을 이 가없은 사나이는 꼭 붙들기를 원한다."라고 조롱하면서 "나는 영원한 공허가 더 좋아."라고 빈정댄다. 『파우스트』에서 신에게 길들여지지 않은 유일한 존재는 그였다. 그래서 냉소에는 늘 자유의 느낌이 있다. 결코 권력에 복종하지 않는 고결함이 그 안에 있다.

냉소가 고결함의 반영이라는 데에서 알 수 있듯이 냉소주의자도 원래는 무엇인가 의미를 추구하는 자였을 것이다. 자신의 고결함을 용납하는 세계, 자아의 내용과 일치되는 삶의 형식들, 품위가 유지되는 생활, 아름다움의 감격, 성스러운 시간. 이런 것들에 대한 추구가 냉소주의의 출발점이 된다. 그들 중의 일부는 죽고, 일부는 세상과 타협하지만 냉소주의자는 자신을 인정하지 않는 세계에 대한 불인정으로 맞선 자이며, 보복을 택한 자이다.

하지만 냉소는 투쟁이 아니다. 투쟁은 뜨겁지만 냉소는 차갑다. 냉소주의자는 무엇을 위해서 세계를 비난하지 않는다. 자기 이외의 어떤 목적도 가지지 않는 무목적성, 이것이 냉소의 가장 큰 특성이다. 목적을 가진 비판은 냉소가 될 수 없다. 세계로부터 돌아앉지 않은 분노도 냉소가 될 수 없다. 그래서 냉소주의자는 세계와 괴리된다. 그는 세계, 신성, 자연과 괴리되어 있다. 하지만 무엇보다도 그는 자신과 괴리된다. 냉소주의자는 자아를 부정하는 자의식을 가지고 있기 때문이다.

왜 이렇게 되었나. 간단하다. 난관을 헤쳐 나갈 공력이 딸리고, 방법이 보이지 않기 때문이다. 실천 없는 싸늘한 말이 그의 삶의 양식이다.

냉소도 즐거운가. 때론 즐겁다. 그것은 부조리한 세계의 살집을 도려내는 날카로운 칼이다. 상식을 조롱하고, 모든 신성한 권력을 모욕하고, 허위를 폭로하고, 스스로 낯선 자가 되어 버림으로써 그는 세상으로부터 해방된다. 그는 발달한 오성을 가진 존재이다. 냉소는 오성을 소비하는 것이고, 그 소비는 즐겁다.

하지만 정말로 즐거운가. 아무리 냉소한들 변하는 것은 없다. 실천도 열정도 없는 말이 세상을 바꿀 리 없고, 실천도 열정도 없는 말이 자신을 바꿀 수 없다. 그래서 냉소는 점차 고갈되는 자신을 체험할 수밖에 없다. 말이 반복되면서 양식도 바닥이 난다. 냉소가 생산해 내는 것은 아무 것도 없기 때문이다. 해방은 허구적이다.

▶▶▷ 김홍경, 「성자의 유희」, 『시대와 철학』, 한국철학사상연구회, 2000.

## 분노 유발하는 사회

의미를 전달하기 쉽지 않지만 제대로 실감하는 말의 하나가 '욱하다'라는 단어다. 외국어에도 '욱하다'라는 뜻을 가진 단어들이 있다. 하지만 '욱하다'라는 말이 우리 사회에서 유독 와 닿는 것은 특유의 공동체주의적 문화와 관련이 있다. 가족이나 회사와 같은 공동체 안에서 개인이 느끼는 불편한 마음이 주변인들은 잘 모르게 축적되다가 일순간 폭발하는 경우를 드물지 않게 체험할 수 있기 때문이다.

'욱하다'는 앞뒤를 헤아림 없이 분노가 불끈 일어나는 것을 뜻한다. 요즈음 우리 사회에서는 분노가 갑자기 폭발한 사건들이 자주 발생하고 있다. 과거에도 분노가 유발하는 사건들이 적지는 않았다. 그러나 최근 관찰되는 사건은 과거보다 황당하고 잔인하며 피해 규모 또한 크다. 분노가 유발하는 사건들의 빈번한 발생은 우리 사회가 그만큼 불안하다는 것을 증거하고, 사회통합이 약화돼 있다는 것을 함축한다.

주목할 것은 우리 사회에서 분노의 조절이 갈수록 어려워지고 있다는 점이다. 심리학 이론에 따르면, 분노 조절 장애란 분명한 동기 없이 스스로 분노를 참지 못해 다른 사람을 공격하는 행위가 되풀이해 나타나는 것을 말한다. 건강보호심사평가원의 자료에 따르면, 분노 조절 장애 환자는 최근 증가해 왔다. 2009년에 분노 조절 장애 환자는 3,720명이었지만 2013년에는 4,934명으로 늘어났다. 이 숫자는 병원에서 진료를 받은 사람들인 만큼 분노 조절 장애 환자의 실제 규모는 더 많을 것으로 보인다.

사회학 연구자로서 관심을 갖는 것은 분노 조절 장애의 원인이다. 분노 조절 장애를 가져오는 일차적인 원인으로는 유전적 특성을 포함한 정신병리적 요인이 중요하다. 하지만 이 못지않게 주목할 것은 분노를 증가시키는 사회적 환경이다. 이 사회적 환경은 다시 개인적 차원과 구조적 차원으로 나눠진다.

개인적 차원에서 분노를 유발하는 가장 중요한 요인은 불공정에 대한 인식에 있다. 자신이 정당하게 대우 받지 못하고 있다는 억울한 느낌과 생각은 자기가 속한 공동체나 조직에 대한 불만을 낳고, 이 불만이 쌓이면 결국 분노로 폭발한다. 이때 분노의 대상은 가까운 지인들이 될 수도 있고, 불특정 다수가 될 수도 있다. 주목할 것은 분노의 원인을 정의롭지 못한 불공정한 현실 탓으로 돌리기 때문에 분노 폭발에 대한 윤리적 책임감을 크게 느끼지 않을 수도 있다는 점이다.

사회적 차원에서 분노를 제어하지 못하는 가장 중요한 요인은 경쟁지상주의와 경제적 양극화에 있다. 어릴 적부터 능력에 따라 줄을 세우는 경쟁사회의 구조와 문화는 결국 다수를 좌절시킬 수밖에 없고, 이 좌절은 타자에 대한 공격적 분노를 유발한다. 경제적 양극화의 경우에는 특히 갈수록 견고해지는 부의 세습이 상대적 박탈감을 증대시킨다. 이 박탈감은 사회에 대한 증오를 가져오고, 이 증오는 주변인에 대한 잔인한 범죄로 나타날 수 있다. 요컨대, 경쟁지상주의와 경제적 양극화는 우리 사회를 소수의 '위너'와 다수의 '루저', 또는 소수의 '엘리트'와 다수의 '잉여세력'으로 분단화함으로써 좌절과 박탈감을 심화시키고 분노를 강화시킨다.

충동적 분노를 폭발시키는 이들을 옹호할 생각은 없다. 분노가 모두 범죄로 귀결되는 것도 아니다. 하지만 우리 사회가 갈수록 분노 유발 사회로 변화해 가는 것은 적잖이 우려스럽다. 무엇보다 분노 폭발의 주요 대상이 어린이, 여성, 노인 등 사회적 약자들인 경우가 많은 현실을 고려할 때 분노 조절은 이제 개인적 문제를 넘어선 사회적 의제가 돼야 한다. 분노를 적절히 예방하고 제어하기 위해서는 상담과 치료 등의 개인적 처방에서부터 공정하고 협력적인 사회 시스템 구축 등의 사회적 처방에 이르기까지 다각적인 대응책을 강구해야 한다.

오래 전 발표된 현진건의 소설 가운데 '술 권하는 사회'가 있었다. 술 권하는 사회란 말에는 그래도 그 나름의 낭만이 느껴진다. 그러나 분노를 유발하는, 적지 않은 이들을 빈번히 욱하게 하는 사회는 무섭고 살벌한 사회다. 분노 조절에 대한 사회적 공론화가 필요한 이유다.

▶▶▷ 김호기, 〈분노 유발하는 사회〉, 《한국일보》, 2015.3.2.

## 교육기회의 불평등

세계화의 거센 물결과 이에 따른 신자유주의의 이념이 우리 사회 곳곳에 스며들면서 교육 분야에서도 온통 경쟁력과 효율성이라는 잣대가 위세를 떨치고 있다. 그 결과 교육의 형평성에 대한 사회적 관심은 뒷전으로 크게 밀리고 있다. 얼마 전 한국에서 교육기회의 불평등이 크게 심화되고 있고, 이를 통해 사회적 지위와 부의 세습화가 이뤄지고 있다는 충격적인 분석이 나왔다. 그런데 그 사회적 파장은 의외로 작았다.

'서울대 2000학년도 신입생 특성조사 보고서'에 따르면, 서울대의 경우 전문직이나 고위관리직 학부모를 둔 학생이 급증하고 있는데 반해, 생산직 근로자나 농어민 자녀의 입학률은 급감하는 추세라고 한다. 이에 따라 고급 관리직 종사자가 자녀를 서울대에 보낼 가능성은 생산직의 30배가 넘는다는 추정치가 나왔다. 그런가 하면 최근 한 조사연구에 따르면, 일반계 고교의 서울대 진학률은 서울 강남이 가장 높고, 강북의 어느 구는 강남구의 10분의 1도 안 되는 것으로 나타났다는 것이다. 더욱 우리를 우울하게 만드는 것은 가계별 사교육비 지출이 이러한 편차를 만들어 낸다는 점이다.

결국 사회경제적으로 유복한 가정에서 태어난 자녀는 풍성한 문화 환경에서 성장할 뿐만 아니라 고액과외에 힘입어 상대적으로 손쉽게 명문대학에 진학할 수 있게 된다. 그리고 이들은 학벌사회가 제공하는 사회적 프리미엄의 도움으로 보다 빨리 출세의 사다리를 오른다. 불우한 환경에서 태어난 사람과는 출발점 자체가 다른 것이다.

서유럽의 대부분의 나라에서는 누구나 의지와 능력만 있으면, 박사학위까지 무료로 공부할 수 있다. 자식 등록금 때문에 부모 허리가 휘는 우리와는 천양지차가 있는 것이다. 자본주의 사회가 자기 정당화를 하기 위해서는, 적어도 뒤진 계층의 자녀에게도 교육기회의 평등화를 통하여 사회적 계층상승이 가능하도록 적극적으로 길을 터 주어야 한다. 그래서 대표적 자유주의 국가인 미국도 대학입학, 취업 등에서 사회적 약자에게 일정 쿼터를 주는 '적극적 조치 (affirmative action)'를 제도화하고 있고, 개개 대학차원에서도 학생들의 대표성과 다양성을 높이기 위해 적잖은 정책을 고안하고 있다.

한국에서는 '신분 세습화'의 주범이 바로 학벌사회인 점을 고려할 때, 일류대라는 간판이 지니는 부당한 사회적 특권과 특혜를 없애는 일이 가장 중요하다. 아울러 교육재정의 확충을 통해 학교교육을 내실화함으로써 사교육에 대한 의존도를 줄이는 것이 문제해결의 대도(大道)이다.

보다 구체적으로는 우선 불우한 집안 출신의 자제들에게 장학제도를 확대하고, 저소득층에 교육비를 지원해야 한다. 또한 정보화 사회 도래라는 시대적 상황을 감안할 때, 정보통신 관련 정보나 기술에의 접근에서 소득 계층 간에 정보격차(digital divide)가 빚어지지 않도록 줄기차고, 세심한 정책적 관심을 기울이지 않으면 안 된다. 과외비를 많이 쓰는 학생에게 크게 유리한 시험위주의 대입전형은 마땅히 지양되어야 한다. 그러나 대입전형을 다양화, 특성화하는 경우에도 새로운 방식이 가난해도 머리 좋고 공부에 의욕 있는 학생에게 어떤 영향을 미칠 것인가 면밀히 점검해야 한다. 아울러 상대적으로 저소득층 자녀가 많이 재학하고 있는 실업계 고교와 다양한 직업훈련기관, 그리고 전문대학의 질을 획기적으로 제고하는데 정책적, 재정적 지원이 강화되어야 한다.

여기서 무엇보다 중요한 것은 서울대를 비롯한 국립대학이 스스로의 역할을 새롭게 정의하는 일이다. 이제 서울대는 공공재(公共財)가 아니라 특수 사적재(私的財)에 가깝다. 생산직 근로자나 농어촌 출신 자제에게 그림의 떡인 대학은 이미 국립대학이 아니다. 국립대학이라면 마땅히 기본적 자질은 충실하나 가난해서 사립대학에 가기 어려운 학생에게 문호가 개방되어야 한다. 뿐만 아니라 사립대학에서 실용성이 떨어진다고 소홀히 하는 분야, 특히 인문학 등 기초학문을 집중적으로 가르쳐야 한다. 그래야 그것이 국립대학이다.

교육을 매개로 한 신분의 대물림은 이제 그쳐야 한다. '세습사회'는 사회의 통합성과 역동성을 해치고, 궁극적으로는 경쟁력마저 훼손하고 만다. 이 점을 직시해야 할 것이다.

▶▶▷ 안병영, 〈교육기회의 불평등〉, 《동아일보》, 2001.5.25.

# AI가 인간직업 대체하는데 걸맞은 교육은 되고 있나

구글 딥마인드의 인공지능 컴퓨터 알파고와 이세돌의 역사적인 대국이 남긴 영향이 크긴 컸다. IT전문가들은 물론 일반인들까지 알파고를 화제로 삼더니, 총선을 앞둔 각 당들이 수학자와 과학자 등 이공계 인사를 비례대표 1번으로 낙점했다. 여기에 고용노동부가 국내 400여 개 직업 중 AI(인공지능) 로봇이 대체할 수 있거나, 대체하기 어려운 직업군을 발표해 관심을 모으고 있다. 콘크리트공, 정육·도축원, 플라스틱제품 조립공, 청원경찰 등은 대체가 용이한 직업으로 꼽혔다. 반면 화가, 사진사, 조각가, 작곡가, 무용가 등 예술관련 업종은 그 반대였다. 영국 옥스퍼드대 교수들의 '미래기술영향' 연구 분석모형을 활용했다고 한다.

환경미화원이나, 이미 드론이 대체하기 시작한 택배원, 베이비시터는 물론 전문직으로 분류되는 손해사정인이나 항공관제사, 일반 의사도 대체가능성이 높은 직군에 포함됐다. 수리적 계산능력이나 종합적인 데이터를 바탕으로 항공기 이착륙 순서 등을 결정하는 데 컴퓨터가 인간보다 정확성에서 앞선다는 것을 굳이 설명이 필요 없을 것이다. 알파고의 승리 이후 AI가 인간을 정복할 것이라는 디스토피아적인 전망이 제기됐을 때만 해도 실감하기 어렵다는 사람이 많았다. 그러나 구체적으로 대체 직업이 나열되니 해당 업종 종사자나 일반인들도 만감이 교차하는 듯하다.

이 와중에 AI가 대체하기 어려운 것으로 분류된 직업군들이 시사하는 바가 적지 않다. 예술가, 교수, 법조인 등 창의적이거나, 인간의 감성이 필요하고, 대상과의 커뮤니케이션이 요구되는 협상 및 설득 관련 직업들은 아무리 AI가 진화해도 사람을 대신하기 어렵다는 것이다. 불규칙적이고, 예측 불가능하며, 데이터가 아닌 감성과 감각이 필요한 일만이 AI전성기에도 살아남을 수 있다.

다보스포럼 보고서에 따르면 2020년부터 자동화직무의 대체가 시작될 것이라고 한다. 하지만 코앞으로 다가온 이런 현상에 대해 국내 교육계는 어떤 대비를 하고 있는지 궁금하다. 새벽에 등교해 학원을 전전하며 국영수와 내신 점수 올리기에 내몰리는 청소년들에게 창의성이 남아날 여지는 매우 적다. 예체능 수업은 비주요과목이라는 이유로 찬밥 취급이다. 아이들은 점수따기 기계가 될 뿐, 예술도, 배려도 배우지 못한 채 사회로 내몰린다. 이런 교육으로는 우리의 미래가 암울하다. 창의성과 논리력을 기르게 하고, 타인과의 공생 등을 고민하는 교육으로 패러다임이 바뀌어야한다. '70년대 교육'의 틀로 최첨단 AI시대를 살아갈 아이들이 걱정스럽다.

▶▶▷ 〈사설: AI가 인간직업 대체하는데 걸맞은 교육은 되고 있나〉, 《헤럴드경제》, 2016.3.25.

# 2. 예체능 계열 글 읽기와 분석

## 도시브랜드를 좌우하는 스포츠관광

외래 관광객 1천만 시대를 맞았다. 우리나라를 찾는 외래 관광객들이 1995년 375만 명에서 2004년 581만 명으로 증가하였으며, 2012년에는 1천만 명을 돌파하였다. 이는 아시아 국가 중에서 중국, 말레이시아, 홍콩 등에 이어 5, 6위에 해당하는 기록이다.

한국을 방문하는 관광객뿐만 아니라 세계적인 관광 추세가 변화하고 있다. 기존의 자연과 역사물 위주의 관람에서 벗어나 직접 몸으로 체험하고 참여하는 테마 관광 중심으로 급속하게 바뀌고 있다. 특히 스포츠관광은 관람과 참여라는 두 가지 욕구를 동시에 만족시킬 수 있는 최고의 관광 콘텐츠로 떠오르고 있다.

우리나라에서 스포츠관광은 88올림픽 이후 본격적으로 거론되기 시작했다. 올림픽이 단순히 국가 브랜드 인지도를 높이는 것에서 그치는 것이 아니라 서울을 찾는 관광객을 늘릴 수 있다는 사실을 인식하면서 관심이 높아졌다. 2002 한·일 월드컵이 스포츠관광의 큰 분수령이 되었다. 처음에는 스포츠관광에 대해 국제대회를 위시한 메가 스포츠와 연계한 관광으로 생각하고 연구해 왔다. 그래서 초창기 연구는 대회의 유치 타당성과 파급효과 분석에 집중되었다. 2000년대 후반부터는 수상스포츠를 활용한 관광 활성화 방법에 대한 관심이 높아졌다.

우리가 사용하는 스포츠관광이란 단어는 연구자의 성향(체육전공자 혹은 관광전공자)에 따라 그 규정하는 의미가 다르다. 뿐만 아니라 연구대상에 따라서도 다르게 정의를 내리고 있다. 최근 스포츠 학계에서 통용되는 것들을 간추려서 정의해보면, 스포츠관광이란 스포츠에 참여하거나 또는 스포츠와 관련된 콘텐츠의 관람 등 스포츠 활동을 중심으로 한 관광형태라고 할 수 있다. 그런데 이 정의에는 관광 행위에 대한 정의가 미흡하다는 느낌을 지울 수가 없다.

따라서 스포츠관광을 좀 더 폭넓게 바라보는, 스포츠와 관광의 의미를 포함한 정의가 나와야 한다고 생각한다. 즉 스포츠 참여와 관람을 주된 목적으로 하는 관광이면서 관광지 지역 사회에 대한 문화, 역사 그리고 다양한 소비를 일으키는 관광활동을 스포츠관광으로 정의하는 것이 시대정신에 부합하는 것이라고 생각한다.

스포츠관광에 대해서는 학자마다 다양한 유형을 제시하고 있다. 그중에 대표적인 한 가지를 소개하면 '참여'와 '관람'이라는 키워드를 포함하는 능동적 스포츠관광(직접참여)과 수동적 스포츠관광(관람·방문)으로 구분한 후, 이를 각각 경쟁과 비경쟁 스포츠관광으로 세분하는 유형이 있다. 직접 참여하는 능동적 스포츠관광의 비경쟁적 스포츠관광에는 스킨스쿠버 등 개인 종목이 포함되고, 경쟁적 스포츠관광에는 골프 등 그룹 단위로 스포츠에 참여하는 유형이 있다. 반면 관람 및 방문을 목적으로 하는 수동적 스포츠관광의 경쟁적 스포츠관광은 축구 이벤트 등 경쟁요소 스포츠를 관람하는 것이 포함되며, 비경쟁적 스포츠관광에는 박물관 견학 등 비경쟁요소 스포츠관람이 포함된다.

UNWTO(세계관광기구)는 자유 관광, 특별목적관광, 재방문의 증가 및 지역화 가속 등으로 인해 21세기 관광환경 트렌드가 매우 다양해지리라 전망하고 있다. 이 맥락에서 본다면 스포츠관광이 앞으로 의료관광, 생태관광, 산업관광, 해양관광 등과 함께 기존의 일반관광보다 부가가치가 높은 목적성 테마관광으로 자리 잡을 날이 머지않았다. 그런 토대를 만들기 위해서 우리는 지금부터 부단히 노력해야 한다.

얼마 전 한 잡지에 2020년이 되면 요우커(遊客·중국인 관광객) 1000만 명이 한국을 방문한다는 기사가 났다. 기사 앞머리에는 중국인들이 면세점에서 쇼핑하고 나오는 사진이 게재되어 있다. 중국인들이 럭셔리 쇼핑에 열중하는 것은 사실이다. 이러한 사실은 통계를 보더라도 확인할 수 있다. 2013년 한국문화관광연구원 조사에 따르면, 중국인 관광객의 82.8%(중복응답)가 쇼핑을 하는 것으로 나타났다. 그러나 요우커들이 쇼핑 만족도만으로 한국을 재방문할지에 대해서는 개인적으로 의문을 갖지 않을 수 없다. 그들은 쇼핑으로만 만족하지 않을 것이다. 따라서 쇼핑 이외의 다양한 콘텐츠가 제공되어야 한다. 그중 하나가 스포츠가 되어야 한다고 생각한다.

지난 겨울에 학생들 스키 수업을 위해 스키장에 갔다. 그곳에서 많은 중국인들을 만났다. 눈을 잘 볼 수 없는 중국의 남쪽 지역에서 온 관광객들이었다. 그리고 필자가 근무하던 신문사에서 중국 상해의 유력지와 공동으로 바둑대회를 개최했는데 당시 중국 측 신문사 관계자들이 제주도의 바다가 너무 좋다며 연신 감탄하는 모습을 본 적이 있다. 앞으로 보다 많은 중국인을 대한민국 어느 도시로 재방문하도록 만들기 위해선 쇼핑만으론 부족하다. 그들에게 스포츠를 위시한 다양한 관광 콘텐츠를 제공해 그들에게 행복과 기쁨을 줄 수 있어야 한다.

▶▶▷ 김범준, 〈도시브랜드를 좌우하는 스포츠관광〉, 《웹진 문화관광》, 2014년 11월호.

## 진정한 '느림의 삶'을 위하여

디지털과 유전자 혁명으로 미래는 거리(距離)와 경계(境界)가 소멸된다고 한다. 공간과 시간의 거리가 점차 사라져 시공(時空)의 개념이 희미해진다고 한다. 기계는 다른 기계를 먹고 기술은 다른 기술을 삼킨다. 과연 이런 문명의 포식이 우릴 행복하게 해줄까. 집단과 집단, 개인과 개인이 벌이는 속도경쟁은 예측의 한계를 이미 넘어버렸다. 사람의 시간을 빨아먹는 괴물 텔레비전은 어떻게 진화할 것인가. 사람의 여백을 흡입하는 휴대폰은 인간을 어디로 호출할 것인가.

지난 산업사회에서도 빠른 것은 최고의 미덕이었다. 너 나 없이 달렸다. 그러나 인류가 속도를 낼수록 그 스피드는 모두에게 공포였다. 빠름은 느림을 삼켰다. 산업화가 진행될수록, 인구밀도가 높을수록, 개인주의가 발달한 곳일수록 시간의 흐름이 빨라진다고 한다. 그 빠름이 우리를 어디로 데려가는지 모르고 달리기만 했다. 전철이 조금만 늦게 도착해도, 인터넷접속이 조금만 느려도, 엘리베이터 오르내림이 조금만 느려도 우리들은 신경질을 내고 분통을 터뜨린다. 그 몇 초를 참지 못하는 조급증, 그건 확실히 병이다.

그렇다면 몇 달의 가뭄을, 몇 년의 시집살이를 이겨냈던 옛사람들의 시간과 요즘의 시간은 다를까. 그렇다. 주어진 시간은 같지만 다르다. 옛사람들은 시간에 용해되었고 지금은 시간의 습격을 받고 있다. 옛사람은 시간을 불러들였지만 지금 우리들은 시간에 쫓기고 있다. 속도경쟁의 결정체인 휴대폰에 기대어 사는 우리 모습을 돌아보면 인간이 어디에 서 있는지 알 수 있다. 휴대폰은 인간을 가둔다. 모르면 그냥 넘어갈 일들을 휴대폰이 자꾸 알려준다. 어디에 가든 따라온다. 그래서 피곤하다. 하지만 이미 중독이 된 사람들은 휴대폰을 끄지 못한다. 휴대폰이 크게 울릴수록 인간은 약해진다. 누군가를 끊임없이 찾고 누군가 곁에 있어야 안심을 한다. 속도에의 갈망이 휴대폰을 만들어냈지만 결국 그 속도에 쫓긴다.

이렇듯 시간을 뺏고 뺏기다 보면 시도 때도 없이 '정보의 습격'을 받아야 한다. 전자파에 중독된 인간은 남과 비슷한 크기로 자신을 가둔다. 그래야 편하다. 어쩌면 우린 끊임없이 넋을 빼앗기고 있는지 모른다. 표피에서 부서지는 감각이 세상을 지배한다. 이런 사회에선 이성은 부담스럽다. 그건 무겁고 고루해 요즘의 호주머니엔 들어가지 않는다. 이렇게 혼이 나간 정신을 상품으로 파는 지구가 결국 '감각의 제국'이 되어 가고 있다.

중세에는 영혼과 정신을 지향한 탓에 육체가 활력을 잃었다면 근대에는 육체와 물신을 위한 여러 가지 혁명적 변화가 왔지만 상대적으로 정신이 피폐했다. 그래서일까. 곳곳에서 느리게 살아보자는 얘기들이 쏟아져 나온다. '느림'을 위한 학술대회가 열리고 '느림'을 연구하는 모임들이 생겨나고 있다. 느리게 살자는 책들이 쏟아지고 심지어 TV광고에서조차 느리게 살자고 속삭인다. 그렇다면 어떻게 하는 것이 느리게 사는 것일까.

인류가 발명한 것 중에서 가장 위대한 것은 시간의 발명이었다. 하지만 시간이 인류를 지배하기 시작하면서 인류는 속도경쟁에 내몰렸다.

그렇다면 다시 시간으로부터 해방이 느리게 사는 것일 게다. 심리학자 로버트 레빈은 "모든 문화에는 고유한 시간의 지문이 있다"고 했다. 산속에서의 1시간과 도심의 1시간은 너무 다르다.

이제 인간들은 이 시간의 지문을 추적하기 시작했다. 주식시세를 알아보려 객장에 앉아 있는 시간과 명상에 잠겨 '나'를 바라보는 시간은 무늬와 내용, 그리고 길이가 너무 다르다. 분명한 건 우리 인간은 시간을 얼마든지 늘릴 수 있다는 사실이다. 지리산 실상사에 가면 묘한 착각이 든다. 산길을 계속 오르다 보면 느닷없이 드넓은 평지가 펼쳐지고, 그 위에 홀연히 서있는 천년 고찰. 그곳엔 시간이 멈춰 서 있는 것 같다. 1,200년 된 석탑은 시간을 품지 않고 흘려보내는지 늙지 않았다. 주지 도법스님에게 물었다.

"왜 인간은 속도경쟁을 벌이며 그 안에서 부대낄까요"

"자기중심이 없이 살기 때문이지요. 남만을 좇다보면 결국 '나'를 잃어버려요. 나를 보지 않고 세상만 봅니다. 그러니 허둥지둥 뒤쫓아가고 결국 속도에 매몰됩니다"

시간의 노예가 아닌 주인이 되는 길, 그것은 '나'를 찾는 일이다.

▶▶▷ 김택근, 〈칼럼: 진정한 '느림의 삶'을 위하여〉, 《경향신문》, 2001.5.2.

## '쿡방'의 정치경제학

음식만큼 우리에게 중요한 것이 있을까. 하루도 이것 없이 사람다운 삶을 영위하기란 난망한 일이다. 때문에 음식은 인류의 영원한 주제이고, 언어와 문화가 달라도 사람과 사람을 이어주는 훌륭한 매개자 역할을 수행한다. "언제 밥 한 끼 합시다"란 인사말은 화자의 진정성 여부를 떠나, 인간관계에서 일정한 윤활유 역할을 하는 중요한 수행적 발화(performative utterance)로 기능한다. 또한 밥에는 대책이 없다. 한두 끼를 먹어서 되는 일이 아니라, 죽는 날까지 때가 되면 반드시 먹어야 하는 것이다. 그러므로 밥벌이나, 벌어놓은 밥을 진절머리 나게 먹는 일이나 쉽지 않은 일이다. 동시에 이는 밥이 그만큼 신성하고, 보편적이며, 이것 없이는 생을 유지할 수 없는 절대적인 어떤 것임을 보여준다. 그래서 대중은 이 혹독하고 곤고한 불확실성의 시대, 이처럼 순수하고 일말의 의심도 할 수 없는 밥의 문화정치에 더욱 열광하는 것일까?

이러한 문맥에서 '먹방'과 '쿡방'은 일정한 자기 통치의 테크놀로지로 기능하기도 한다. 아무도 이를 보고, 즐기고, 소비하라 권면하지 않지만, 대중은 기꺼이 '쿡방'을 시청하고, 이야기하고, 따라 하는 데 주저함이 없다. 이는 단순히 방송 자체나 스타 셰프들의 이미지와 환상을 갈망하고 소비하는 것을 넘어, 산업적으로는 식재료와 요리 도구의 매출 상승으로 연결되고, 일상에서는 이를 창의적인 방식으로 활용하고 먹는 행위로 연결되는 문화적 실천이라는 차원에서 대중의 자발성과 선택, 참여를 전제로 한다. 누군가의 강요와 억압 없이 대중은 자신이 선호하는 셰프의 레시피와 스타일, 식재료를 '자발적으로' 선택하고, 모방하는 가운데 이러한 이미지와 라이프 스타일을 소비하면서 적잖은 위안와 원기, 삶의 활력을 얻기도 한다.

이처럼 직접적이고 개인화된 '쿡방'의 인기와 참여 문화는 푸코(Michel Foucault)가 이야기하는 자기 테크놀로지의 방식과 유사한 양상을 보인다. 푸코에 의하면 자기 테크놀로지란 "개인이 자기 자신의 수단을 이용하거나, 타인의 도움을 받아 자기 자신의 신체와 영혼, 사고, 행위, 존재 방식을 일련의 전략과 작전을 통해 효과적으로 조정해줄 수 있는 장치"이다. 이런 맥락에서 음식 방송에 탐닉하고, 일상에서 이야기 나누며, 요리하고 먹는 주체의 탄생은 자신을 향상시키고, 생의 의미를 발견하며, 새로운 시도를 하는 가운데 삶에 일정한 변화를 추동하는, 그리고 이 모두를 자연스럽고 능동적인 방식으로 수행한다는 점에서 신자유주의적 주체의 전형을 보여주기도 한다.

이러한 신자유주의적 주체 논의의 연장선상에서 현대사회를 소진사회로 볼 수 있다. 오늘날 우리는 도처에 우리 자신을 소진하게 하는 환경에서 효과적인 제어 장치나 사회적 안전망이 부재한 상태에 던져져 있다. 이처럼 불안정한 경제 구조 하, 일상적 삶의 영역에서 많은 대중들이 직면하는 삶의 불안정성, 혹은 유동성은 그들로 하여금 극심한 피로감과 소진, 혹은 병리적 징후를 체험하게 한다. 이것은 줄곧 일탈이나 폭력으로 발현되거나, 때론 자살 등 파국으로 치닫기도 했다. 일례로 주창윤은 어느 사회에서나 다양한 문화의 패턴이 존재하고 이는 정형화된 특징으로 나타난다고 주장하며, 현재 한국사회의 문화적 특징 아래에 깔려있는 것으로 '정서적 허기(sentimental hunger)'를 들어 이러한 현상을 설명한다. 허기란 말 그대로 하면 배고픔이지만, 정서적 허기란 단순히 배고픔이나 욕구만을 의미하지 않고, 우리 사회 구성원 다수가 겪고 있는 갈증의 배고픔을 의미한다. 그는 탐식 환자의 사례를 들어, 아무리 먹어도 해결되지 않는 식욕, 즉 자신의 무기력증이나 욕구 불만으로 대변되는 마음의 문제를 든다. 우리 사회는 이처럼 밥을 먹어도 채워지지 않는 '정서적 허기' 혹은 욕망에 의해 그 허기가 더 큰 허기를 낳는다고 진단한다.

이런 상황 하에서 한편으로 힐링이나 치유의 문화가 유행한다. 힐링(healing)은 90년대의 웰빙(well-being)을 대체하면서 어느새 산업이 되었고 문화가 되었다. 나아가 이는 좀 더 넓은 의미의 코칭, 상담, 심리 치료 등 마음을 터치(touch)하고 힐링하는 배려 경제(care economy) 및 이와 관련된 산업도 빠르게 늘어나고 있다. 이처럼 힐링이란 문화 코드가 유행한다는 것은 산업적으로는 몸의 마케팅에서 정서의 마케팅으로 전환 및 확대됨을 보여주는 것이며, 또 자본이 어떻게 인간의 정서를 상품화하고 있는가를 극명하게 보여주고 있는 것이다. 미국에서 치유 산업은 자기 계발 서적, 고통을 겪고 이를 극복해낸 유명 인사의 자서전, 심리 치료 프로그램, 일반인들의 문제를 해결하는 리얼리티 토크 쇼, 각종 격려 집단, 온라인 데이트 등을 통해 확장되었다. 특히 치유 산업은 자기계발 내러티브를 성공적으로 상품화했고 오늘날 엄청나게 수지맞는 장사이자 번창하는 산업이 되고 있고, 이는 우리가 목도하듯 한국에서도 예외가 아니다.

이처럼 힐링이 하나의 문화코드이자 정서적 마케팅의 대상이 되고 있는 이유는 위에서 언급한 소진이라는 징후와 무관하지 않을 것이다. 소진은 말 그대로 '타서 없어지는' 즉 번아웃(burn-out)이다. 타서 없어지는 것은 사회와 주체 사이의 적절한 긴장 관계로서 삶의 불가피한 한 단면이지만, 문제는 역동적인 한국 사회에서 열정이 식으면서 침체가 나타나고, 좌절이 오면서 소진의 징후가 발생하고 있다는 점이다. 이렇게 소진되어 나타나는 허기는 정서의 상품화란 과정을 거쳐 무언가로 판매되고 있다. 근래의 쿡방 열풍은 이러한 우리 사회의 정서적 허기를 매개로 이의 치유라는 담론이 상품화되고 산업적 이해 관계와 맞아 떨어지는 가운데 생성된 것이라 보아도 좋을 것이다. 이는 궁극적으로 다양하고 구조적인 사회적 모순을 개인에게 축소하거나 환원해 해결하려 한다는 차원에서 심미적이고 심리학적이며 그런 면에서 마술적인 해법이다.

▶▶▷ 류웅재, 「'쿡방'의 정치경제학」, 『문화/과학』 2015년 가을호(통권83호), 2015.9 재구성.

## 우리끼리만, 아는 사람들만 보는 거야

노트북이나 휴대폰의 액정화면에 씌워 정면에서 봤을 때만 화면이 보이도록 하는 보안 필름이 인기다. 이 필름을 씌우면 옆에 있는 사람은 화면을 볼 수 없다. 시야각이 벌어지면 화면이 그냥 까맣게 보이기 때문이다. 이처럼 사람들에게는 자신은 보고 싶지만 남에게 보이고 싶지 않은 게 있는 법이다. 이런 의도를 반영해 그려진 대표적인 이미지가 바로 왜상(歪像)이다.

왜상은 말 그대로 왜곡된 그림이다. 왜상으로 그려진 이미지는 볼 수는 있으나 그것이 무엇인지 정확히 알아보기 어렵다. 보안 필름으로 가린 것처럼 완전히 보이지 않는 것은 아니지만, 제대로 보기는 힘든 그림인 것이다.

홀바인의 '대사들'이라는 그림은 왜상을 이용해 그린 대표적인 명화다. 그림을 보며 왜상에 대해 이해해 보자. 두 남자가 관객을 마주보며 서 있다. 왼쪽에 있는 남자가 영국 주재 프랑스 대사 장 드 댕트빌이고, 오른쪽에 있는 남자가 그의 친구인 라보르의 주교 조르주 드 셀브다. 이 그림이 그려질 당시 두 사람의 나이가 각각 스물아홉 살, 스물다섯 살 무렵이었으니 둘 다 이른 나이에 대단히 출세한 사람들이라 할 수 있다.

두 사람 사이에는 골동품 선반이 있고 거기에는 과학과 지식, 예술을 상징하는 도구들이 놓여 있다. 그들의 학식과 교양이 얼마나 풍부한지를 보여주는 상징물이다. 일례로 천구의와 해시계는 코페르니쿠스의 지동설과 관련이 있어 당시의 새로운 지식에 이들이 진취적으로 접근하고 있음을 보여 준다.

화가는 두 사람의 초상화를 그리면서 이들이 얼마나 능력 있고 훌륭한 존재인지 구석구석 세심히 표현했다. 그러면서도 두 사람에게 부와 영광에 매몰되지 않고 인생의 유한함을 기억하며 겸손히 신의 뜻을 따라 살 것을 권면했다. 그 신앙과 죽음의 요소가 그림 맨 왼쪽 상단의 예수 십자고상과 그림 중앙 하단의 해골이다.

해골이라? 해골이 어디 있는가? 빗각으로 길게 누운 것처럼 보이는 하단의 괴물체가 해골이다. 바로 왜상으로 그려진 그림이다. 그림을 감상하는 일반적인 시점에서 보면 이 이미지는 전혀 해골처럼 보이지 않는다. 그러나 화가가 설정해 놓은 특정한 지점에 가서 보면 금세 해골이 변해 버린다. 그 특정한 지점은 화면 오른쪽 가장자리 부근이다. 화면이 거의 안 보일 만큼 그림 오른쪽 가장자리에 바짝 붙어 거기서 해골 쪽을 내려다보면 해골이 제 모습으로 보인다. 이 지점을 빼고는 어디서도 제대로 된 해골의 이미지를 볼 수 없다. 이렇게 특정한 지점에서만 보이고 그 지점이 화면을 기준으로 항상 사각에 위치하기 때문에 이런 왜상을 '사각왜상'이라고 부른다.

재미있는 것은 해골이 제 모습으로 보이는 그 지점에서는 나머지 사물이 다 일그러진 형태로 보인다는 것이다. 이는 하나의 교훈적인 비유로 우리에게 다가온다. 세상이 올바른 것으로 보이는 사람에게는 죽음과 신앙이 제대로 보이지 않는다. 하지만 죽음과 신앙이 제대로 보이는 사람에게는 세상의 일그러짐이 또렷이 보이는 것이다.

▶▶▷ 이주헌, 「우리끼리만, 아는 사람들만 보는 거야」, 『지식의 미술관』, 아트북스, 2011.

## 바이칼호도 품었던 이광수 … 한국문학, 북방을 상상하라

종교학자 엘리아데(M. Eliade)는 인간은 어디서든 자신이 세계의 중심에 거주한다는 생각을 한다고 말한 바 있다. 바로 이 자기중심의 상상지리학 때문에 유럽인의 지리 관념을 기준으로 우리는 졸지에 세상의 동쪽 끝, 곧 극동에 사는 주민이 되고 말았다. 유럽인이든 동양인이든 자기중심의 생각에서 동서남북 사방에 대한 방위 관념이 비롯한다. 가령 은나라는 사방에서 불어오는 바람을 구분하여 각각의 풍신(風神)에 대해 제사를 드렸고, 이후 중국에서는 자신이 있는 중앙을 포함한 오방 개념이 성립하여 오방신·오악·오행설 등이 유행했다.

우리나라의 경우 고구려 고분에 사신도를 그려 넣은 것, 백제에서 전국을 5부로 구성한 것 등도 이러한 방위관념에 의거한 것이다. 다시 말해 사방 혹은 오방의 방위관념은 자신을 중심으로 한 완벽한 세계의 추구와 관련이 있다. 그런데 이중 오늘의 한국에서 결여된 것이 북방의식이다.

우리에게 북방은 어떠한 의미인가. 북방은 우리의 시초이자 원천이다. 『원조비사(元朝秘史)』를 보면 하늘이 낳은 푸른 이리와 흰 사슴이 짝을 지어 등길사(騰吉斯) 강을 건너 알난(斡難) 강의 근원인 불아한(不兒罕) 산 앞에 이르러 파탑적한(巴塔赤罕)이라는 아이를 낳았다는 신화가 나온다. 등길사를 퉁구스강으로, 알난을 압록강으로, 불아한을 불함산(不咸山) 곧 백두산으로 본다면 현재의 압록강과 백두산은 훨씬 북방에 있었던 것이 되고 민족 이동에 따라 지명이 남하한 것으로 볼 수 있다. 이러한 거친 추측이 아니더라도 우리 문화의 기원에 대해서는 남방설보다 북방설이 대세인 것은 부인할 수 없는 사실이다.

그런데 고구려·발해의 멸망 이후 북방이 축소된 데다 설상가상으로 현대 이후 남북이 분단되면서 우리의 방위관념에서 북방은 상당히 약화 되지 않았나 싶다. 이것은 문학 상상력에서 뚜렷이 그 징후를 드러낸다. 가령 근대까지만 해도 이광수의 『유정』을 보면 북방의 정경이 실감나게 표현되어 있다. "믿는 벗 N형! 나는 바이칼호의 가을 물결을 바라보면서 이 글을 쓰오… 부랴트족인 주인 노파는 벌써 잠이 들고 석유 등잔의 불이 가끔 창틈으로 들이쏘는 바람결에 흔들리고 있소. 우루루탕 하고 달빛을 실은 바이칼의 물결이 바로 이 어촌 앞의 바위를 때리고 있소." 바이칼 호반으로 사랑의 도피를 한 주인공 최석의 편지글이다. 아울러 김동환·백석·이용악 등의 시인들은 함경도·평안도·만주 등 북방의 풍정과 역사를 시에 담아 식민지의 암울한 현실 혹은 이상향에 대한 소망을 노래했다.

그러나 오늘 엄혹한 분단 대립의 상황 아래 실재를 상실한 북방은 우리의 상상력에서 잘 작동되지 않는다. 방위관념의 약화는 상상력의 빈곤을 초래한다. 따라서 사라지고 잊힌 북방의식을 회복하고 한반도와 그 북쪽 일원을 조망하는, 민족의 온전한 상상력을 되찾는 일이 긴요하다.(곽효환, 『한국근대시의 북방의식』) 다행히 지금은 글로벌 시대다. 상실한 북방은 네트워크로 회복될 수 있다. 과거 정부의 '철의 실크로드 구상', 현 정부의 '유라시아 구상' 등이 언젠가 실현된다면 한국은 그 오방의 완벽한 세계구상을 실현할 수 있을 것이다. 기회는 도둑같이 오리니 우리는 곧 도래할 북방의 시대에 대비해야 한다. 시원(始原)의 웅혼(雄渾)한 상상력을 기대하며.

▶▶▷ 정재서, 〈바이칼호도 품었던 이광수…한국문학, 북방을 상상하라〉, 《중앙일보》, 2014.9.24.

# 나아진다는 것

봄이 한창이던 아침, 고통으로 깨어났다. 자기 전까지만 해도 멀쩡하던 귀가 후벼 파듯 아팠다. 동네 병원에 갔더니 중이염이란 판정을 받았다. 며칠이면 나아질 거라던 병이 몇 주가 되도록 나아지지 않았다. 그사이 봄은 여름이 됐다. 거의 두 달간 아침마다 귀에서 흘러나오는 고름을 닦아야 했다. 끼니마다 항생제를 먹어야 했다. 다행인 것은 어느 시점부터 통증이 사라졌고 고막이 부어오르지 않았다는 점이다. 이 다행스러움의 원인이 계속되는 염증으로 인해 고막이 녹았기 때문이라는 게 불행이었지만.

고막이 녹고, 그 안쪽에 고름이 차오르면 당연히 소리가 들리지 않는다. 하루아침에 한쪽 청력이 사라지는 것이다. 불편함과 곤란함이 생겼다. 사람들과의 대화가 힘들어지는 게 불편하다. 한쪽 눈을 가리면 초점이 안 맞듯 한쪽 귀가 안 들려도 마찬가지다. 청각 정보의 절반이 날아가면서 귀에 들어오는 발음이 뿌옇게 된다. 짙은 안갯속을 나침반 없이 항해하는 기분이다. 이 불편함 때문에 한동안 약속을 아예 잡지 못했다.

더욱 힘들었던 것은 음악을 들을 수 없다는 곤란함이었다. 평소에 주로 듣는, 록이나 일렉트로닉처럼 사운드와 비트가 강한 장르가 오른쪽 귀를 파고들면 고막 안이 울리면서 미세한 고통이 뇌까지 번지는 듯했다. 초기에 멋모르고 공연장에 갔다가 30분 만에 도망치듯 나온 후에는 좋아하는 음악가의 공연 소식을 듣고도 한숨만 쉬어야 했다. 음악을 듣는 게 직업인 입장에서 이런 상황은 곧 강제휴직에 다름 아닌 것이다. 안 들려서 겪는 이 불편함과 곤란함에 비하면, 그 기간에 내려진 강제금주는 차라리 나았다. 간과 피부의 회복이라는 보상이라도 있으니 말이다.

병원을 옮겨 다닌 끝에 3차 의료기관에서만 처방가능하다는 신약을 먹었다. 딱 3일, 3일 만이었다. 거짓말처럼 고름이 멈췄다. 염증이 가라앉은 것이다. 기다렸다는 듯 고막도 재생되기 시작했다. 텃밭의 상추를 따는 건 순간이지만 다시 자라는 건 느리듯, 소리를 잃은 건 하루아침이었지만 복원은 천천히 이뤄졌다. 답답했지만 좋았다. 아침과 저녁, 그 다음날의 변화와 차이를 조금씩 느낄 수 있었으니까. 말을 되묻는 횟수가 줄어들고, 음악은 서서히 선명해졌으며, 메탈마저 예전처럼 들을 수 있게 됐다. 결국 얼마 전 열린 레코드 페어에서 음반을 잔뜩 사서

밤이 깊어가도록 턴테이블에 얹고 돌렸다. 음악이 온전히 들린다는 건, 양쪽의 풍성한 소리로 듣는다는 건, 음악이 일상이 되면서 오래도록 잊고 있던 기쁨이었다. 음악에 빠져들던 10대 시절로 돌아간 듯했다. 한편으로는 '나아진다'는 상태가 사람에게 주는 활기가 놀라웠다. 흔한 말이지만 경험하기 힘든 그 상태 말이다.

지금 한국 사회를 이루고 있는 대부분의 세대는 일생을 나아지는 상태로 살아왔다. 과거보다 현재가 풍요로웠고, 인권이니 자유니 하는 개념은 부지불식간에 현실에 조금씩 스며들었다. 청년들의 역동성은 이를 바탕으로 생성된 것이었으리라. 경제, 정치가 양쪽으로 날갯짓하던 무렵 태어나 투표권을 가지게 된 세대들은 그리하여 결국 2002년 대선의 드라마의 한 축을 써내기까지 했다. 나아짐을 경험하며 자랐고 나아질 것이라는 믿음이 있었으며 더 나아져야 한다는 확신이, 그럴 수 있던 힘이었다.

문제는 그 이후 세대다. 그 전과는 달리 88만원, 5포 등 처음으로 비관적 단어들로 명명된 세대들은 나아지는 사회를 살아본 적이 없다. 2008년 이래 경제지표는 끊임없이 안 좋아졌으며 체감경기는 지표 이상이었다. 나의 한 표로 정치적 지형이 변하는 기쁨도 거의 누려본 적이 없다. 나아질 것이라는 확신은커녕, 기대조차 갖기 어려운 것이다. 부시 정권 8년간 나락으로 떨어졌던 미국은 '변화'를 기치로 내건 오바마 정권 8년 동안 어쨌건 나아졌다. 경제는 물론이고, 사회보장과 동성결혼 등 이전의 패권국가 미국에서는 상상하기도 힘든 긍정적 변화들이었다. 그런 변화를 우리는 '나아짐'이라고 한다. 서식지의 파괴가 극에 달하면 야생동물은 번식을 포기하고 멸종을 택한다. 유전자의 생존이 불가능하다는 걸 본능적으로 알고 있기 때문이리라. 계속되는 저출산으로 인구 절벽 앞에 선 한국 사회를 구출하는 근본 역시 나아진다는 경험의 복원일 것이다. 그제서야 미래를 포기하게 하는 안개가 걷히고 분노와 체념이 지배하는 현재가 바뀔 수 있으리라는 막연한 믿음의 씨앗이나마 뿌릴 수 있으리라.

▶▶▷ 김작가, 〈나아진다는 것〉, 《경향신문》, 2016.6.27.

# 놀이 공간으로서의 인터넷 문화의 형성과정

네티즌은 인터넷 공간에서 누군가 올린 콘텐츠에 댓글을 달고, 다시 댓글의 댓글을 단다. 댓글 쓰기와 읽기는 토론의 공간이면서 놀이의 공간이다. 토론의 공간에서 벌어지는 댓글 논쟁은 공론 영역을 확장하기도 하지만 상대방의 의견에 귀 기울이지 않는 귀머거리 간의 대화이기도 하다.

인터넷 댓글쓰기는 '글쓰기'의 영역보다는 '말하기'의 영역에 가깝다. 문자라는 형식을 통해서 전달되지만, 사실상 구술의 특성이 강하게 나타나기 때문이다. 옹(W. J. Ong)이 지적하는 구술 언어의 특성이 인터넷 댓글 쓰기에 거의 그대로 적용되는데, 댓글쓰기 언어는 분석적이거나 추론적이지 않으며, 논쟁적 어조를 띠고, 삶의 경험으로 구성되며 사고나 표현은 상황 의존적인 경향이 있다. 인터넷 댓글은 문자 언어의 속성보다 말하기 언어의 속성에 가깝다.

댓글 문화는 두 가지 측면에서 논의될 수 있다. 하나는 공론 영역과 관련해서 온라인 상 뉴스나 사회쟁점과 관련된 토론이고, 다른 하나는 놀이로서 댓글 달기다. 2000년 초반 인터넷 뉴스미디어의 등장이 확대되고, 논객사이트 등이 활성화되면서 댓글 쓰기와 읽기는 인터넷 공간에서 일상적인 글쓰기, 읽기 문화가 되었다. 댓글 쓰기와 읽기는 우리 사회의 공식적 커뮤니케이션 구조와 밀접히 관련되어 있다.

(중략) 한국 사회에서 인터넷 댓글이 담당하고 있는 핵심적인 기능은 기성 언론과 정치계에서 제공하는 공식적 정보에 대해서 수용자들이 적극적이고 능동적인 재해석을 통하여 대안적인(때로는 저항적이고 일탈적이기까지 한) 통로를 여는 것이다. (중략) 인터넷 토론 공간에서 토론자들은 타인의 목소리에 주의를 기울이지 않고 자신의 생각만을 일방적으로 전달하는 것이 아니라, 다른 사람들의 의견을 감지하기 위해 타인의 글을 주의 깊게 읽고 때때로 자신의 의견을 개진하는 모습을 보인다는 것이다. 특히 '읽기 행위'는 정치적 중요성을 지닌다. 읽기는 정치적 지식이 높을수록, 그리고 신문 열독이 많을수록 증가하는데, 이는 '읽기' 행위가 정보와 지식의 기초에 근거한 행위이며, 합리적이고 비판적 토론의 계기를 지닌 행동이라는 것이다. 따라서 인터넷 공간에서 나타나는 '공감적 경청'은, 단지 귀머거리 간의 대화가 아니라, 숙의 민주주의의 이상에 기여하는 행위가 된다.

논리적 사고와 글쓰기

이와 반대의 주장도 있다. 과잉적인 감정 표출, 탈규범적 반칙 행위, 비논리적 주장, 부적절한 일탈적 담론 등이 인터넷 공간에서 관찰된다고 말한다. 이기형은 인터넷에서 공론 영역은 하버마스가 제시하는 이상적인 공론 영역이나 이성의 법정과 같은 모델이 아니라 "길들여지지 않는 다양한 의미와 '카니발적인'(carnivalesque) 욕망 구조와 상상력, 그리고 사회적인 권위 구조와 헤게모니에 도전하는 다양한 사회 집단들의 시도들을 담지한 다수의 난장(wild publics) 모델"(이기형, 「인터넷 미디어;담론들의 '공론장'인가 '논쟁의 게토인가'」, 2004: 28-29)에 가깝다고 주장한다. 따라서 인터넷 공간은 공론 영역과 연대의 공간으로서 순기능과 논쟁과 정쟁의 게토라는 극단적으로 나누어진 두 얼굴을 하고 있다는 것이다.

정치 영역에서 인터넷 공간이 어느 정도 공론 영역을 확장하기도 하지만, 동시에 댓글 놀이가 인기를 끌기도 한다. 놀이로서 댓글 문화는 여러 가지 방식으로 전개된다. 어느 인터넷 기사에서도 쉽게 볼 수 있는 것이 등수 놀이다. 첫 번째 댓글을 단 사람이 1등 댓글이고 이어서 다음 사람들이 2등, 3등 댓글을 단다. 어떤 이는 1등 댓글을 달기 위해 조회 수가 낮은 게시물을 찾아 헤매기도 하고, 한 게시판에서 숫자가 점점 커져 100 이상 등수놀이 댓글이 이어지는 경우도 있다. 이런 등수 놀이는 네이버 카툰의 '人놀이'로 이어지고 있다. 최초의 1인부터 시작해 무엇이든 말을 붙이기만 하면 된다. '이것은 ~라고 생각하는 1人', '카툰에 공감하는 1人' 등으로 시작된다. 드라군 놀이는 적당한 글에 한 명이 '하지만 드라군이 출동하면 어떨까?'라는 댓글을 단다. 그러면 다음 사람들이 아래에 이어 '드!', '라!', '군!'이라는 세 개의 댓글을 단다. 이 댓글이 끊기지 않으면 성공이고 중간에 다른 댓글이 달려 끊어지면 실패한다. 2005년 여름 내내 드라군 놀이는 인터넷에서 유행했다.

파문 놀이는 특정한 사건이나 주제에 대해 해당 인물이나 단체 등 이름을 빌어 "~했다. 파문" 식으로 낱말을 이어 붙이는 놀이다. 파문놀이는 2000년 초기부터 네티즌 사이에서 유행해 왔는데 유명인의 언행이나 사회적 쟁점을 비꼬는 일종의 말장난이다.

2006년 "이게 다 노무현 때문이다"는 가장 유행했던 댓글 놀이다. 예컨대 한국 축구국가 대표팀이 가나와 평가전에 패한 소식을 전하는 기사에 "이게 다 노무현 때문이다. 태극전사가 맥없이 패하는 동안 노무현은 뭘 했나"라는 식으로 댓글을 단다. 2008년에는 "~면 어때. 경제만 살리면 그만이지"라는 이명박 댓글 놀이가 유행했다. 예를 들어 "대운하로 환경 좀 파괴하면 어때. 경제만 살리면 그만이지"라거나 "광우병 걸리면 어때. 경제만 살리면 그만이지" 등과 같이 정치 현실을 풍자한다.

2009년 12월 6일에는 소울드레서, 쌍코, 화장발 등 이른바 '여성 삼국연합'은 시국선언 교사에 대한 징계를 거부한 김상곤 경기도 교육감에게 응원의 댓글을 엮은 '댓글 북'을 전달하기도 했다. 한나라당이 날치기 처리한 미디어 법에 대해 헌법재판소가 "절차상 위법하나 유효하다"고 결정하자 댓글이 쏟아졌다. "커닝해도 대학만 가면 합법이다.", "오프사이드지만 골은 인정된다.", "사람을 때렸지만 폭행은 아니다." 이와 같은 댓글 놀이는 그 자체로 오락적 행위이면서 동시에 현실에 대한 풍자이기도 하다. (중략)

놀이는 어떤 자유로운 행위이면서 일상생활 밖에서 행해지며 어떤 물질적인 이해관계도 별로 없고 이익도 거의 없지만 지속적으로 즐겨지는 것이다. 인터넷이 지금의 문화를 지배하고 있지만, 거꾸로 보면 사람들은 인터넷이라는 도구를 장난감처럼 가지고 노는 것은 아닌가 생각해 볼 수 있다. 우리가 인터넷을 가지고 노는 시간과 공간 또는 인터넷으로 들어가서 노는 시간과 공간을 '사이버 일상성'(cyber everydayness)이라고 부를 수 있다. 물론 인터넷을 통해서 보내는 시간은 일상성의 한 부분이지만, 이제는 다른 일상성의 한 부분으로 놓기에는 '사이버 일상성'이 차지하는 비중은 너무 크다. 놀이족들은 '사이버 일상성' 속에서 놀이의 형식을 만들고, 새로운 놀이에 참여한다. 물론 이 글은 인터넷이 단지 놀이 공간일 뿐이라고 말하는 것은 아니다. 인터넷은 정치, 경제, 문화의 공간이기도 하다. 그러나 인터넷 놀이 공간은 우리 사회 정치, 경제, 문화 형성에 기저로써 작용하고 있다. 이와 같은 놀이 공간에서 만들어진 놀이 정신은 인터넷 문화 형성과정에서 중요한 시대정신이라고 말할 수 있다.

▶▶▷ 주창윤, 「놀이 공간으로서 인터넷 문화의 형성과정」, 『현상과 인식』 통권 111호, 한국인문사회과학회, 2010 재구성.

# 3. 이공 계열 글 읽기와 분석

## 현대물리학과 동양사상

개념적 지식의 한계나 상대성을 끊임없이 자각하는 일은 우리들 대부분에게는 매우 어려운 일이다. 왜냐하면 실재를 표현해 놓은 것이 실재 그 자체보다 훨씬 파악하기 쉽기 때문이며, 우리는 곧잘 이 둘을 혼동하여, 이 개념과 상징을 실재 그 자체로 착각하곤 한다. 이러한 미혹을 떨쳐 버리게 하는 일이 바로 동양 신비 사상의 주요한 목적 가운데 하나이다. 그래서 불교의 선사들이 이르기를, 손가락은 달을 가리키기 위해서 필요했던 것이니, 달을 인식한 후에는 그 손가락 때문에 우리가 혼란을 일으켜서는 안 된다고 하고 있다. 또한 도가의 현자 장자는 이렇게 말했다.

> "통발은 물고기를 잡기 위해 있으며 물고기를 잡고 나면 통발 따위는 잊혀지게 마련이다. 올가미는 토끼를 잡기 위해 필요하며 토끼를 잡고 나면 올가미는 잊혀지고 만다. 말은 생각을 전하기 위해 있으며 생각하는 바를 알고 나면 말 따위는 잊고 만다."

서양에서는 의미론자인 알프레트 코지프스키가 "지도는 영토가 아니다"라는 분명한 어구로 똑같은 견해를 적확하게 표현했다. (중략) 동양의 신비 사상가들은 궁극적인 실재란 추론의 대상이나 형상화할 수 있는 지식의 대상이 될 수 없다고 주장한다. 그것은 우리의 언어나 개념의 근원이 되는 감각이나 지성의 영역 밖에 있는 것이기 때문에 말로 적절하게 기술될 수

없다는 것이다. (중략)

이 실재를 도라고 규정한 노자는 『도덕경』의 첫줄에서 똑같은 사실을 "말로 표현될 수 있는 도는 영원한 도가 아니다."라고 말하고 있다. 이 말의 의미는 우리가 어느 신문을 읽더라도 분명히 알 수 있다. 인류가 근 2천 년 동안 엄청난 양의 논리적 지식을 축적해 왔음에도 불구하고 별로 현명해지지 못했다는 사실이 바로 절대적 지식은 언어로 전달될 수 없다는 것을 충분히 증명하고 있다. (중략)

직관적인 통찰이 일관성 있는 수학적 논리 체계를 갖추고 있지 않거나 일상적 언어로 그 의미를 쉽게 풀어낼 수 없다면 물리학자들에게는 아무 의미가 없다. 이때 수학적 논리 체계를 갖추기 위해서는 추상화의 과정이 상당히 중요한 의미를 가진다. 그것은 이미 언급한 바와 같이 실재의 지도(지도)를 구성하고 있는 개념들과 상징들의 체계로 이루어져 있다. 실재의 지도는 몇 가지 특성만을 나타낼 따름이다. 우리들은 이것이 정확히 어느 것인지 알지 못한다. 왜냐하면 우리는 어릴 적부터 비판적인 분석 없이 우리의 지도를 조금씩 재구성해왔기 때문이다. 이처럼 우리가 일상에서 사용하고 있는 단어들은 그 의미와 범주가 분명하게 규정된 것이 아니다. 단어들은 여러 가지 의미들을 지니고 있는데, 그것들의 대부분은 우리의 마음 속에서 별 의미를 만들지 못한 채 스쳐 지나갈 따름이고, 우리가 어떤 단어를 들을 때 의미들은 대부분 우리의 잠재의식 속에 남아 있게 된다. (중략)

공간과 시간은 이제 관찰자가 자연 현상을 기술하기 위해서 사용하는 언어의 중요한 구성 요소로 그 역할이 축소되었기 때문에 각 관찰자는 그 현상에 대해 서로 다른 방식으로 기술할 것이다. 그들의 기술로부터 어떤 보편적 자연 법칙을 도출해 내기 위해서는 그들이 모든 좌표계에서 설정했던 방식과 똑같은 방식으로, 즉 임의의 위치에서 상대적 운동을 하고 있는 모든 관찰자들에게 똑같이 적용될 수 있는 법칙들을 공식화해야 한다. (중략)

고전 물리학에서는 막대기가 운동하고 있을 때나 정지하고 있을 때나 그 길이가 똑같은 것으로 여겼다. 그러나 상대성 이론에 따르면 이것은 사실이 아니다. 한 물체의 길이는 관찰자가 느끼는 운동의 상대성에 따라서 다를 수 있으며, 또 그것은 그 운동 속도에 따라서 변화한다. 그 변화란 물체가 움직이고 있을 때 축소된다는 것이다. 막대기는 그것이 정지 상태에서 길이가 가장 길고, 상대 속도가 증가할수록 관찰자에게는 짧게 느껴진다. 고에너지 물리학의 '산란

(散亂)' 실험에서 입자가 지극히 빠른 속도로 충돌할 경우 그 축소가 너무도 심하기 때문에 공 모양과 같은 입자들이 '빈대떡'처럼 납작한 모양으로 보이기도 한다.

우리의 일상생활에서 어떤 사람의 그림자 실제 길이가 얼마나 되는가를 묻는 것이 아무런 의미를 갖지 못하는 것처럼, 한 물체의 '진정한' 길이를 묻는 것이 무의미하다는 것을 깨닫는 것은 중요한 일이다. 그림자란 3차원 공간에 있는 점들이 2차원 평면 위에 투영된 것이며, 그래서 그 길이는 투영의 각도에 따라서 달라진다. 마찬가지로 움직이는 물체의 길이는 4차원 시공 속에 있는 점들이 3차원 공간에 투영된 것과 같으며, 그것의 길이는 상황에 따라서 달라진다.

▶▶▷ 프리초프 카프라, 『현대물리학과 동양사상』, 김용정·이성범 역, 범양사, 2010.

## 질서와 무질서

물이 차 있는 용기에 과망간산칼륨처럼 잘 녹는 발색물질을 조금 첨가하는 경우를 생각해 보자. 이때 과망간산칼륨은 용기에 골고루 퍼져 있지 않고, 왼쪽으로 오른쪽으로 갈수록 농도가 묽어지는 모습을 볼 수 있다. 만약 이 시스템을 그냥 놓아두면 '확산'이라고 하는 느린 과정이 일어나서 과망간산염은 왼쪽에서 오른쪽으로, 즉 농도가 높은 곳에서 낮은 데로 퍼져 결국에는 용기 속 물 전체에 골고루 퍼지게 된다.

특별히 흥미롭지는 않지만 분명히 재미있으면서도 비교적 간단한 이 과정에서 주목할 것은, 과망간산칼륨 분자들이 우리의 상식과는 다르게, 활동 여지가 더 많은 지역으로 인구가 분산되는 것처럼 밀집된 지역에서 희박한 장소로 움직이려는 경향이나 힘이 있는 것은 결코 아니라는 점이다. 그러한 종류의 의지나 경향은 우리의 과망간산칼륨 분자에게는 없다. 모든 분자가 거의 독립적으로 운동을 하며 그것들끼리 만나서 충돌하는 경우도 거의 없는 셈이다. 밀집된 지역에 있든지 빈터에 있든지 모든 분자는 물분자의 충격에 의해 계속 떠돌아다니고 예측할 수 없는 방향으로 이동할 뿐이다. 어떤 때는 농도가 높은 쪽으로, 때로는 농도가 낮은 곳을 향해, 또 어떤 때는 비스듬히 움직이고 있다. 이러한 종류의 운동은 '걷겠다는' 욕망으로 가득한 사람이 눈을 가린 채 넓은 곳에서 아무런 방향의 지표 없이 계속 길을 바꾸면서 걷는 운동과 흔히 비교되곤 한다.

모든 과망간산염 분자에게 똑같은 이러한 '무작위 걷기'의 결과 농도가 낮은 곳으로의 일정한 흐름이 일어나 결국에는 분포가 균등해진다는 사실이 처음에는 혼란스럽게 여겨질 것이다. 그러나 처음뿐이다. 만약 대략 균일한 농도를 가지는 얇은 조각을 고려한다면, 어느 순간에 어떤 조각에 들어 있는 과망간산염 분자들은 무작위 걷기에 의해 똑같은 확률로 오른쪽이나 왼쪽으로 움직일 것이다. 그러나 여기에서 더 정확히 관찰해보면 이웃하는 두 조각의 경계가 되는 평면을 통해서는 왼쪽 조각의 분자가 더 많이 통과할 것이다. 왜냐하면 왼쪽 조각에서 더 많은 분자가 무작위 걷기에 참가하고 있기 때문이다. 이것이 지속되는 한 왼쪽에서 오른쪽으로의 일정한 흐름이 있게 되고 결국 분포가 균등해진다.

▶▶▷ 에르빈 슈뢰딩거, 「질서와 무질서」, 『생명이란 무엇인가?』, 서인석 역, 한울, 2014.

## 쿤식 사료 읽기

과학사 연구에서 쿤은 독특한 방식의 사료 읽기를 강조했다. 쿤 자신이 아리스토텔레스의 저술을 읽는 과정에서 게슈탈트 전환을 경험하면서 정립한 이 방법론은, 과거 과학자의 사료를 읽을 때 현재의 시각을 그대로 적용해서는 이해하기 어려운 경우가 많다는 문제의식에서 출발한다. 이런 상황에서 쿤은 과거 과학자들이 나름대로 정합적인 과학 이론을 전개하고 있다는 가정을 일종의 '작업가설'로 삼고 사료를 읽어나가야 한다고 권고한다.

우리에게 패스트푸드로 널리 알려져 있는 햄버거(hamburger)는 원래 독일의 항구도시 함부르크에 사는 사람(함부르거: Hamburg + er)을 의미했다. 함부르크에는 고기와 야채를 다져서 구워 먹는 독특한 방식의 스테이크가 그 지역 토속음식으로 유명했다. 그런데 어쩌다보니 우리가 흔히 햄버거 스테이크라고 부르는 그 음식이 세계적으로 널리 퍼지면서 원래는 함부르크 사람들을 뜻하던 '함부르거'가 이 음식을 지칭하는 용어로 사용되게 되었다. 그러다가 좀 더 시간이 흘러 이 '함부르거'를 빵 사이에 다른 야채와 소스를 곁들여 끼워 먹게 되고 그 음식을 영어식으로 부르면서 현재 우리가 알고 있는 햄버거가 된 것이다.

자, 이제 누군가가 16세기 독일문헌을 읽다가 'Hamburger가 토지를 구입했다.'라는 문장을 발견했다고 가정해 보자. 만약 이것을 '(우리가 패스트푸드로 먹는) 햄버거가 토지를 구입했다'로 읽으면 전혀 무의미한 헛소리로 읽힐 것이고, 그 구절을 쓴 저자의 정신 상태를 의심하게 될 것이다. 하지만 이 문장을 '함부르크 시민 한 사람이 토지를 구입했다.'로 읽으면 그 뜻을 명료하게 이해할 수 있게 된다. 햄버거의 예처럼 극단적인 경우가 아니라도 과거의 문헌을 읽을 때는 우리에게 현재 익숙한 용어들이 과거에는 미세하게라도 다른 의미나 뉘앙스를 가질 수 있음을 인식하는 것이 역사를 공부하는 기본적인 방법론이다. 중요한 점은 이런 '지성사적' 방법론이 과학기술의 역사를 연구할 때도 유효하다는 사실이다.

▶▶▷ 한양대학교 과학철학교육위원회 편, 「쿤식 사료 읽기」, 『과학기술의 철학적 이해』, 한양대출판부, 2010.

## 21세기 과학기술의 특징

과학기술이 현실 세계의 주도원리로 떠오른 이 시대에 인류가 좀 더 나은 세계를 건설하기 위해서는 그것을 지혜롭게 활용하는 것이 대단히 중요하다는 점은 새삼 언급할 필요도 없을 것이다. 문제는 전체를 조망할 수 없을 정도로 복잡하고 따라서 통제가 거의 불가능한 21세기 과학기술을 지혜롭게 활용하는 것이 어떻게 가능하겠는가 하는 점이다. 분산적 네트워크형 기술로서 전세계에서 누구나 끼어들어 조작할 수 있는 인터넷을 적절하게 조종하는 일은 거의 불가능한 것처럼 보인다. 생명공학의 경우에는 시민들의 합의나 법 제정을 통해서 통제하려는 움직임이 일어나고 있지만, 그것의 강한 분산적 성격 때문에 제대로 통제하기는 대단히 어려운 것 같다. 인터넷이라는 네트워크형 기술이 분산적인 조작이나 공격에 노출될 수밖에 없고 이로 인한 불안정성을 지니고 있지만, 그렇다고 인터넷 속에서의 해커나 사이버테러리스트의 활동으로 인해 국가체제가 무너지거나 인터넷이 전면 마비되는 전복적인 사태가 일어날 것 같지도 않다. 인터넷의 조망 불가능성과 중앙 컨트롤 포인트의 부재 때문에 교란은 끊임없이 일어나지만 전체적인 전복은 가능하지 않은 것이다. 네트워크의 개별 구성분자는 자유롭고, 유연하며, 신속하게 변신한다. 그러나 그것들이 모여서 만드는 네트워크는 해커 등의 공격으로 약간 흔들리기는 해도 전체가 흔들리는 일은 없다. 전체의 중심, 감시와 통제의 중심이 없는 시스템에서는 공격을 통해 권력 전체를 빼앗을 중심도 존재하지 않기 때문이다.

그렇다면 과학기술의 지혜로운 활용이란 성취될 수 없는 것인가? 21세기 과학기술의 특성에 비추어볼 때, 패러다임 전환을 통해서 과학기술 전체를 전일적이고 생태적인 것으로 바꾸려는 카프라(Fritjof Capra)식의 시도는 성공할 수 없을 것처럼 보인다. 지혜롭게 활용하는 것은 어느 정도 가능할 것 같은데, 이때 필요한 지혜는 원칙적으로 "기술과 사람의 관계가 본질적으로 달라질 때 얻어지겠지만, 구체적인 실천의 차원에서는 과학기술 전체와 개별 과학기술의 성격을 규명해가는 과정에서 얻어질 수 있을 것이다.

개별 과학기술 중에는 본래부터 민중의 해방에 기여할 수 있는 특성을 지닌 것이 있을 것이고, 그렇게 되기 어려운 특성을 지닌 것이 있을 것이다. 예를 들어서 에너지기술 중에서 핵발전기술은 민중이 활용하기에 대단히 어려운 면을 가지고 있지만, 태양광 발전기술 같은 재생가능 에너지기술은 민중에게 아주 친근하고 해방적인 것으로 작용할 수 있다. 그러므로 이들 기술에 대한 접근에서 중요한 것은 적절한 기술을 선택하고 부적절한 기술을 배제하는 것이다.

두 가지 에너지기술은 어느 하나를 배제하더라도 전기 생산이 크게 교란되지 않기 때문에 둘 사이의 선택과 배제가 가능하다. 그러나 인터넷과 같이 대단히 복잡하고 지구 전체에 걸쳐 있는 기술은 대안적인 기술이 존재하지 않기 때문에 처음부터 선택과 배제가 불가능하다. 이 경우 기술의 성격을 규명하는 작업이 대단히 중요해지는데, 이러한 성격 규명이 선행되어야만 이를 활용해서 최대한의 해방적인 결과를 끌어낼 수 있는 방법이 얻어질 수 있기 때문이다. 생명공학은 인터넷보다 분산적인 성격이 훨씬 강하고 그러면서도 파괴적일 수 있기 때문에 지혜롭게 활용하기가 더 어려울지 모른다. 그러나 바로 그렇기 때문에 성격을 규명하고, 대안적 기술을 모색하고, 그게 불가능하다면 최적의 활용방법을 찾아가는 작업에 커다란 관심을 기울여야 할 것이다.

▶▶▷ 이필렬, 「21세기 과학기술의 특징」, 『창작과비평』 2001년 겨울호.

# 가치중립적 과학은 존재하나

20세기 말부터 유령처럼 떠돌던 '복제인간'의 관념이 어쩌면 '육신'을 얻었는지도 모른다. 캐나다의 비정통적 종교단체 '라엘리언'은 인류가 외계인의 복제에 의해 출현했다고 주장한다. 그러면서 이미 여러 차례에 걸쳐 스스로 복제인간을 탄생시키겠다고 공언해왔다. 그들은 이를 위해 1997년에 '클로네이드'란 회사를 차렸다. 그리고 새해가 턱밑에 닥친 시점에 또다시 올해 안에 최초의 복제인간이 태어날 것이라고 예고했다. 이탈리아의 한 의사도 내년 1월께 자신의 실험에 따른 복제인간이 태어난다고 발표했다. 국제 사회는 여태껏도 인간의 복제를 두고 수많은 토론을 벌여왔다. 하지만 정작 그 출현을 목격하면 다시금 과학을 중심으로 윤리·종교·철학·법학 등을 아우르는 거센 논쟁에 휘말릴 것으로 예상된다.

논쟁과 관련된 논점은 많다. 그런데 그 가운데서도 핵심은 역시 "과학은 과연 가치중립적인가"라는 의문인 듯하다. 그 대표적 예로는 '원자력'을 자주 든다. 원자력의 위력은 막강하다. 1907년 아인슈타인은 유명한 $E=mc^2$란 식으로 그 가능성을 예언했다. 이후 갖은 곡절을 거쳐 1945년에는 원자폭탄의 형태로 위력을 뿜으면서 2차 대전을 마무리했다. 이 동안 원자력이라는 '요술램프 속의 괴물'을 해방하는 데 얽힌 얘기는 어떤 판타지 소설 못지않게 드라마틱하다. 다만 마지막 클라이맥스가 비극적이어서 아쉬울 따름이다. 그 뒤로도 비극적 요소는 제거되지 않았다. 그리하여 전쟁무기와 평화적 이용이라는 두 얼굴을 내비치며 많은 갈등을 일으켰다.

이제 복제인간의 문제가 원자력의 자리를 대신하려 든다. 정확히 내다보기는 어렵지만 그 파장이 원자력보다 더욱 클지 모른다. 이 때문에 생명공학의 미래를 암울하게 보는 시각도 많다. 그리하여 이른바 '과학의 가치중립성' 더 나아가 '과학자의 가치중립적 연구 태도'에 대해 은근한 비난이 깔린 우려의 목소리가 높다. 그런데 우리는 이쯤에서 시야를 좀 더 넓혀볼 필요가 있다. 이 논제에서의 과학은 보통 '자연과학'을 가리키는 것으로 이해한다. 그러나 반드시 그래야 할 이유는 아무 데도 없다. 예를 들어 '민주주의'라는 '사회과학'적 제도를 보자. 흔히 민주주의를 인간이 찾아낸 궁극의 정치제도라고 한다. 그러나 여기에도 가치중립적 요소가 있다. 따라서 유용성이 뛰어난 만큼 위험성도 크며, 독일의 바이마르공화국을 무너뜨린 히틀러의 나치즘이 이를 증명했다. 음악·미술과 같은 '미학' 분야도 마찬가지다. 가락과 화음, 형상과 색상 자체는 가치중립적이다. 오직 인간적 관점과 결부될 때만 '미학적 가치'가 드러난다. 이 논지는 더 나아가 윤리·종교·철학 등에까지 예외 없이 적용된다.

사실 위 논제는 대입 논술고사를 비롯한 수많은 토론의 주제로 꼽혀왔다. 그리고 거의 모든 이들은 "과학도 역시 가치의존적이다"란 결론을 내린다. 그러나 위 얘기에 비춰볼 때 여기에는 "인간 상황과 결부될 때"라는 단서를 붙여야 한다. 그런데 인간이 다루는 것치고 인간과 무관한 것은 아무것도 없다. 다시 말해 본질적으로 인간의 모든 활동은 '인문과학적 활동'이며 모든 과학은 인문과학이다. 그러므로 논의는 이 기회에 다음 단계로 나아가야 한다. 단순히 자연과학에 머물 게 아니라 총체적인 새 가치체계를 모색해야 한다.

▶▶▷ 고중숙, 〈가치중립적 과학은 존재하나〉, 《한겨레 21》 제441호, 2003.1.2.

## 무례사회

"남자친구가 조용히, 무릎 꿇고 추천한 그곳, ××× 성형외과"

얼마 전 지하철에서 본 광고 문구다. 주먹을 움켜쥔 채 무릎 꿇고 앉아 있는 한 남성의 하반신 사진이 광고판의 절반을 차지하고 있었다. 잠시 눈을 의심했다. 이렇게까지 막갈 수도 있구나. 성형외과 앞에서 간청하는 남자와 그 옆에서 고민하는 여자라니. 하긴 그리 놀랄 일도 아니다. 국가 폭력을 주제로 한 영화 〈변호인〉을 보러 갔다가, 영화가 상영되기도 전에 가공할 '턱뼈녀'를 동원한 성형광고에 의해 무자비한 언어 폭력과 감성 폭력을 당한 적도 있다. 그뿐인가. 강남의 한 성형외과에서는 직접 깎은 턱뼈들로 '턱뼈탑'을 만들어 병원 로비에 전시했다는 엽기적인 얘기까지 들린다.

이런 일들은 단순히 도를 넘어선 외모지상주의나 성형광풍만을 가리키는 것이 아니다. 그것은 우리 사회의 내밀한 본성을 들춰준다. 우리 사회가 인간에 대한 최소한의 예의마저 상실한 '무례사회'로 변해버렸음을 폭로한다. 무례사회는 돈만 벌 수 있다면 인격모독쯤은 아무렇지도 않은 사회, 인간을 경시하는 사회다. 성형광고의 주체인 '의사 선생님들'의 경우에서 보듯, 이 사회를 지배하는 기득권 집단의 인식은 지극히 천박하다.

대중들 또한 무례에 둔감한 것 같다. 그렇지 않다면 수많은 대중이 이용하는 지하철에 저런 파렴치한 광고가 버젓이 걸릴 수 있겠는가. 어린 시절부터 촘촘한 경쟁의 그물로 조직된 사회에서 일상적으로 너무도 많은 모멸과 무례를 겪어온지라 대중에게 남아 있는 자존감의 영토는 그리 넓지 않은 것 같다. 때로 대중은 경멸과 조롱에 모멸감을 느끼거나 저항하기보다는, 이를 자조적으로 즐기는 집단적 마조히즘 상태에 빠져 있는 것처럼 보이기도 한다. 티브이 개그 프로그램을 보라. 소재의 절반 이상이 외모에 대한 조롱이다. 개그의 본령인 정치풍자는 찾아볼 수 없고, 그 자리를 신체적 약자에 대한 허접한 조롱으로 메우는 방송의 행태는 우리 사회가 얼마나 야비하고 품격 없는 공동체로 전락했는지를 여실히 보여준다.

'인간에 대한 예의'는 우리 사회가 가장 결여하고 있는 품성인 것 같다. 인간을 존중하고 타인을 배려하는 태도가 너무도 모자란다. 특히 사회적 약자는 온전한 인격체로 살아가기가 쉽지 않다. '감정노동자'들이 일상적으로 겪는 비인간적, 비인격적 대우는 상상을 초월한다. 난생처음 전화 통화를 하는 사람에게 "고객님 사랑합니다."라는 말을 하도록 강요하는 사회는 인간에 대한 예의가 없는 사회다. (그리고 '사랑'이라는 언어의 의미를 왜곡한다는 점에서 언어에 대한 예의도 없는 사회다.)

자신에 대해 둔감한 감수성을 지닌 자가 타인에 대해 섬세한 감수성을 지닐 수는 없다. 그것이 우리 사회에서 타자에 대한 무례가 팽배한 이유다. 또한 타인에 대한 예의가 결여된 사회에서 타인에 대한 관심과 애정을 기대하기는 어렵다. 세월호가 주는 가장 가슴 아픈 교훈은 우리가 타인의 생명과 고통에 대해 얼마나 무감하고 무심한 '괴물들'로 변해버렸는지를 적나라하게 보여주었다는 데 있다.

"인간존엄은 불가침하다." 독일 헌법 제1조이다. 유럽연합도 이를 글자 그대로 받아들여 '유럽연합헌장' 1조로 삼았다. 우리에겐 언제쯤 인간 존엄성의 수호를 국가의 존재 이유로 삼고, 사회의 구성원들이 서로를 존엄한 인간으로 존중하는 날이 올지, 아득하다.

▶▶▷ 김누리, 〈무례사회〉, 《한국일보》, 2014.6.22.

# 살아 있는 물체는 평형으로의 이행을 피한다

생명의 특징은 무엇인가? 어떤 경우에 물질이 살아 있다고 말할 수 있을까? 물질은 어떤 경우에 '무엇을 하고', 움직이고, 환경과 물질을 교환하는 등의 일을 계속하는가? 그리고 그러한 '일'은 어째서 비슷한 상황과 조건에서 무생물체에 나타나는 것보다 더 오랫동안 유지되는가? 살아 있지 않은 시스템을 분리하거나 또는 일정한 환경에 놓아두면 여러 가지 종류의 마찰 때문에 그 시스템에 나타나던 모든 운동은 대개 곧 멈추게 된다. 전기나 화학 포텐셜의 차이는 없어지게 되고, 화합물을 만드는 경향이 있는 물질들은 화학 반응을 일으켜 곧 그것을 형성하게 되며, 온도는 열전도에 의해 균등해진다. 그런 다음에 전 시스템은 변화가 없는 불활성 물질 덩어리로 변해 버린다. 그리고는 아무런 관찰 가능한 사건도 생기지 않는 영원의 상태에 도달한다. 물리학자들은 이것을 열역학적 평형상태 또는 '최대 엔트로피' 상태라고 부른다. (중략)

유기체가 그토록 수수께끼처럼 보이는 까닭은 그것이 '평형'이라는 불활성 상태로 빠르게 변하는 현상에서 벗어나 있기 때문이다. 살아 있는 유기체는 어떻게 그러한 현상에서 벗어나 있는 것일까? 분명한 답은 먹고, 마시고, 숨쉬고 그리고 식물의 경우에는 동화작용을 하고 있기 때문이다. (중략)

우리를 죽음에서 벗어나도록 해주는 음식에 포함된 귀중한 것은 무엇일까? 거기에 대해서는 쉽게 답할 수 있다. 한 마디로 말해 자연에서 진행되는 모든 일은(과정이든 사건이든 아니면 사고라고 하든 그것은 어려분이 원하는 대로 부르면 될 것이다) 그러한 일이 진행되고 있는 세계의 부분에서 엔트로피가 증가하는 현상을 동반한다. 따라서 살아 있는 유기체는 계속해서 자체 내의 엔트로피를 증가시켜(어떤 사람은 양(陽)의 엔트로피를 만든다고 말할지 모른다) 죽음을 뜻하는 최대 엔트로피의 위험한 상태로 다가가는 경향을 나타내게 된다. 그러므로 유기체는 환경으로부터 계속하여 음의 엔트로피를 얻어야 죽음에서 멀리 벗어나, 즉 살아 있을 수 있다. 음의 엔트로피는 우리가 곧 보게 되는 바와 같이 매우 긍정적인 의미를 가진다. 유기체가 먹고사는 것은 음의 엔트로피이다. 또는 덜 역설적으로 말해 대사과정의 핵심은 유기체가 살아가는 동안 생성할 수밖에 없는 모든 엔트로피로부터 스스로를 자유롭게 하는 데 성공하는 것이다.

▶▶▷ 에르빈 슈뢰딩거, 「살아 있는 물체는 평형으로의 이행을 피한다」, 『생명이란 무엇인가?』, 서인석 역, 한울, 2014.

# 인간 유전자 조작과 과학 윤리

2006영 11월 영국, 이른바 '맞춤아기(designer baby)'가 탄생했다. 정자의 핵과 난자의 핵이 합쳐서 형성된 수정란의 유전자 정보를 검사해 건강한 수정란만 골라 자궁에 착상시켜 태아로 키우는 '착상 전 유전자 진단(PGH: pre-implantation genetic haplotyping)'을 통해, 낭포성 섬유증이라는 유전병을 유발하는 유전사가 존재하지 않게 선택된 쌍둥이가 탄생한 것이다. 쌍둥이의 부모는 낭포성 섬유증 유전자를 지니고 있었기 때문에 이들의 자식 역시 부모와 마찬가지로 이 병에 걸릴 확률이 매우 높았지만, 애초에 문제가 되는 유전자가 없는 수정란만 골라 아이로 키웠기에 건강한 상태의 아이를 얻을 수 있었다.

이에 대한 찬반 여론은 첨예했다. 원천 예방을 통해 인류가 유전병을 정복할 확률이 높아졌다는 기대 섞인 의견 역시 있었지만, 검사를 위해 수정란에서 세포를 떼어내는 것이 과연 장차 태어날 아이에게 장기적으로 아무런 해를 끼치지 않을 것인지 더 지켜봐야 한다는 신중론, 그리고 유전자 진단을 통한 배아의 선별은 부적합 판정을 받은 배아의 파괴를 수반하기에 엄연한 살인이라는 반대론 역시 만만치 않았다.

그뿐만 아니라 맞춤아기 기술을 통해 질병 유전자를 제거하는 데는 원칙적으로 찬성하면서도, 그것이 지능·외모 등을 개량하는 데 쓰일 것을 걱정한 이들도 적지 않았다. 실제로 최근 미국의 저명한 인공수정 전문의가 가까운 미래에 부모가 아기의 성별이나 눈 색깔 등의 외모까지 고를 수 있을 것이라고 말해 커다란 파문이 일었다.

아직까지는 반대 여론과 법률적 제약으로 인해 맞춤아기는 일부 유전 질환에 대해서만 매우 제한적으로 시행되고 있으며, 아직 아기의 피부나 눈의 색을 미리 결정해서 낳을 수는 없다. 그러나 생명공학의 발전은 적어도 기술적으로는 아기의 신체적 특징까지 선택할 수 있는 단계까지 왔다는 데는 과학자들이 동의하고 있으며, 따라서 앞으로 더 논란이 야기될 전망이다.

▶▶▷ 한양대학교 과학철학교육위원회 편, 『과학기술의 철학적 이해』, 한양대출판부, 2010.

# 게놈 지도의 득과 실

　인간게놈 지도의 완성은 여러 면에서 역사적인 사건으로 평가할 수 있다. 특히, 모든 인류가 보편적으로 희망하는 생명 연장의 꿈, 불치병과 난치병으로부터의 해방, 삶의 질 향상 등이 인간게놈 지도 완성으로 실현될 것이라는 기대감 때문이다.

　인간게놈 지도의 완성은 여러 측면에서 적지 않은 파급효과를 나타낼 것이다. 학문적인 측면에서 본다면, 인간의 진화와 여러 생명현상을 보다 정확하게 밝힐 수 있는 도구를 확보했다고 할 수 있다. 인간게놈 지도에 따르면 예상했던 10만 개 정도의 유전자가 아닌 3만5천 개 정도의 유전자로 되어 있음이 밝혀졌다. 하등동물에 비해 겨우 2배 정도의 유전자에 불과하다. 이는 인간의 매우 복잡한 기능에 비해 매우 적은 수의 유전자가 있음을 의미한다.

　또한 하나의 유전자가 여러 종류의 단백질을 만들 수 있을 뿐만 아니라 여기서 만들어진 각각의 단백질은 여러 기능을 할 수 있음을 암시하는 것이다. 따라서 한 유전자는 하나의 작용만을 할 수 있다는 과거의 사고에서 벗어나 그 역할의 다양성을 더욱 연구할 필요가 생겼으며, 유사 유전자 기능의 비교 분석을 포함하여 생명현상을 재해석해야 하는 보다 복잡한 상황이 전개될 것이다.

　의학적으로 본다면 다양한 측면에서 파급효과를 나타낼 것으로 예측된다. 각종 유전성 질환을 일으키는 기형 유전자를 보다 쉽게 발견하고, 이를 치료하고 예방할 수 있는 방법론을 보다 효율적으로 제시하게 될 것이다. 암은 많은 경우가 기형 유전자의 영향으로 발생하는데, 게놈 지도는 정상 유전자와 암세포 유전자의 차이점을 밝혀 암 치료에 새로운 틀을 제시할 수 있을 것이다.

　지금까지는 한 종류의 약물이 한 종류 질환의 환자들에게 일률적으로 사용돼 왔으나, 앞으로는 유전자 분석 및 진단을 통해 특정 환자에게 가장 효과적인 약물을 사용할 수 있는 맞춤치료 시대로 접어들 것이다. 특히 당뇨, 천식, 간염, 결핵, 고혈압 등과 같은 생명을 위협하는 만성적인 질환에 대해 맞춤치료법을 적용하는 단계에 곧 접어들 것이다. 이밖에도 알코올 중독과 같은 각종 중독성 질환이나 정신질환, 비만 체질에 관련된 유전자가 발견됨으로써 이들 질환의 예방과 치료에 큰 진전이 있을 것으로 기대된다.

산업·경제적 측면에서 본다면, 인간게놈 지도의 완성은 신약 개발을 보다 효율적으로 할 수 있게 함으로써 생명공학산업 및 제약 산업을 급속히 성장시킬 것이다. 지금까지의 새로운 약물 개발은 일단 여러 종류의 약물을 다양하게 만들어 놓고, 특정 질환에 효과가 있는지를 판단하는 실험을 거쳐 완성되었기 때문에 많은 시간과 경비가 요구돼 왔고, 성공할 확률도 그다지 높지 않았다.

인간게놈 지도 완성은 질환과 관련된 유전자를 손쉽게 발견할 수 있게 할 것이다. 발견된 유전자 및 이것에 의해 발현되는 단백질의 기능을 조절하여 질환의 예방 및 치료 효과를 나타낼 수 있는 약물을 예전보다는 훨씬 빠른 속도로 찾게 될 것이고 그 성공확률도 매우 높아질 것으로 예상하고 있다.

사회윤리적 측면에서 보면, 인간게놈 지도가 완성된 후 인간의 성격을 판단할 수 있는 유전자, 약물중독 관련 유전자, 암 관련 유전자, 기타 질환 관련 유전자 등에 관한 개인적인 유전정보가 노출되기 시작하면 보험, 고용, 결혼 등에 상당한 영향을 미침으로써 개인의 존엄성을 해칠 우려가 있고, 이러한 문제들이 앞으로 새로운 사회적 갈등이 될 소지가 있다.

모든 과학의 발전이 그러했듯이 인간게놈 지도 완성은 다방면에 걸쳐 우리의 미래에 많은 영향을 미칠 것으로 예상되며 그 영향이 인류의 행복에 긍정적인 측면뿐만 아니라 부정적인 면으로도 작용할 수 있다. 다만, 우리가 인간 본래 가치에 중심을 두고 얼마나 현명하게 이를 활용하느냐에 따라 우리의 미래는 달라질 것이다.

▶▶▷ 강창율, 〈게놈지도의 득과 실〉, 《경향신문》, 2001.2.13.

# 6장 학술자료의 활용과 글쓰기의 윤리

1. 논문 쓰기의 이론과 체계

2. 리포트 작성법

# 1. 논문 쓰기의 이론과 체계

## 1) 논문의 개념과 의의

논문이란 어떤 사리(事理)에 관하여 체계적·과학적으로 연구한 결과를 일정한 형식에 맞추어 논리적으로 진술한 글이다. 논문이라는 형식으로 전달되는 정보는 그 내용이 단순한 사실에 그치는 것이 아니라 논문 집필자의 비평이나 평가가 곁들여진다는 점에서 일반 정보와 구별된다. 비평이나 평가를 한다는 것은 자기의 사상, 견해, 주장에 대해 논증을 한다는 것을 의미한다. 자기 입론(立論)에 대한 논증은 바로 논문의 기본 정신이라 할 수 있다.

논문의 양식이나 체재는 논문 집필자와 독자 사이의 약속(convention)을 의미한다. 집필자가 일정한 양식을 따르지 않고 체재를 제대로 갖추지 않으면 논문의 내용이 바르게 전달되기 어렵다. 이런 까닭에 논문에서는 내용 못지않게 양식과 체재와 같은 외형적인 요건도 중요하다. 논문에서 형식은 논증의 타당성을 인정받는 데 도움이 된다. 논증은 서론·본론·결론의 단계가 논리적으로 연결될 때 설득력을 얻게 된다. 논문을 잘 쓰기 위해 가장 필요한 전제조건은 무엇일까? 우선 어떤 문제에 관해 깊이 연구함으로써 정확하고 가치 있는 지식을 확보하는 일이다. 논문은 사물의 진상만을 정확히 해명하는 것에 그치는 것이 아니라 사물의 시비곡직(是非曲直)과 선악을 가려서 판정을 내리고, 논자의 주장이 타당다고 설득할 수 있어야 하기 때문이다.

훌륭한 건축물이 완성되기 위해서는 설계도에 따라 건축 자재와 건축 기술 등이 정돈되는 작업 과정을 거쳐야 한다. 아무리 훌륭한 건축 자재라 하더라도 결합만 한다고 해서 훌륭한 건축물이 되는 것은 아니다. 건축가가 건축물을 완성할 때 자기 책임 아래 완성하지만, 그것을 사용하거나 평가하는 사람은 다른 사람이다. 따라서 자기만의 편견을 떠나 객관적으로 인정받고 평가를 받을 수 있는 건물을 완성하는 것이 건축가의 기본 자세다. 한편의 논문을 쓰는 일도 이와 마찬가지이다. 논문 집필자는 성실한 자세로 계획을 세우고 자료를 수집하고 정리하여 그 객관성과 타당성을 인정받을 수 있도록 해야 한다.

학문을 연구하는 사람에게 논문을 쓴다는 것은 일종의 자기 확인의 과정이라 할 수 있다. 자기의 지적 체험과 사유(思惟)의 결과를 정리함으로써 자기의 학문적 연구 성과를 정립하는 계기가 되는 것이고, 나아가 그 결과에 동참하고 공감하게 하여 독자의 생각을 바꾸도록 설득할 수 있는 것이다. 논문을 잘 쓴다는 것은 짧은 시일 내에 될 수 있는 일은 아니다. 이를 위해 올바른 논문 작성법을 터득해 두는 것도 논문을 쓰는 데 크게 도움이 된다.

## 2) 논문의 요건

### (1) 독창성(獨創性)

논문은 독창성이 있어야 한다. 이는 논문의 생명이며 논문이 갖추어야 할 여러 가지 조건 중에서 가장 중요한 것이라 할 수 있다. 아무리 공을 들인 논문이라도 독창성을 지니지 않으면 좋은 논문이라고 할 수 없다. 독창성을 지니기 위해서는 참신한 연구방법으로 선행 연구를 보완하거나 새로운 학설이나 사실을 제시해야 한다. 연구 방법이 비슷하더라도 연구대상이 다르거나, 연구결과는 비슷하지만 이론적 해석이 새롭다면 그것도 독창성이 있다고 할 수 있다. 그러나 대학생의 논문에서 기대되는 독창성은 어떤 분야의 주제에 대한 나름대로의 입장이나 견해, 주장 등을 체계적으로 정리해 보는 정도로 볼 수 있다.

### (2) 정확성(正確性)

논문은 정확성이 요구된다. 정확성이 결여된 논문은 독자를 혼란스럽게 만들 수 있다. 논문에 담기는 통계자료에 관해서는 논문 집필자가 충분히 자신을 가질 수 있을 때까지 점검해야 한다. 논문에 인용된 인명이나 참고자료, 문헌의 제시 등도 정확성을 기해야 한다. 정확성 역시 논문의 생명이나 다름없다. 정확도는 바로 신뢰도이며 신뢰성을 잃은 논문은 논문으로서의 가치를 상실하기 때문이다. 따라서 논문의 내용은 말할 것도 없고, 각주(脚註)나 참고문헌의 목록작성과 같은 사소한 부분까지도 소홀히 해서는 안 된다.

### (3) 객관성(客觀性)

논문은 그 서술이 객관적이어야 한다. 연구자의 주관적인 의견이나 편견 또는 선입견이 바탕이 되어서는 안 된다. 논문이 타당성을 인정받으려면 객관적인 사실과 증거가 뒷받침되어야 한다. 자기의 의견을 개진(開陳)할 때는 연구과정에서 얻은 통계나 자료를 증거로 제시해야 하고, 독자가 참고하거나 확인할 수 있도록 근거를 밝혀야 한다.

### (4) 불편성(不偏性)

논문은 불편성이 요구된다. 논문 집필자는 개인적인 편견이나 감정, 또는 선입견에 사로잡혀서는 안 된다는 뜻이다. 어떤 특정한 학설에 집착하지 말고 불편부당한 자세를 가지고 공평하게 사실을 서술해야 한다. 쓰는 사람의 주장에 상반되거나 엇갈린 학설이라 할지라도 엄정하고 공평하게 취급하면서 진실을 추구해 나가는 자세를 가지는 것이 바람직하다.

### (5) 검증성(檢證性)

논문은 검증성을 갖추어야 한다. 검증성이란 재현성(再現性)이라고도 하는데, 논문의 내용에 대하여 그 진위(眞僞)를 관찰 또는 측정할 수 있어야 하고, 그로써 확정적 기술(記述)이 가능해야 함을 의미한다. 즉 논문이 담고 있는 내용은 필요하다면 누구든지 이를 재현할 수 있도록 기술해야 한다. 특히 자연과학 분야의 논문인 경우에는 실험이 반복되는 경우가 많다. 그러므로 그 실험이 재현될 수 있도록 서술이 명확하고 상세하게 이루어져야 한다. 사회과학 분야의 논문에서도 역시 자료의 출처, 연구 각도나 방법, 주제에 대한 접근 방법이 소상히 명시되어야 한다.

### (6) 평이성(平易性)

논문은 평이성을 띠어야 한다. 아무리 훌륭한 이론을 갖춘 논문이라 하더라도 누군가가 읽고 이해하지 못한다면 의의가 없어지고 만다. 그러므로 논문은 읽어서 쉽게 이해될 수 있도록 써야 한다. 논문이 읽기 좋은 것이 되기 위해서는 첫째, 문장이 평이하면서 간결해야 한다. 그리고 둘째는 주석(註釋)이 눈에 거슬리지 않도록 궁리되어야 한다. 왜냐하면 불필요한 각주나 부연 설명이 있으면 그만큼 읽어 나가기가 부담스럽기 때문이다. 요컨대 논문의 평이성은 내용의 평이함이 아니라, 서술이 간결하고 명료하며 어법에 어긋남이 없어 읽기 좋은 것을 의미한다. 장황한 부연 설명은 가급적 피하고, 누가 보아도 논지를 충분히 파악할 수 있도록 평이하게 기술해야 한다.

## 3) 논문의 종류

우리나라에서 논문이라고 하면 상당히 학술적인 무게를 지닌 글로 이야기된다. 그러나 영어에서 흔히 쓰이는 article(논설), monograph(전공논문), essay(時論, 評論), treatise(학술논문), dissertation(박사학위논문), thesis(석사학위 논문) 및 paper(논문) 등의 용어를 보면, 논문이란 대단히 뜻이 넓고 다양하다는 것을 알 수 있다. 우리나라에서는 논설과 논문이 구분되어 쓰이고 있고, 역시 평론과도 차이를 두어 사용하고 있다. 우리나라에서 논문이란 적어도 전공논문(monograph) 이상의 학술적인 것으로서, 대개 연구논문, 졸업논문, 학위논문을 의미한다. 또한 학부 과정이나 대학원 과정에서 제출하는 리포트(report)도 논문의 광의적 범주 속에 포함된다고 할 수 있다. 논문의 종류별 특징을 간단히 살펴보자.

## (1) 연구논문 (research paper)

우리가 일반적으로 일컫는 논문을 가리킨다. 여기에는 이론적으로 연구한 순수 연구논문, 실제에 접합시킨 응용 연구논문, 현장에 직접 나가서 조사 연구하는 현장 연구논문 등이 있다. 그러나 자료를 수집하고 분석, 종합하여 어떤 결론을 이끌어낸다는 기본원리는 모두 같다. 연구결과를 논리적으로 일관성 있게 구성하여 체제에 맞게 쓴 글이 곧 연구논문이다. 연구논문에서는 특히 독창성이 강조된다. 논리의 타당성이나 정확성을 증명하기 위해서는 방증(傍證)이 잘 갖춰져 있어야 한다. 대학교수나 전문 학자들이 학회지나 논문집에 발표하는 논문들이 모두 연구논문이다.

## (2) 졸업논문

졸업논문은 대학에서 학사학위 취득에 필요한 논문이다. 대학에서 일정 기간 동안 전공분야에 대해 연구한 결과를 체계적으로 정리한다는 뜻에서 대학교육의 결산서라고 할 수 있다. 대학의 전공과정은 상당한 정도의 상호 관련성이 있지만 그것들을 종합할 수 있는 기회가 적다. 그렇기 때문에 자기가 설정한 논제, 또는 교수가 선정해 주는 논제에 대해서 깊이 생각하고 스스로 자료를 찾고, 모으고, 평가하고 정리해 보는 과정을 통해 대학 교육에서 얻은 여러 지적 능력을 종합적으로 발휘해 보도록 하는 제도라고 보면 된다. 졸업논문 제도의 의의는, 교수와 학생간의 학문적인 접촉을 도모하고, 전공과목의 지식을 종합하며, 독자적인 학문 연구의 능력과 태도를 함양하는 데 있다.

졸업논문은 본격적인 독창성을 요구하지는 않는다. 물론 독창성이 뛰어나고 학문적인 공헌을 할 수 있는 논문이 나오면 크게 환영할 일이지만, 그러한 것을 기대하기는 실제로는 어렵다. 따라서 대학시절에 배우고 익히고 닦아 온 것을 얼마만큼 정확하고 객관적으로 체계 있게 정리할 수 있느냐가 중요하다. 졸업논문은 자기의 대학공부를 종합하고, 연구능력과 연구방법을 함양하기 위한 기회라고 보는 것이 좋겠다.

## (3) 학위논문

학위논문에는 석사학위 논문과 박사학위 논문이 있다. 학위논문은 본격적인 연구논문이다. 그것은 학문상의 업적을 드러내는 것임과 동시에 전문적인 연구자로서의 자격을 인정받기 위한 요건이 된다. 학위논문을 제출하려면 대학원에서 지정한 학점을 취득하는 것이 전제가 된다. 자기가 선택한 주제에 대하여 지도교수의 승인을 받고 쓰게 되는 것은 학사과정의 졸업논문과 동일하지만, 대학원의 경우는 대학에 비해 인원이 적기 때문에 보다 깊이 있고 구체적인 지도를 받을 수 있다는 점이 다르다.

석사과정은 대체로 2년인데, 이 기간에 연구한 것을 종합하여 내놓은 것이 석사학위 논문이다. 석사학위 논문에서도 당연히 학문적인 독창성이 중요하다. 하지만 독창성이 그렇게 쉽게 얻어지지 않는나는 것을 감안한다면, 다른 사람의 연구를 얼마만큼 정확하게 이해하고 성실하게 연구하였는가, 자기의 지식을 어떻게 효과적으로 정리, 표현할 수 있는가에 중점을 둔다고 보면 된다.

박사학위 논문은 제도교육의 테두리 안에서 학문적인 연마를 하는 최종적인 단계라 할 수 있고, 최상급의 논문에 해당된다. 따라서 고도의 학술적인 가치와 독창성이 강조된다. 독창성이 없는 논문은 박사학위 논문으로서 통과되기 어렵다. 자기의 주장이 정확한 자료에 의해 객관성 있게, 그리고 논리적인 일관성을 가지고 설득력 있게 전개되어야 한다. 학문적 비판력, 자료의 객관성, 논리의 일관성 등은 독창성과 함께 박사학위 논문이 반드시 갖추어야 할 요소들이다.

### (4) 리포트(report)

리포트란 말은 원래 '논문'이란 뜻을 갖고 있지 않다. 그런데 우리나라 대학에서는 과제, 또는 소논문의 뜻으로 통용되고 있다. 리포트는 엄격히 말하면 '보고서'의 뜻을 갖는다. 어떤 문제에 관하여 조사하거나 관측하여 얻어진 여러 가지 자료를 정리하여 보고하는 경우에 해당되는 말이다. 그런데 대학에서 학생들이 학점을 취득하기 위해 제출하는 과제 역시 교수의 지도에 따라, 읽고 조사하고 실험하고 연구한 결과를 정리하여 제출한다는 뜻에서 리포트로 통용되는 것이다.

리포트는 학점을 부여하기 위한 수단만이 아니라, 다음과 같은 학문적 효과를 기대할 수 있는 글이다.

① 해당과목에 관련된 참고서나 연구서를 읽어 연구심을 기르게 된다.
② 강의실에서 충분히 다루지 못한 문제를 더욱 깊이 있게 공부할 수 있는 기회가 된다.
③ 여러 가지 자료를 찾는 과정에서 공부하는 방법과 비판력이 길러진다.
④ 수집한 자료를 정리하고 체계화하고 설명하는 과정에서 졸업논문 작성을 위한 훈련이 된다.

이렇게 볼 때, 대학에서 부과하는 리포트는 지적 수련의 과정이라고 볼 수 있다. 학생들은 스스로의 힘으로 자료를 찾고, 그 자료를 선별하고, 그것을 엮어서 한편의 체계적인 소논문을 완성해 가는 과정을 통해 연구능력을 배양할 수 있다.

## 4) 논문 작성의 단계

논문을 작성하는 절차가 일정한 것은 아니다. 연구 분야의 성격에 따라 순서가 바뀔 수도 있고, 논문 집필자의 기초 학력의 정도나 논문 집필의 경험, 또는 주제의 난이(難易)에 따라 단계를 달리 할 수도 있다. 그러나 무작정 논문을 쓸 수는 없고, 적절한 계획에 의해 정해진 단계를 밟는 것이 논문 작성을 순조롭게 한다.

### (1) 주제 선정

논문을 쓰는 데 가장 중요한 것이 주제를 정하는 일이다. 주제(thema)는 논문이 다루는 근본적인 문제나 중심이 되는 내용이다. 그리고 그것을 간결하고 명확하게 나타낸 것이 논문의 제목, 즉 표제(title)가 된다. 논문에서 주제로 다룰 문제는 평소에 흥미나 관심을 갖고 있는 것을 택하는 것이 바람직하다. 평소에 관심을 갖고 있다는 것은 문제의 내용을 어느 정도 이해하고 있거나, 자기의 견해를 갖고 있다는 뜻이기 때문에 논문을 쓰는 데 그만큼 자신감이 생기고 일이 수월해진다. 주제를 선정할 때는 다음과 같은 사항을 면밀히 따져 보아야 한다.

① 학문적 연구의 가치가 있는가?
② 새롭고 독창적인가?
③ 참고 자료의 수집은 가능한가?
④ 실험이 가능한가?
⑤ 본인의 능력과 지식으로 가능한 문제인가?

### (2) 자료 수집

주제가 선정되면 자료 수집을 시작해야 한다. 자료는 논문의 주제를 입증하고 뒷받침하는 도구이기 때문에 자료의 충실성이 논문의 성패를 가름한다고 해도 과언이 아니다. 자료 수집에서 방법이나 과정 및 활용은 전공분야에 따라 다소 다를 수 있다. 자연과학의 경우는 단계적 실험을 통한 선정과 수치 및 반응, 현상의 결과를 명확히 제시할 수 있는 것이어야 하며, 인문과학의 경우는 문헌 조사를 통한 자료 수집이 보편적이다.

학문적으로 활용할 수 있는 참고 문헌은 단행본, 학위논문, 연구논문, 각종 학술 비평 및 신문자료 등이 있다. 리포트 작성을 위해서 Daum이나 Naver 등 유명 포털사이트를 통해 검색한 자료를 단순 편집하여 제출하는 경우가 다반사인데, 이는 매우 우려할 일이다. 포털사이트에서 검색된 자료들은 출처가 불분명한 자료들이 많고, 관리자에 의해서 임의 변경·삭제 등이 가능한 것이므로 학문적으로 참고할 수 있는 정전(Canon)이 되지 못한다. 또한 자료의 깊이도 없어, 학술연구에서 심도 있는 논의를 전개하는 데 도움이 되지 못한다. 학술적인 참고자료가 될 수 있는 것은 학술저서, 연구논문, 학술비평, 온·오프라인 통계자료 이외는 없다고 할 수 있다.

최근에는 학술자료가 데이터베이스화되어 직접 도서관에 가지 않더라도, PDF형태의 파일로 연구논문을 다운로드 받을 수 있다. 아래 그림은 가톨릭관동대학교 중앙도서관 전자정보 검색 화면이다.

여기서 KISS나 DBPIA 등이 대표적인 국내 학술 데이터베이스인데, 우리대학의 랜(ran)망 안에서는 자동로그인이 되어 모든 학술자료를 무료로 받아볼 수 있다. 2016년 6월 현재, KISS는 1,200개 기관, 3,700여 종의 간행물을 서비스하고 있다. 이 중 한국연구재단 등재(후보)학술지 113종, SCI(E) 등재학술지 74종의 간행물을 데이터베이스화하고 있다. DBPIA의 경우는 720개 기관, 1,450여 종의 간행물이 수록되어 있다. 이들 데이터베이스는 정치, 경제, 경영, 사회, 문화, 과학, 예술 등 전 분야에 걸쳐 학술자료를 디지털화한 것이므로 학술정보의 보고라고 할 수 있다. 특히 주제어 검색을 통하여 여러 자료들을 손쉽게 필터링하여 받아볼 수 있다는 장점도 지니고 있다.

### (3) 자료 평가

수집된 자료를 전부 논문 작성에 이용할 수는 없다. 자료가 논문의 주제나 논지에 알맞은가 아닌가를 엄정히 가릴 필요가 있다. 당초에 필요하리라고 예상하여 수집한 자료였지만 자기가 쓰고자 하는 논문의 논지와 방향이 다른 경우는 제외해야 한다. 어렵게 구한 자료라고 해서 적절하지 못한 자료를 논문에 덧붙인다면 명료하고 세련된 논문을 얻을 수 없다. 이같이 자료를 취사선택하는 단계가 자료 평가의 단계이다. 자료의 평가는 어느 한 단계에서 그치는 것이 아니라 참고문헌의 선정에서부터 자료를 수집하고 논문을 집필하는 과정까지 계속 이루어져야 한다.

#### ① 1차 자료와 2차 자료

자료는 사실이나 사건에서 직접 얻어 낸 것일수록 가치가 있다. 논문을 쓸 때 기본적으로 필요한 것이 이러한 직접적이고 본원적(本源的)인 자료인데, 이를 1차 자료라고 부른다. 예를 들어 김승옥의 문학에 관한 논문을 쓰는 경우 김승옥의 소설 작품이 1차 자료이다. 그리고 김승옥의 여러 작품에 대해서 쓴 비평과 논문들은 2차 자료이다. 이것은 기술(記述)의 정확도, 평가의 공정성, 해석의 타당성 등에 의해 가치가 결정된다. 2차 자료는 연구를 하는 데 이해를 도울 수 있고 미처 깨닫지 못했던 점을 일깨워주기 때문에 유익한 참고 자료가 된다.

### ② 저자

저자를 기준으로 자료의 신빙성을 평가하고 유익성을 판단할 수 있다. 이 때 다음 세 가지 관점의 평가가 개입될 수 있다. 첫째, 저자가 저술에서 다루고 있는 주제에 대해 직접적인 지식을 갖고 있는가? 둘째, 저자가 그 분야에서 어느 정도의 전문적 권위와 연구 업적을 갖고 있는가? 셋째, 저자의 인성이나 환경 요인이 편파적인 견해를 형성할 위험은 없는가?

### ③ 출판사

내용이 비슷한, 같은 제목의 책을 여러 출판사에서 내놓는 것을 볼 수 있다. 이 때 어떤 책을 골라야 할지 망설여지는 경우가 많다. 이때는 정평이 있는 출판사의 책을 선택하는 것이 좋다. 전통이 있는 출판사는 명예와 신용을 소중히 여기기 때문에 기획, 편집, 제작에 신중을 기하며, 내용은 물론 활자, 인쇄 기술, 제본에서도 품질이 앞선다.

### ④ 발표 및 간행 시기

역사적인 문헌이나 고증학적 원전을 제외하고는, 자료 평가에서는 신간을 선택하는 것이 좋다. 학문은 나날이 발전하는 것이기 때문에 최근의 문헌이 더욱 신빙성이 있고 내용이 앞서 있다고 판단할 수 있다. 참고 자료는 발표 연대가 오래된 것보다 최근의 것을 선택하는 것이 바람직하다.

이상과 같이 자료를 검토하여 이용가치의 유무를 가리고 소용되는 자료를 엄격하게 평가해서 논문 집필에 즉시 참고할 수 있도록 한다. 효과적인 자료의 평가가 논문의 내용과 질을 결정짓는 것이다. 논문을 취사선택할 때는 다음 세 가지를 염두에 두는 것이 좋다.

첫째, 주제의식을 염두에 두고 자료를 취사선택한다.
둘째, 주제의 발전 단계에 따라 논문을 순서대로 배열한다.
셋째, 냉정한 판단으로 삭제해도 될 자료는 과감히 뺀다.

## (4) 원고 작성

초고 작성 단계에서 주의해야 할 점은 논리의 일관성과 각종 표기 및 양식의 정확성, 통일성이다. 또한 논문 전체의 체재(體裁)에도 유의해야 한다. 초고는 내용과 체재 모두가 만족스러울 때까지 몇 번이고 손질을 해야 한다. 논문의 전체적인 짜임새와 더불어 문장의 무리 없는 전개야말로 논문의 생명이나 마찬가지이다. 논문의 문장은 평이하게 써야하며 간결하고 정확한 표현을 해야 한다. 그러므로 초고는 전체적인 내용과 배열순서, 논지의 일관성, 기록의 명확성, 표현의 적절성과 중요 사항의 누락 여부를 검토하면서 윤문(潤文)의 과정을 거치되, 필요하면 몇 번이고 이 과정을 되풀이하는 것이 좋다.

## 5) 논문의 체계와 구성

논문의 구성은 학문의 분야나 연구방법, 그리고 집필자의 의도에 따라 달리 할 수 있기 때문에 하나의 형식만을 주장할 수는 없다. 그러나 체계적인 논리의 전개를 기본요건으로 하는 것이 논문이기 때문에, 소설류의 문장과는 달리 유기적인 통일과 형식을 필요로 한다. 논문은 필요한 정보를 가장 효율적이고 설득력 있게 전달하고자 하는 목적을 갖기 때문에 더욱 그렇다.

대체로 논문은 서론-본론-결론의 3단 구성을 기본으로 한다. 그러나 기(起)·승(承)·전(轉)·결(結)의 4단 구성도 있을 수 있고, 생각하기에 따라서는 문제 제기 단계-문제 구체화 단계-해결법 모색 단계-해결법 제시 단계-행동화 단계 식의 구상도 가능하다. 연구 방법이나 분야에 따라 구성을 달리 할 수밖에 없기 때문에, 각자가 연구 내용에 어울리게 구성 양식을 취해야 할 것이다.

보편적으로 일반 논문이 양식에 관대한 편이라면, 학위논문은 엄격한 양식을 요구한다. 그러나 어떠한 경우든 그 양식이 절대적인 것은 아니다. 다음에 제시하는 것은 연구 분야 또는 논문의 종류에 따라 일반적으로 사용되는 논문의 구성 양식의 보기이다.

## 【인문·사회과학 논문의 구성 양식 보기】

I. 서론

  1. 연구 목적 및 방법

  2. 연구사 검토 및 문제제기


II. 인물의 근대 인식과 대응 양상

  1. 전쟁 체험과 대응 양상

    1) 외적 폭력성과 '자기 세계'

    2) '자기 세계'와 현실 인식

  2. 근대적 일상성과 소외

    1) 도시 체험과 고향 상실

    2) 도시적 삶의 논리와 사물화

    3) 근대 사회의 제도성

     (중략)

IV. 결론

## 【자연과학 논문의 구성 양식 보기】

I. 서론(문제의 제기)

II. 실험의 재료와 방법

III. 결과(실험 성적·실험 데이터)

IV. 논의와 평가

V. 결론

VI. 총괄 요약

VII. 참고 문헌 자료

논문을 작성할 때 계층 기호를 유의하여 사용해야 한다. 논문 구성에서 등위나 종속관계를 체계적으로 명시하기 위해 통일된 계층 기호를 사용하는 것이 일반적이다. 어떤 형식을 택하든 등위, 종속에 따라 기호가 통일성 있게 주어져야 하고, 전체의 계층 질서를 유지하는 것이 핵심이다.

【계층에 따른 숫자·문자·기호 표시의 보기】

| 장절식 목차 | 수문식 목차 | 수 목차 |
|---|---|---|
| 제1장 | I. | 1. |
| 제2장 | II. | 2. |
| 제1절 | 가. | 2.1. |
| 제2절 | 나. | 2.2. |
| 제1항 | 1. | 2.2.1. |
| 제1목 | 1) | 2.2.1.1. |

계층의 분류는, 큰 분량의 단행본이나 논문에서는 위의 [보기]에서 나열한 구분법을 순차적으로 따르는 것이 좋다. 논문의 분량이 그다지 많지 않을 경우에는 로마자나 아라비아 숫자만을 순서대로 나열하는 방법이 편리하고 보기에도 간결하다. 숫자나 문자로 된 기호에는 반드시 온점(.)을 찍는다. 그것들이 괄호 속에 들어 있을 때는 마침표를 찍지 않는다.

# 2. 리포트 작성법

## 1) 리포트의 개념과 의의

리포트는 일정한 주제에 관한 조사, 연구, 실험, 관찰을 통하여 그 사실을 보고하는 글을 말한다. 리포트는 대학의 학습과정에서 수행하는 독서보고, 연구보고, 학기보고 등 다양하다. 또 전공분야에 따라 성격도 다양해서 인문사회 계열의 경우 문헌 조사·기초 자료 정리·독후감 및 서평·현장답사·통계보고 등이 주류를 이루고, 자연과학 계열의 경우는 관측·채집·실험 등이 주류를 이룬다.

리포트의 주제는 대개 담당 교수에 의해서 주어지는데 특별한 경우 복수 주제 중 1선택, 혹은 폭넓은 주제를 제시하여 보고자의 재량에 맡길 수도 있다. 단일한 글감을 제시하는 경우에도 주제를 선정하고 그것에 접근하는 방법론은 보고자 자신이 결정해야 한다. 리포트 평가에서 결론의 독창성보다는 주제에 접근하는 방법과 문제해결 과정, 그리고 그 논증성에 더 큰 비중을 두는 것이 일반적이기 때문이다.

리포트 작성은 학생의 입장에서 다음과 같은 의의가 있다.

첫째, 폭넓은 독서를 통해 학습의욕이 고취된다.

둘째, 자료수집 과정에서 도서관 이용법과 자료 활용법 등을 구체적으로 익힐 수 있다.

셋째, 자료수집 및 정리과정에서 학문적 비판능력이 함양된다.

넷째, 때로 실제 현장을 답사하여 야외실습을 함으로써 현장 감각을 익힐 수 있다.

다섯째, 연구논문 및 졸업논문의 작성법을 익힐 수 있다.

여섯째, 문장력 및 창조적 사고력이 증대된다.

교수의 입장에서는 다음과 같은 의의가 있다.

첫째, 학과 단위로 자신의 강의나 수업에 대한 학생들의 학습 반응을 확인할 수 있다.

둘째, 개별 학생의 학업 능력 및 성취 수준을 구체적으로 평가할 수 있다.

### 2) 리포트의 체계

리포트는 표지, 목차, 내용(서론, 본론, 결론), 참고문헌 등으로 나눌 수 있는데, 각주가 충실할 경우 참고문헌란을 생략하는 경우도 있다.

### (1) 표지

일반적으로 각 대학에서는 리포트 용지 및 원고지를 규격화하고 있다. 표지에 들어가야 하는 것은 제목·과목명·담당교수·제출일·소속대학·학과·학번·이름이다.

---

과목명 : 대중문화론

담당교수 : 000

<br>

### 제목 : 예술작품 감상의 사회적 유용성

<br><br>

소속대학 :

학과/학년 :

학번 :

성명 :

제출일 :

---

## (2) 목차

예문

**제목 : 예술작품 감상의 사회적 유용성**

1. 서론

2. 교양 수준 향상

3. 정서 순화

    1) 심리적 측면

    2) 자기표현의 측면

    3) 놀이 및 예술치료의 측면

4. 생활의 풍요

    1) 고독감의 탈피

    2) 즐거움의 창조

5. 예술 문화의 발전

    1) 예술 작품의 보편화

    2) 예술인들과의 교류

6. 결론

## (3) 본문

논문과 보고서를 비롯한 학술적인 글들은 다음과 같은 본문 양식을 갖는다.

① 서 론 (introduction)

② 연 구 사 (history) ⎫

③ 연구방법 (method) ⎭ 서론부

④ 연구결과 (results) ⎫
⑤ 논　의 (discussion) ⎭ 본론부

⑥ 총　괄 (summary) ⎫
⑦ 결　론 (conclusion) ⎭ 결론부

### ① 서 론

서론(序論)은 다른 말로 서론(緒論), 서언(序言) 또는 서(序)라고 하며, 한글로는 머리말, 머리글이라고 한다. 서론은 본문의 첫머리인 만큼 연구의 주제가 어떤 성질의 것이며, 이것이 지니는 의의가 무엇인가를 밝히는 일이 중요하다. 어떤 주제에 대하여 논문을 쓰고자 의도했다면, 논자로서는 그 분야에 대해서 무엇인가 문제의식을 지녔다는 뜻이다. 따라서 연구의 동기나 목적도 밝힐 필요가 있다. 그리고 어느 범위 안에서 주제를 다루게 될지를 미리 밝히는 것이 좋다. 범위를 밝힐 때는 자기가 왜 그 정도의 범위에서 연구를 하게 되었나, 또는 할 수 밖에 없었나에 대한 이유도 같이 밝히는 것이 바람직하다.

### ② 연구사

자기가 다루고자 하는 주제에 관한 기존 연구 상황을 연대순이나 다른 일정한 기준에 따라 간결하게 요약, 기술한다. 이 때 문제점이나 한계점을 지적하는 것이 좋다. 그렇게 함으로써 자기가 연구하고자 하는 문제를 부각시킬 수 있고, 기존 문헌에 대한 상당한 사전 연구나 이해를 바탕으로 본인 논문이 작성되고 있음을 알릴 수 있기 때문이다.

기존의 연구 상황을 검토하지 않으면 자기도 모르는 사이에 과거의 이론을 재론할 가능성이 있고, 논지의 독창성도 드러내기 어렵다. 때로 연구사의 장황한 설명은 논문의 균형을 깨뜨릴 우려도 있으나, 해당 분야의 연구 업적을 검토하고 문제점을 찾아볼 수 있다는 점에서 연구사 개관은 의의가 크다.

### ③ 연구방법

논문의 주제에 대한 연구방법, 즉 접근 방법을 설명하는 것이다. 어떤 주제에서는 사적

(史的) 접근 방법을 쓸 수도 있고, 어떤 것은 실험이나 현지 조사를 바탕으로 할 수도 있으며, 기존 문헌 자료를 연구의 기초로 삼을 수도 있다. 동일한 문제나 대상에 대하여 이론(異論)이나 반론(反論)이 생기는 이유는 방법의 차이에서 오는 경우가 많다. 그렇기 때문에 연구의 정확성과 신뢰성을 얻기 위해서는 연구방법을 밝힐 필요가 있다.

#### ④ 연구결과

연구결과는 논문에서 몸통(body)에 해당되는 중심부분이요 핵심부분이다. 서론부에서 제기한 문제들을 일정한 연구방법에 따라 본격적으로 정리하고 분석하고 규명해 나간다. 이 때 어떻게 하면 자기의 논지를 일관성 있고 설득력 있게, 효과적으로 전개할 것인가에 대해 숙고해야 한다. 논문 작성을 위해 준비했던 자료들을 어떻게 배열하고 인용하여 자기의 주장이나 이론의 타당성을 뒷받침하느냐 하는 문제가 중요하다. 통계 자료를 사용할 때는 도표(figure)나 수표(table)를 제시하는 것에 그치지 말고 반드시 문장으로 그 개요나 요점을 설명하고 논의해야 한다.

연구결과는 자세하고 정확하게 기술해야 한다. 연구방법에 따라 결과는 여러 가지로 다양하게 나올 수 있다. 그러나 같은 자료, 같은 조건으로 연구했을 경우, 누가 연구하든 같은 결과가 나올 수 있는, 객관성과 타당성이 보장된 결과여야 할 것이다.

#### ⑤ 논의

본론부에서 중요한 것은 주제나 문제점에 대한 충분한 설명과 명확한 기술(記述)이다. 그리고 사실에 대해 낱낱이 따지는 논리의 제시와 논의의 과정도 등한히 할 수 없다. 논의는 서론에서 제시한 기존의 이론이나 견해에 대해서 자신의 의견을 피력해 나가는 것이다. 이때 자신의 의견과 남의 의견을 확실히 구별해야 한다. 자료에 관한 논의나 논지의 전개는 포괄적인 데서 시작하여 점차 범위를 좁혀 가는 것이 일반적이다. 또 논리의 전개에서는 연역적인 전개보다는 귀납적 전개의 방법을 택하는 것이 효과적이다. 논지를 전개하는 데 논리의 비약이나 자료의 공백이 있어서는 안 된다.

논의에서 다른 학자의 견해와 모순, 충돌이 일어날 경우에는 반드시 근거에 의하여 비판하고, 그 이유를 설득력 있게 해명해야 한다. 감정의 개입이나 선입견의 삽입은 금물이다. 사고와 판단이 논리적이어야 독자를 설득할 수 있는 것이다.

### ⑥ 총괄

논문을 마무리하는 부분이다. 논문 중에 '결론'이라고 제목을 붙이지 않고 '요약 및 결론'이라고 한 경우를 볼 수 있는데, 바로 '요약'에 해당하는 것이 총괄(summary)이다. 여기서는 논문 전체의 내용을 일목요연하게 종합한다. 그렇게 함으로써 그 동안 서론과 본론에서 장황하게 이끌어 왔던 논지를 좀 더 간명하게 알아 볼 수 있게 하는 것이다. 이 때 내용을 간추려 번호를 붙여서 조목별로 열거하기도 한다. 총괄은 종합 정리를 하는 것이므로 각주를 붙이지 않는다. 총괄은 논문의 서두 부분에 붙는 개요와 같은 것으로 생각하기도 한다. 그러나 개요가 일반성을 띠는 데 반해 총괄은 전문성을 띠는 점이 다르다.

### ⑦ 결론

본론부에서 규명한 이론이나 주장을 토대로 자기가 연구한 결과에 대하여 최종 판단을 내림으로써 논문을 끝맺는 부분이다. 결론은 그 연구 논문의 '열매'라고 생각할 수 있으므로 핵심적인 사항을 간명하게 제시해야 좋다. 이제까지 본론부에서 논의했던 내용과 관련이 없거나 근거가 없는 주장을 하거나 가상적인 의견을 덧붙이지 않도록 조심해야 한다. 논문에서 다룬 문제의 성격이 어떤 사회 현상에 대한 진단·처방과 같은 것이라면, 결론에 정책상의 건의나 제언이 제시되어야 논문의 가치를 인정받게 된다. 흔히 '결론 및 제언'이라고 하여 사회과학 분야의 논문에서 이러한 예를 찾아 볼 수 있다.

결론은 간명해야 한다. 그리고 자기의 조사연구의 범위 내에 머무를 일이지 지나친 단정이나 비약이 심한 주장은 독단으로 흐를 염려가 있으므로 주의해야 한다. 자료는 거창한데 결론이 빈약하다거나, 반대로 자료는 빈약한데 결론이 거창하거나 하는 것도 바람직하지 못하다. 결론의 마지막 부분에 덧붙여서 해당 분야의 문제점이나 앞으로 연구할 필요가 있는 과제를 제시해 놓는 것도 다음의 연구자들을 위해 유익한 일이 된다.

끝으로 논문을 기술하는 마음의 자세가 중요하다. 아무리 어렵게 얻은 결론이더라도 유아

독존적인 태도나 오만함을 가져서는 곤란하나, 겸손한 자세로 자기의 견해를 명확하게 꾸밈없이 밝히도록 해야 할 것이다.

## 3) 인용, 주석, 참고문헌 작성 요령

논문을 쓰다보면 반드시 인용문제에 마주치게 된다. 인용은 남의 문장이나 소론을 빌려서 자료로 삼는 것인 만큼 당연히 주석란을 통하여 그 출처를 밝혀야 한다.

### (1) 인용
#### ① 인용의 효과와 원칙

인용이란 남의 글이나 소론을 빌려 쓰는 것이다. 인용이 많으면 글의 명쾌한 맛이 줄고 독창성이 떨어지는 반면, 인용이 없거나 적으면 논문의 전거가 희박하여지고 나아가 그 논문이 독단적인 것은 아닌지 의심을 받을 수도 있다. 그러므로 적절한 인용이 필요하다.

인용이 없거나 적은 논문 특히 자연과학 분야의 논문이나 보고서는 그것대로의 독창성이 부각되며, 인문·사회과학 분야의 논문은 다른 사람이 논한 바를 적절히 인용함으로써 자기의 논의를 돋보이게 하고, 자신의 논지 해설을 수월하게 만들 수도 있다. 일반적으로 인용은 다음과 같은 효과를 기대하고 이루어진다.

첫째, 권위 있는 이론이나 주장 또는 표현을 제시함으로써 자기 소론의 타당성·정확성을 뒷받침한다.

둘째, 남의 이론이나 견해와 자기 소론과의 차이점을 밝힘으로써 자기 소론의 정당함과 정확함을 주장할 수 있는 근거로 삼는다.

셋째, 어떤 문제에 대하여 여러 가지 학설이나 견해가 있을 때 이를 비교·대조함으로써 자기의 소론을 전개할 수 있는 바탕을 마련한다.

인용이 이상과 같은 효과를 거두자면 우선 '빌려 온 자료'가 논거로서 충분한 가치를 지닌 것이어야 하고, 다음으로 그것이 논문에서 적절하게 다루어져야 한다. 아무리 권위 있는 학자의 견해나 이론이라 하더라도 이에 대한 해석이 바르지 못하고 또한 재치 있게 처리되지 못한다면 인용은 오히려 역효과를 가져올 것이다. 인용이 요령 있게 이루어지더라도 그것이 너무 잦으면 논문은 조각보와 같은 모양새가 되어 도리어 설득력을 잃게 된다.

인용문은 짧을수록 좋다. 경우에 따라서는 반 페이지 정도의 인용문도 있지만 한 페이지를 넘는 인용문이란 있을 수 없다고 생각하는 것이 좋다. 만일에 인용문이 한 페이지를 온통 차지하면 독자들은 그 글이 인용문이라는 사실을 잊고 필자의 생각으로 오인하기가 쉽기 때문이다. 뿐만 아니라 지나치게 긴 인용은 해당 주제와 거리가 먼 사실까지 언급할 수도 있기 때문에 문제의 초점을 흐리게 만들 우려도 있다. 따라서 가장 요령 있는 인용의 방법은 원문의 구문을 깨뜨리지 않는 범위에서 인용의 목적을 달성할 수 있는 최소한의 문장을 빼어 내는 것이다. 인용문이 매우 긴데 자기 논문에서 도저히 뺄 수가 없다고 판단되면 부록으로 돌리는 방법을 강구해야 할 것이다. 또한 인용문은 반드시 원전에서 인용해야 한다. 다만 원전을 찾아볼 수 없어 어쩔 수 없이 '인용의 인용' 즉 재인용을 하는 경우에는 그 점을 명백히 밝혀야 한다.

인용은 남의 말이나 글을 빌려 쓰는 것이므로 자기 것이 아님을 명백히 밝혀야 한다. 논의의 출처를 밝히지 않았을 경우에는 도의적인 비난은 물론이고 표절 또는 저작권 침해라는 법률상의 책임 문제까지도 야기될 수 있다.

### ② 인용의 방법
#### ㉠ 직접 인용

직접 인용은 원문 그대로 인용하는 것이다. 원문의 표현이 아니고는 다른 적절한 표현을 찾을 수 없을 때, 원문을 그대로 제시하지 않으면 독자가 그릇된 해석을 하게 될 염려가 있을 때, 그리고 원저자와 상통하는 견해를 더욱 뚜렷하게 노출시키고자 할 때 사용하는 방법이다. 만일 필자의 필요에 따라 직접 인용하는 원문에 어떤 부호를 덧붙이거나 어떤 부분을 생략했다면 그 사실을 표시해 주어야 한다.

ⓒ 간접 인용

간접 인용은 남의 글을 그대로 인용하지 않고 논문 필자의 말로 바꾸어 인용하는 것이다. 이것은 인용 원문을 요약하거나 패러프레이즈(paraphrase)하는 방법으로 이루어진다. 요약은 원문의 요점만 간추려 줄인 것이므로 핵심을 포착하는 것이 중요하다. 부수적인 것을 건드리고서 그것을 원용하거나 그것에 대해 반박한다면 후일 곤경에 처할 수도 있다. 패러프레이즈는 원문의 뜻에 손상이 가지 않는 다른 말로 바꾸어 부연 설명하는 것으로, 원문보다 길이가 더 길어질 수도 있다. 그러나 이 경우에도 원문의 핵심을 변형시켜서는 안 된다.

## (2) 주석과 참고문헌

학문하는 사람의 양심은 모든 자료의 출처를 밝히기를 요구한다. 그것은 정직성에 관계될 뿐만 아니라, 학문적 성과를 인정받는 길이기도 하기 때문이다. 인용된 모든 사실이나 의견 또는 결론에 관한 전거나 출처는 축자적으로 또는 다른 방법으로 정확하게 지시되어야 한다. 어떠한 생각이나 서술이거나 간에 그것이 남의 것이라면, 출처를 논문 본문이나 주석란에서 반드시 명시해야 한다. 또한 주석은 자료원을 밝히는 역할 외에도 본문에서 설명하지 못한 것을 따로 해설, 비판하는 역할도 한다. 독자에게 도움은 되지만 논문 속에 넣으면 글의 흐름이 막히게 되는 방증, 해설, 비판, 반증 내지 인용은 주석란으로 미루는 수가 많다.

주(註)를 다는 방식은 다양하다. 본문 안의 해당 부분에 붙여 본문의 활자보다 작은 크기로 끼워 넣은 주가 쓰이기도 하고, 본문 밖에 주를 다는 외각주가 쓰이기도 한다. 비교적 짧은 형식의 자연과학 분야 논문은 내각주의 형식을 취하면서 주들을 묶어 참고문헌란으로 대치시키는 방식을 택하는 경우가 많지만, 나머지 경우는 참고문헌란과는 별도로 해당 면의 본문 밑에 외각주를 배열하는 방식이 일반적이다. 때로 논문 전체의 끝에, 또는 각 장의 끝에 몰아서 배열하는 미주들도 있으나 이는 독자에게 큰 불편을 준다.

논문이나 저서를 쓸 때 참고한 논문·저서·기사·자료집 등의 문헌들을 일정한 형식으로 작성하는 참고문헌란(Bibliography 또는 References)은 논문이나 저서의 본문 다음, 즉 결론 다음에 넣는다. 주석에서는 동일한 논저가 반복될 수도 있으나 참고문헌에서는 한 번만 제시하면 된다.

### ① 외각주와 참고문헌란

#### ㉠ 완전 주석

인용문헌의 출전을 밝히는 각주는 그 자체의 특정 형식을 취한다. 학문분야나 학술지 등에 따라 그 형식이 다를 수 있으나 대체로 다음과 같은 형식을 취한다.

저서의 경우는 저자명, 『저서명』, 출판사명, 출판년도, 인용면수. 의 순으로 적는다. 논문의 경우는 필자명, 「논문 제목」, 『게재지명』 권호수, 발행기관명, 출판년도, 인용 면수. 의 순으로 서지 사항들을 배열한다. 영어 문헌의 경우는 저서명과 게재지명은 *이탤릭체*로 하고, 논문명은 큰 따옴표("")로 표시한다.

#### ㉡ 약식 주석

논문 작성 과정에서 완전 주석으로 소개한 문헌을 다시 참조(인용)할 수 있다. 그때마다 되풀이 소개하는 것은 번거로운 일이다. 이러한 번거로움을 덜고 논문을 간결하게 작성하기 위하여 일정한 약어나 부호를 사용하는 약식 주석 방법을 쓰게 된다.

*Ibid.*

라틴어 'ibidem'의 약어로 '같은 자리에'라는 뜻이다. 바로 앞에서 완전 주석으로 소개했던 문헌을 다시 인용하고자 할 때, 이 약어로 대치한 후 참고한 페이지만 바꾼다. 흔히 '상게서, 위의 책', '상게 논문, 위의 논문' 등으로 번역해 쓰기도 한다.

*op. cit.*

라틴어 'opere citato'의 약어로 '인용된 작품에서'라는 뜻이다. 반복 인용하고자 하는 주석 바로 다음에 다른 문헌에 관한 주석이 삽입되어 있을 때, 다시 인용하고자 하는 문헌의 저자명을 쓰고 이 약어를 쓴다. 그러나 동일 저자의 여러 저서가 동일논문 내에서 자주 인용될 경우에는 이 약어를 쓸 수 없다. 흔히 '전게서, 앞의 책', '전게 논문, 앞의 논문' 등으로 번역해 쓰기도 한다.

1. 다음 주석의 예를 보고 약호의 의미를 이야기해 보자.

   1) 오주석, 『오주석의 옛 그림 읽기의 즐거움』, 솔, 2015, 137쪽.

   2) *Ibid.*, p. 50. 혹은 위의 책, 50쪽.

   3) 유시민, 『나의 한국현대사』, 돌베개, 2014, 113쪽.

   4) 노정선, 「인간복제, 줄기세포 복제와 생명윤리」, 『간호학탐구』 13권 1호, 연세대학교 간호정책연
      구소, 2005, 35-52쪽.

   5) 최유찬, 『컴퓨터 게임의 이해』, 문화과학사, 2002, 88쪽.

   6) 유시민, *op.cit.*, pp. 41-43. 혹은 유시민, 앞의 책, 41-43쪽.

   7) Elbow, Peter, 『힘있는 글쓰기』(*Writing with power*), 김우열 역, 토트, 2014, 311쪽.

   8) Calinescu, Matei, *Five faces of modernity*, Duke University Press, 1987, p. 23.

   9) Foucault, Michel, *Surveiller et punir*, Gallimard, 1975, pp. 75-76.

   10) 〈사설: AI가 인간직업 대체하는데 걸맞은 교육은 되고 있나〉, 《헤럴드경제》, 2016. 3. 25. B3면.

## '쿡방'의 정치경제학

   다수의 '쿡방' 프로그램이 나날이 진화하고 있다. 출연자의 냉장고에 방치된 오래된 식재료를 활용한 창의적인 경연의 형식, 또는 일종의 리얼리티 텔레비전 포맷과의 혼성화 전략을 차용해 특정한 임무를 수행하는 방식으로 요리에 관한 흥미로운 재현 작업을 생생하게 전달한다. 이 과정에서 대중은, 평범한 재료로 그럴듯한 맛과 스타일을 창조해 내는 셰프들과 그들의 음식을 통해, 여유 없고 치열하게 내몰리는 삶 속에서 일정한 위안과 공감·연대를 경험한다는 분석[1]은 상당한 설득력을 지닌다.

   무엇보다도 쿡방은 '집밥'이나 '어머니의 손맛' 등 추억과 향수의 기호로 전이되어 대중에게 일종의 위안과 권능을 선사한다. 뿐만 아니라 '에코(eco)'나 '그린(green)'[2] 등 친환경 담론을 비롯해

'마을사회'나 '공유경제' 등 보다 확장된 사회적 담론으로의 상승 작용을 일으킬 수 있는 가능성을 내포하며, 대중의 문화적 실천이나 참여 문화적 속성을 드러내기도 한다.

　　그러나 이는 소비를 통한 창의적 삶이나 연대, 혹은 공동체의 변화 등 새로운 삶의 가능성을 견인하거나 추동하지 못하고 '과잉의' 그 무엇으로 존재하다 증발해 버릴 암울한 전망 또한 보여준다[3]. 이는 동시에 지루함과 소비가 상호 의존하는 소비사회의 한 단면을 보여주기도 한다. 가령 끝나지 않는 소비는 지루함을 무마하기 위한 것이지만 동시에 지루함을 만들어낸다. 지루함은 소비를 촉진하고, 소비는 지루함을 낳는다. 여기에는 한가함이 들어설 여지가 없고, 이러한 소비사회에서 인간은 스스로를 소외시키는 존재[4]가 된다.

　　쿡방의 증가는 우리 사회 구조의 주요한 변화인 1인 가구의 증가와도 관련이 깊다.

　　통계청 발표 자료에 따르면, 지난 20년간 1인 가구 비율은 1990년 9.0%에서 2010년 23.9%로 증가하였고, 2025년에는 31.3%로 예측되어 향후 가구 분포에서 가장 높은 비율을 차지할 것이라고 한다. 또, 서울시의 경우 2015년 기준 1인 가구 비중이 27.0%에 이르며, 2인 가구까지 합한 미니 가구의 비중은 51.7%로 과반수를 넘는 것으로 조사되었다[5]

　　어느 사회에서나 다양한 문화의 패턴이 존재하고 이는 정형화된 특징으로 나타난다. 현재 한국 사회의 문화적 특징 아래에 깔려 있는 것은 '정서적 허기(sentimental hunger)'이다. 이는 단순히 배고픔이나 욕구만을 의미하지 않고, 자신의 무기력증이나 욕구 불만으로 대변되는 마음의 문제를 가리킨다. 우리 사회는 이처럼 밥을 먹어도 채워지지 않는 '정서적 허기' 혹은 욕망에 의해 그 허기가 더 큰 허기를 낳고 있다.[6] 근래의 쿡방 열풍은 이러한 우리 사회의 정서적 허기를 매개로 이의 치유라는 담론이 상품화되고 산업적 이해관계와 맞아 떨어지는 가운데 생성된 것[7]이라 보아도 좋을 것이다.

　　정서가 시장 가치와 연관되는 세계에서는 행복, 성공, 웃음, 친절 등의 긍정적 정서는 상품이 되고 있으며, 슬픔, 우울, 무기력, 나태, 절망 등 부정적 정서를 가진 사람들은 치료, 돌봄, 정서 관리 산업의 주요한 소비자로 부각되고 있다[8]. 그러므로 오늘날 '먹방'과 '쿡방'으로 대변되는 음식 만들기와 먹기에 대한 대중의 관심, 그리고 욕망은 이전의 힐링이나 자기계발 열풍과 유사하면서도, 훨씬 더 직접적이고 원초적인 삶(生) 정치적인 측면을 보여준다.

▶▶▷ 류웅재, 「'쿡방'의 정치경제학」, 『문화/과학』, 문화과학사, 2015, 160-173쪽. (재구성 및 가공)

---

1) 이기형, 〈먹방과 쿡방... '음식 이상'을 먹다〉, 《경향신문》, 2015. 6. 9.
   http://news.khan.co.kr/kh_news/khan_art_view.html?artid=201506092108285&code=990100(2019.10.9)
2) 에코(eco)는 원래 생태계(ecosystem)나 이를 연구하는 학문인 생태학(ecology)에서 온 신조어지만, 지식 생태계, 미디어 생태계, 경제 생태계 등 최근 환경에 대한 사회적 관심과 더불어 경제적으로나 문화적으로 그 어의가 확장되었고, 오늘날 특히 기업의 유력한 마케팅 담론을 포함해 일상의 용어가 되었다.
3) 류웅재, 「물질 문화로서 아웃도어에 관한 연구」, 『한국방송학보』 29권 4호, 한국방송학회, 2015, 301-302쪽.
4) 고쿠분 고이치로, 『인간은 언제부터 지루해 했을까?』, 최재혁 역, 한권의책, 2014, 98쪽.
5) 김형우, 「1인 가구와 방송 트렌드 변화」, 『미디어와 교육』 5권 1호, 한국교육방송공사, 2015, 155쪽.
6) 주창윤, 『허기사회: 한국인은 지금 어떤 마음이 고픈가』, 글항아리, 2013, 137쪽.
7) 위의 책, 227쪽.
8) 이동연, 「감정의 양가성: 연예인에 대하여」, 『문화/과학』 64호, 문화과학사, 2010. 겨울, 87-88쪽.

ⓒ 참고문헌란

참고문헌 목록을 정리할 때는 국내서와 국외서(혹은 서양서나 동양서)로 구분하고, 그 하위 범주로 단행본과 저널에 소개된 논문을 구분하여 적는다. 배열은 저자의 성을 기준으로 가나다순과 알파벳순으로 정리한다. 필자가 동일할 경우는 연도순으로 배열하되, 두 번째부터는 저자명만큼 줄을 긋는다. 단행본과 소논문을 구분하기 위하여 단행본은 『』, 논문은 「」, 신문·잡지는 《》, 기사 제목은 〈〉로 묶는다. 원서의 경우는 서명을 이탤릭체로 표시한다.

# 참고문헌 목록을 정리한 예

1. 국내 단행본

강명구, 『소비대중문화와 포스트모더니즘』, 민음사, 1993.

권영민, 『한국현대문학사』, 민음사, 1993.

남기심·고영근, 『표준 국어문법론』(개정판), 탑출판사, 1993.

오주석, 『오주석의 옛 그림 읽기의 즐거움』, 솔, 2015.

유시민, 『나의 한국현대사』, 돌베개, 2014.

이승훈, 『문학과 시간』, 이우출판사, 1983.

───, 『문학상징사전』, 고려원, 1995.

전우택 외, 『인문사회의학』, 청년의사, 2010.

최유찬, 『컴퓨터 게임의 이해』, 문화과학사, 2002.

홍성욱, 『그림으로 보는 과학의 숨은 역사』, 책세상, 2012.


2. 논문 및 평론

김병익, 「소설가는 왜 소설을 쓰는가─ 이청준·김영현·김영하의 경우」, 『문학과사회』 14(4), 문학과
지성사, 2001. 11.

노정선, 「인간복제, 줄기세포 복제와 생명윤리」, 『간호학탐구』 13권 1호, 연세대학교 간호정책
연구소, 2005, 35-52쪽.

민계료, 「인공지능의 군사적 활용 사례」, 『국방연구』 38권 1호, 국방대학교 안보문제연구소,
1995, 203-228쪽.

오세재 외 3인, 「나노기술(NT)의 생명공학 기술(BT)과 뇌과학으로의 응용 연구」, 『한국 정신
과학 학회지』 13권 2호, 한국정신과학학회, 2009, 55-75쪽.

유영선, 하지연, 「패션일러스트레이션의 스캠퍼(SCAMPER)기법을 활용한 창의적 표현」, 『한국
패션디자인학회지』 8권 2호, 2008, 100-127쪽.

유종호, 「감수성의 혁명」, 『비순수의 선언』, 민음사, 1995.

_____, 「슬픈 도회의 어법」, 『한국소설문학대계』 45, 동아출판사, 2000.

이영희, 「과학기술의 사회적 통제와 수용성 연구: 생명공학을 중심으로」, 『과학기술학연구』 1권 1호, 한국과학기술학회, 2001, 71–108쪽.

장세진, 「일상적 삶의 실존적 깨달음」, 『비평문학』 2, 한국비평문학회, 1988.


3. 번역서 및 외국서적

Elbow, Peter, 『힘있는 글쓰기』(*Writing with power*), 김우열 역, 토트, 2014.

Giulianotti, Richard, 『축구의 사회학』(*Football: a society of the global game*), 복진선 역, 현실문화연구, 2004.

Barthes, Roland, "Style and Its image", *Literary style: a symposium*, Edit. & Trans. Seymour Chatman, London: Oxford university press, 1971.

Calinescu, Matei, *Five Faces of Modernity*, Durhum: Duke University Press, 1987.


4. 신문·잡지 자료

〈사설: AI가 인간직업 대체하는데 걸맞은 교육은 되고 있나〉, 《헤럴드경제》, 2016. 3. 25. B3면.

김정원, 〈방구석 잉여의 시간은 쓸모없이 흘러가지 않는다〉, 《씨네21》 971호, 한겨레신문사, 2014. 9. 16–9. 23, 72–75쪽.

이송희일, 〈취향의 폭력〉, 《씨네21》 971호, 한겨레신문사, 2014. 9. 16–9. 23, 112쪽.


5. 인터넷 자료

〈사설: AI가 인간직업 대체하는데 걸맞은 교육은 되고 있나〉, 《헤럴드경제》, 2016. 3. 24. http://news.heraldcorp.com/view.php?ud=20160325000364(2019.10.9.)

〈주제별 통계: 지상파TV 광고 유형별 시장 매출액 2014–2016년〉, 《통계청 www.kostat.go.kr》 http://kosis.kr/statisticsList/statisticsList_01List.jsp?vwcd=MT_ZTITLE&parmTabId=M_01_01(2019.10.9.)

# 드론을 이용한 준설토 투기장의 토공 관리

## Earthwork Management for Dredged Soil Dumping Area by using Drone

임수봉 · 서춘욱 · 윤희천

Lim, Soo Bong · Seo, Choon Wook · Yun, Hee Cheon

준설토 투기장은 지반이 매우 연약하고 침수된 부분이 많으므로 도보로 이동해야 하는 GPS 또는 토털스테이션 등의 직접측량 방식으로는 토공량을 측정하기 어렵다. 무타겟 토털스테이션 또는 3D 레이저 스캐너를 이용할 경우 레이저는 습기에 취약할 뿐 아니라 입사각이 지나치게 예각화되어 바닥면에서의 반사성능이 크게 떨어지는 문제가 있다. 이에 본 연구에서는 초경량 드론을 이용하여 항공사진 촬영을 실시하고 영상처리를 통해 정밀한 수치 고도모델을 작성하고 횡단면도를 추출함으로써 준설토 투기장의 토공량을 신속하고 정확하게 측정할 수 있는 방법을 제시하였다.

핵심용어: 준설토 투기장, 토공량 산출, 드론 무인항공 사진 측량

## 1. 서론

준설토 투기장과 같이 지반이 연약한 지역에서는 도보 이동이 어려우므로 지상 측량방법에 의한 토공량 측정이 사실상 불가능하다. 이 경우 항공사진 측량방법이 가장 적합하지만 투기장의 측량 면적이 좁아 경제성이 떨어지고 비행 고도가 높아 수면에서는 광선이 반사되므로 침수지에 대한 지형자료를 획득하기 어려운 단점이 있다. 이에 반해 저가의 드론을 이용한 무인항공 사진측량방법은 경제성이 뛰어나고, 저고도 근접 촬영을 통해 수심이 50cm 이내인 침수지에 대한 바닥면의 지형자료를 정밀하게 취득할 수 있는 장점이 있다.

## 2. 촬영 및 수치 고도모델 제작

준설토 투기장 내외곽의 적당한 지점에 사진상에서 식별이 잘 되도록 총 10점의 대공표지를 설치하고 네트워크 RTK방법으로 지상 기준점 측량을 실시하였다. 촬영은 고도 150m, 중복도 70%로 설계한 계획 경로를 따라 지상 표본거리(GSD)가 5cm인 총 841매의 사진을 취득하였다. 비행은 GPS에 의해 자동으로 수행하였으며 드론에 탑재된 MEMS(Micro Electro Mechanical System) 타입의 IMU에 의해 매사진에 대한 외부 표정 요소를 직접 취득하였다.

드론에 탑재된 GPS와 MEMS IMU는 정확도가 비교적 떨어지므로 영상처리 전 지상 기준점 좌표를 이용하여 공선조건에 의해 각 영상의 외부표정 요소를 정확히 보정하였다. 영상 처리는 Agisoft사의 PhotoScan Pro를 사용하였다. 먼저 SIFT (Scale Invariant Feature Transform) 기법에 의해 각 사진의 특징점을 추출하여 인접 사진과 자동으로 매칭하고 SfM (Structure from Motion) 방법에 의해 계산된 각 픽셀의 3차원 좌표를 이용하여 초기 포인트 클라우드를 생성하였다. 이후 지상 기준점 좌표를 이용하여 초기 포인트 클라우드의 그리드 보간을 통해 정밀 포인트 클라우드를 생성하고 수치 고도모델을 제작하였다.

수치 고도모델을 기반으로 각 픽셀의 영상을 투영면에 위치시켜 정사영상을 제작하였다. 투기장의 토공량은 수치 고도모델에서 매 20m 간격으로 기준선을 설정한 다음 해당 선상의 높이값을 기준선상에 전개하는 방식으로 횡단면도를 작성하여 양단면 평균법으로 산출하였다.

## 3. 결과분석

정밀 처리한 정사영상에서 추출한 대공표지의 좌표와 지상 측량 좌표를 비교한 결과, 10점의 대공표지가 모두 10cm 이내의 정확도 범위에 들었음을 확인하였다. 정사영상에서 침수지는 폐합된 폴리곤 형태로 표현되어 준설토 투기장의 형상을 직관적으로 파악할 수 있을 뿐 아니라 수심이 50cm 이내인 침수지의 바닥면에 대한 지형자료도 용이하게 취득할 수 있음을 확인하였다. 또한 일부 지점에서는 녹조현상까지 촬영되어 향후 수질 모니터링 등에도 무인 항공사진 측량이 적용될 수 있음을 알 수 있었다.

## 4. 결론

　본 연구에서는 접근이 어려운 준설토 투기장의 토공 관리측량을 무인 항공사진 측량방법으로 실시하는 방안을 제시하였다. 무인 항공사진 측량을 실시하면 지형에 대한 좌표 성과는 물론 정밀 영상자료까지 획득할 수 있으므로 지형에 대한 직관적 해석이 가능하다. 따라서 설계시공 및 유지관리 등의 모든 의사결정을 정확하고 신속하게 할 수 있는 장점이 있다. 본 연구에서 촬영에는 1시간 30분, 영상처리에는 8시간이 소요되어 다른 측량방법에 비하여 시간과 경비가 크게 절감됨을 확인하였다. 또한 수심이 50cm 이내인 침수지 바닥면의촬영이 가능하므로 향후 수심 측량이 어려운 저수심부의 측량자료를 보완하는 데 활용할 수 있겠다.

## 참고문헌

　김종배·김민규·윤희천(2011), "효율적인 재해탐지용 UAV운용을 위한 현행 규정 개선방안", 한국측량학회지 제8권, pp. 655-662.

　이인수·이재원·김수정·홍순헌(2013), "초경량 고정익 무인항공기 사진측량 기법의 정사영상 정확도 평가", 한국토목학회지 제3권, pp. 1015-6348.

　Turner D, (2011) "An Automated Technique for Generating Georectified Mosaics from Ultra-High, Resolution Unmanned Aerial Vehicle (UAV)", Remote Sens, pp. 1392-1410.

　Haala N., Cramer M., Weimerb F., Trittlerb M., (2011), "Performance Test On UAV-Based, Photogrammetric Data Collection", ISPRS Zurich Workshop, Remote Sensing and Spatial Information, Sciences, Vol. XXXVIII-1/C22

▶▶▷ 임수봉·서춘욱·윤희천, 「드론을 이용한 준설토 투기장의 토공 관리」, 『대한토목학회 학술대회 자료집』, 대한토목학회, 2015, 99-100쪽.

## ② 내각주와 참고문헌란

외각주와 약식주석의 방식이 오랫동안 쓰여 왔으나 여기에는 몇 가지 불편한 점들이 있다. 보충설명을 하는 주 이외, 인용문헌의 출전 표시만을 위한 외각주는 가독성을 떨어뜨린다. 또 약식부호들은 필자·독자들에게 혼동을 일으키며, 동일한 저자·필자의 여러 문헌들을 반복해서 인용할 경우에는 약식 부호의 사용이 거의 불가능하기도 하다. 이러한 불편을 없애기 위하여 내각주 방식이 최근에 많이 쓰이고 있다. 내각주는 간접 인용이나 극도로 압축된 표적을 제시하면서 그 출전을 해당 부분에서 밝히는 방식이다. 보충 설명의 주가 아니라면 인용문이나 참조한 부분의 출처를 굳이 각주란에 밝히지 않아도 되기 때문에 간편한 체제가 되고 가독성을 높일 수 있다. 다음 예문은 내각주 방식으로 쓰인 논문의 일부이다.

예문

### 종교 안에 침투한 근대성

근대성(modernity)이라는 개념은 이성의 진보에 따른 새로운 생활경험을 의미한다. 러너(Lerner, 1958: 387)는 근대성을 자립화 경제, 정치의 민주화, 합리적 세속화의 규범, 개인의 선택적 자유, 이 모든 것들에 상응하는 인격구조 등으로 개념화하였다. …… 근대성의 부정적 측면은 근대화에 따라 발전하는 제도적·관료적 억압성에서 더욱 뚜렷하게 나타난다.

근대성의 제도적 차원을 기든스(Giddens, 1990: 175)는 다음의 네 가지로 설명하고 있다. 첫째……둘째……셋째……기든스는 이 점에 관해 명쾌한 설명을 한 푸코(Foucault, 1972)를 인용하고 있다. 즉 지식과 권력은 감옥, 학교 등의 공공기구를 통해서 결합되고 개인을 감시하고 감독하게 된다. 다시 말해 이는 자본주의 체제와 그를 뒷받침하기 위한 감기 제도이다. 넷째 폭력을 행사하여 통제하는 제도이다. 특히 군사 권력을 통원하여 전쟁 산업화의 관정에서 파생된 폭력의 방법을 통해 통제하는 제도적 장치가 강화되어 갔다.

물론 근대성의 이 같은 특성이 한국 사회와 같이 근대화 과정을 거치는 나라에서 모두 경험하는 현상은 아니다. 그러나 한국사회의 근대화 과정에서 여실하게 나타나는 현상은 산업화에 따른 경제적 팽창, 가치의 다원화, 생활과 사고의 세속화 그리고 도시화와 거대화, 그에 따른 온갖 아노미 현상

등이다.(김병서, 1981: 37) 특히 도시화는 많은 농민을 도시로 집중시켜 전통적 가족 부락 중심의 공동체를 파괴하여 사람들이 불안 속에서 삶의 방향을 바로잡지 못하고 살고 있다. 이러한 아노미적 상황 속에서 한국의 개신교는 급성장했고 이 모든 근대화의 요소를 흡수하게 되었음을 김병서(1986)는 밝히고 있다.

이러한 내각주의 방식에서 괄호 속의 연대는 해당 저자(필자)의 저서나 논문이 간행된 연도로써 해당 문헌을 대치한 것이다. 연도 다음의 숫자는 인용한 면을 나타낸다. 동일한 논저자의 문헌을 여럿 인용하는 경우에 약식 부호로는 불가능하지만, 위의 내각주의 방식을 따르면 김병서(1981), 김병서(1986) 등으로 표시할 수도 있다. 또한 같은 해에 나온 한 저자의 두 편 이상의 논저를 인용할 경우에도 김병서(1984a), 김병서(1984b) 등으로 구분해서 표시할 수도 있다. 내각주에서 주의할 점은 그것이 저자나 필자를 나타내는 것이 아니라 그 인용문헌을 가리킨다는 것이다. 이 때 제시하는 문헌의 저자나 필자를 알파벳으로 적어야 할 경우에 흔히 이름은 생략하고 성만으로 제시한다.

본문 안에서 저자명(필자명)과 간행 연도, 그리고 인용 면으로 표시하는 내각주의 체제에서는 참고문헌란에서 저자명 다음에 간행 연도를 괄호 속에 넣어 줌으로써 독자들에게 편의를 제공한다.

예문

### 내각주 방법을 취할 경우 참고문헌 목록을 정리한 예

김병서(1981), 「한국교회 현상의 사회학적 이해」, 『신학사상』 제35집, 한국신학연구소.

김병서(1986), 「한국사회의 산업화와 교회 발전」, 『기독교 사상』 30권 6호, 대한기독교서회.

Foucault, M.(1972). *Power and Knowledge.* New York: Pantheon Publisher.

Giddens, Anthony(1990). *The Consequences of Modernity.* Stanford: Stanford University Press.

Lerner, Deniel(1958). *The passing of Traditional Society.* Glencoe: The Free Press.

# 생명공학 기업의 GM작물 개발에 관한 논쟁점과 그 함의

역사적으로 볼 때 현대 농업은 산업혁명과 20세기 중반의 농업 관련 산업의 등장이라는 두 단계를 계기로 공업의 지배를 받게 되었다는 것이 일반적 견해이다(프레드 맥도프 외 2006: 16). 특히 20세기 말 생명공학 분야에서의 과학기술 발전은 사회경제적으로 강력한 영향을 미쳤고 생명공학 부문에서 이루어진 과학기술의 발전 또한 농업부문에 막강한 영향력을 미쳤다.

역사적으로 농업은 산업혁명을 계기로 과학기술의 영향을 받았지만 1960년대부터 70년대에 걸쳐서 이루어진 녹색혁명을 계기로 농업과 과학기술의 관계에 현격한 변화를 가져왔다. 이 녹색혁명을 통하여 쌀, 소맥, 옥수수 등 3대 작물의 다수확개량품종, 관개, 화학비료와 농약, 그리고 이들을 결합하는 관리기술을 구성요소로 하는 일련의 기술체계의 개발과 보급이 활발하게 이루어졌다(윤병선, 2004: 1640).

특히, 신자유주의적인 경제의 글로벌화의 추세에서 진행되는 공적 부분의 축소와 규제완화, 지적소유권의 강화, 투자기회의 확대 등으로 초국적 기업의 영향력은 확대되었다(Parayil, 2003: 971-990). 1970년 이후 약 50개 이상의 종자회사가 제약, 석유화학, 식품기업 등에 의해 매수되었는데, 이들을 인수한 대부분의 기업들은 다국적 복합체였다(Fernandez-Cornejo, 2004: 26). 많은 화학기업이 미국의 종자시장에 진입한 이유는 농약시장이 거의 한계에 도달했기 때문이다.

농업의 세계화가 진전됨에 따라서 연구의 사유화가 더욱 진전될 것이고, 이로 인해 또한 사적 연구가 더욱 활발하게 이루어질 것은 분명하다(Bonte-Friedheim, 1997: 7-8). 2004년 현재 세계 종자시장에서 1위를 차지하고 있는 Monsanto는 1990년대까지 거의 종자업계에서는 활동하지 않은 전형적인 화학기업이었지만, 현재는 종자판매로부터 더 많은 매출을 올리고 있다.

최근에 이르러 Monsanto는 세계 최대의 면화종자 회사인 Delta & Pine Land사를 인수하여 미국의 면화종자 시장의 57%를 지배하게 되었을 뿐만 아니라 세계 농산물 무역시장에서 가장 중요한 상품 중의 하나를 지배하는 위치에 오르게 되었다(ETC Group, News Release, 16 August 2006). 또한 Monsanto는 Seminis를 인수함으로써 2005년 세계 최대의 종자기업이 되었다. 2004년을 기준으로 Monsanto가 생산한 GM대두 종자의 경작 면적은 전세계 GM대두 경작 면적의 91%를 차지하고 있으며 GM옥수수는 97%, GM면화는 63.5%, GM캐놀라는 59%에 이르고 있다. 아울러 Monsanto는 전세계 대두 종자 시장의 25%를 지배하고 있다(ETC group, September/October 2005).

GM기술분야의 확대로 인해서 GM작물의 상업화를 위해 경제협력개발기구(OECD) 등 국제기구를 중심으로 범국가적으로 GM작물의 안전관리에 대한 검토가 이루어지기 시작했다. 그 결과 OECD가 1990년 "각국의 생명공학 이용과 규제에 대한 조사"를 시작으로 "환경방출된 생물체 감시에 대한 OECD 워크숍 보고서(1992)", "생명공학에 대한 안전성 고찰-작물 대량재배(1993)" 등을 발간하기 시작했다. 이후 환경 안전성 평가는 유엔환경계획기구(UNEP)에서도 생물다양성협약(CBD)의 일환으로 계속 검토되어 2001년 바이오안전성의정서(Cartagena protocol for Biosafety)가 체결되었다(박선희 외, 2005.9: 24-25). 또한 약 170개국이 가맹하고 있는 FAO/WHO 산하 국제식품규격위원회(CODEX)에서는 2000년부터 2003년까지 GM작물에 대한 식품 안정성 평가를 할 수 있도록 하였다.

이런 가운데 GM작물의 최대 생산국이면서 GM작물에 대하여 규제보다는 촉진정책을 펴고 있는 미국에서조차 일부지역에서 GM작물재배 및 가축 사육을 금지하는 법안이 주민투표를 통해 통과되기도 했다. 2004년 3월 캘리포니아 Mendocino 카운티에서 이루어진 반대캠페인에는 농민, 포도주판매상, 농장노동자, 소비자들이 참여했는데, 이 캠페인은 Farm Bureau, Monsanto, DuPont, Dow Chemical을 주요 후원자로 하고 있는 CropLife America의 반대 속에 이루어진 사건으로 기록되고 있다(Multinational Monitor, 2004.3). 이후 8월 초에는 Treanity 카운티에서도 GM작물 금지법안이 통과되었다. 그리고 다른 카운티까지 논란이 확산되었다.

GM작물의 위해성에 대한 올바른 평가를 위한 기술의 개발과 함께 GM작물에 관한 생산업체의 자료 공개는 안전한 먹거리의 확보에 필요한 최소한의 조치라고 할 수 있다. 이를 통해 사적 영역의 확대에 따른 기술독점이 초래하는 부정적 영향도 최소화할 수 있을 것이다. 또한 이를 제도적인 측면에서 강제할 수 있는 다양한 다국간 협의체제의 확립이 필요하다고 할 수 있다.

## 참고문헌

박선희·이우영·이순호·양창숙·방성연(2005), 「유전자 재조합 식품의 안전성 평가에 대한 재고찰」, 『Biosafty』 Vol.6, No.3, 한국생명공학연구원.

윤병선(2004), 「농업 관련 산업의 세계화 전략과 그 영향」, 『산업경제연구』 제17권 5호, 1637-1653쪽.

윤병선 외(2005), 「국내 GMO 수입·가공·유통 현황 및 표시지 개선 방안에 관한 연구」, 한국생명공학연구원, 2005.12.

프레드 맥도프 외(2000), 『이윤에 굶주린 자들』, 윤병선 외 역, 울력출판사, 2006.

ETC Group, News Release.

ETC Group, Communique.

Multinational Monitor.

Bonte-Friedheim, C.(1997), "Agriculture and Globalization: The Evolving Role of Agricultural Research," The Globalization of Science: The Place of Agricultural Research, ISNAR.

Fernandez-Cornejo, Jorge(2004), The Seed Industry in the U.S. Agriculture, USDA.

Parayil, G.(2003), "Mapping Technological Trajectories of the Green Revolution and Gene Revolution from Modernization to Globalization," Research Policy(32).

http://www.weeds.iastate.edu/mgmt/2003/glyresistance.shtml

http://www.biosafety.or.kr/ BiosafetyPortal/Portal/WhitePaper2005/6_04.htm

▶▶▷ 윤병선, 「생명공학기업의 GM작물 개발에 관한 논쟁점과 그 함의」, 『산업경제연구』 20(1), 한국산업경제학회, 2007, 339-355쪽(재구성).

## 4) 퇴고하기

퇴고할 때 가장 먼저 할 일은 글의 전체적인 짜임새를 검토하는 것이다. 글이 주제(목적)가 효과적으로 전달될 수 있도록 균형을 잡고 있는지, 부족한 부분이나 빠진 내용이 없는지 확인한다. 그리고 글의 내용이 논리적으로 배열되어 있는가를 확인하여 잘못된 부분은 바로잡아야 한다. 또한 주제를 강조하였는지, 좀 더 명확한 주제문으로 나타낼 수 없는지를 검토한다. 그리고 주제 이외의 다른 부분이 더 두드러지지 않은지도 살펴본다. 이렇게 전체적인 검토가 끝나면 부분적인 검토에 들어간다.

1. 전체의 검토

  1) 관심 환기 부분이 자연스럽게 시작되는가? 주제와 부합하는가?

   · 관심 환기와 문제 제기가 자연스럽게 결합되는가?

   · 문제의식이 명료하게 제시되어 있는가?

   · 글 전체의 전개 방향이 제시되어 있는가?

  2) 글의 본론 부분이 계획적으로 배열되어 있는가?

   · 본론의 첫머리에서 문제를 분석하고 있는가?

   · 문제를 분석하면서 객관적 논거를 충분히 제시했는가?

   · 사용한 논거가 객관적이고 타당한가?

  3) 결론에서 전체 내용을 요약하고 있는가?

   · 요약을 할 때 지나치게 압축하여 내용이 불분명하게 된 것은 아닌가?

   · 전망이나 대안 제시가 비현실적이거나 형식적이지는 않은가?

   · 자기 글의 의의(의미)를 드러냈는가?

   · 새로운 내용이나 어휘, 본론과 상관없는 내용이 나오지는 않는가?

  4) 글 전체가 명료하게 짜여 있는가?

   · 적절한 제목을 사용하였는가?

   · 글 전체를 통하여 일관된 주장을 유지하고 있는가?

· 유의 사항에 위배되는 것은 없는가?

· 글에서 제기한 문제의식이 해결되었나?

## 2. 문단 검토

1) 각 문단은 논리적으로 전개되었는가?

· 문단의 구조는 적절한가? / 주제문과 뒷받침 문장으로 이루어졌는가?

· 각 문단의 주제문과 뒷받침 문장의 결합 관계가 자연스러운가?

2) 각각의 문단은 글 전체에 대하여 논리 구조상 지니는 기능을 적절히 수행하고 있는가?

· 각 문단은 글의 통일성과 일관성의 원리를 지키고 있는가?

· 본론은 최소한 두 문단으로 구성되어 있는가?

## 3. 문장 검토

1) 문장의 구조 및 형식들을 적절하게 사용하였는가?

2) 주제문이 부정적 표현으로 제시된 것은 없는가?

· 각 문장들이 명백하게 진술되었으며, 문법적으로 정확한가?

· 문장을 구성하는 요소들 사이의 호응은 적절한가?

· 불필요하게 의문문을 많이 사용하지는 않았나?

3) 중심 생각과 종속적인 생각들이 문법적으로 적절하게 연결되었는가?

· 각 문장들 사이의 연결은 적절한가?

## 4. 어휘 검토

1) 단어 사용이 명료하고 정확한가?

· 글의 문맥과 관련하여 단어 사용이 적절한가?

· 필요 이상으로 지시어를 사용하고 있지는 않은가?

2) 맞춤법에 맞게 표기하였는가?

3) 주장하고자 하는 내용을 모호하게 표현한 부분은 없는가?

# 부록

1. 한글 맞춤법

2. 표준어 규정

3. 문장부호론

4. 외래어·로마자 표기법

5. 자기소개서

# 부록

한글 맞춤법은 한국어를 한국 언어 사회의 규범이 되도록 어법에 맞게 표기하는 방법을 가리키는 말이다. 만약 우리말을 적는 통일된 방식이 없어 사람마다 표기하는 방식이 다르다면 우리의 문자 생활은 큰 혼란에 빠질 것이다. 따라서 한글 맞춤법은 불필요한 규제가 아니라 효율적인 문자 생활을 위해서 없어서는 안 될 규범이라고 할 수 있다. 한글 맞춤법의 원리는 '한글 맞춤법' 총론에 잘 집약되어 있다. 여기에는 한글 맞춤법의 제1장 총칙과 제2장 자모를 제외하고 나머지 내용을 소개하기로 한다.

## 1. 한글 맞춤법

### 1) 소리에 관한 것

### (1) 된소리

(제5항) 한 단어 안에서 뚜렷한 까닭 없이 나는 된소리는 다음 음절의 첫소리를 된소리로 적는다.

## 1. 두 모음 사이에서 나는 된소리

| | | | | |
|---|---|---|---|---|
| 소쩍새 | 어깨 | 오빠 | 으뜸 | 아끼다 |
| 기쁘다 | 깨끗하다 | 어떠하다 | 해쓱하다 | 가끔 |
| 거꾸로 | 부썩 | 어찌 | 이따금 | |

## 2. 'ㄴ, ㄹ, ㅁ, ㅇ' 받침 뒤에서 나는 된소리

| | | | | |
|---|---|---|---|---|
| 산뜻하다 | 잔뜩 | 살짝 | 훨씬 | 담뿍 |
| 움찔 | 몽땅 | 엉뚱하다 | | |

다만, 'ㄱ, ㅂ' 받침 뒤에서 나는 된소리는, 같은 음절이나 비슷한 음절이 겹쳐 나는 경우가 아니면 된소리로 적지 아니한다.

| | | | | |
|---|---|---|---|---|
| 국수 | 깍두기 | 딱지 | 색시 | 싹둑(~싹둑) |
| 법석 | 갑자기 | 몹시 | | |

### (2) 구개음화

(제6항) 'ㄷ, ㅌ' 받침 뒤에 종속적 관계를 가진 '-이(-)'나 '-히-'가 올 적에는, 그 'ㄷ, ㅌ'이 'ㅈ, ㅊ'으로 소리 나더라도 'ㄷ, ㅌ'으로 적는다.(ㄱ을 취하고, ㄴ을 버림.)

| ㄱ | ㄴ | ㄱ | ㄴ |
|---|---|---|---|
| 맏이 | 마지 | 핥이다 | 할치다 |
| 해돋이 | 해도지 | 걷히다 | 거치다 |
| 굳이 | 구지 | 닫히다 | 다치다 |
| 같이 | 가치 | 묻히다 | 무치다 |
| 끝이 | 끄치 | | |

## (3) 'ㄷ' 소리 받침

(제7항) 'ㄷ' 소리로 나는 받침 중에서 'ㄷ'으로 적을 근거가 없는 것은 'ㅅ'으로 적는다.

| 덧저고리 | 돗자리 | 엇셈 | 웃어른 | 핫옷 |
| 무릇 | 사뭇 | 얼핏 | 자칫하면 | 뭇[衆] |
| 옛 | 첫 | 헛 | | |

## (4) 모 음

(제8항) '계, 례, 몌, 폐, 혜'의 'ㅖ'는 'ㅔ'로 소리나는 경우가 있더라도 'ㅖ'로 적는다.(ㄱ을 취하고, ㄴ을 버림.)

| ㄱ | ㄴ | ㄱ | ㄴ |
|---|---|---|---|
| 계수(桂樹) | 게수 | 혜택(惠澤) | 헤택 |
| 사례(謝禮) | 사레 | 계집 | 게집 |
| 연몌(連袂) | 연메 | 핑계 | 핑게 |
| 폐품(廢品) | 페품 | 계시다 | 게시다 |

다만, 다음 말은 본음대로 적는다.

게송(偈頌)　　게시판(揭示板)　　휴게실(休憩室)

(제9항) '의'나, 자음을 첫소리로 가지고 있는 음절의 'ㅢ'는 'ㅣ'로 소리나는 경우가 있더라도 'ㅢ'로 적는다.(ㄱ을 취하고, ㄴ을 버림.)

| ㄱ | ㄴ | ㄱ | ㄴ |
|---|---|---|---|
| 의의(意義) | 의이 | 닁큼 | 닁큼 |
| 본의(本義) | 본이 | 띄어쓰기 | 띠어쓰기 |
| 무늬[紋] | 무니 | 씌어 | 씨어 |
| 보늬 | 보니 | 틔어 | 티어 |
| 오늬 | 오니 | 희망(希望) | 히망 |
| 하늬바람 | 하니바람 | 희다 | 히다 |
| 늴리리 | 닐리리 | 유희(遊戲) | 유히 |

## (5) 두음 법칙

(제10항) 한자음 '녀, 뇨, 뉴, 니'가 단어 첫머리에 올 적에는, 두음 법칙에 따라 '여, 요, 유, 이'로 적는다.(ㄱ을 취하고, ㄴ을 버림.)

| ㄱ | ㄴ | ㄱ | ㄴ |
|---|---|---|---|
| 여자(女子) | 녀자 | 유대(紐帶) | 뉴대 |
| 연세(年歲) | 년세 | 이토(泥土) | 니토 |
| 요소(尿素) | 뇨소 | 익명(匿名) | 닉명 |

다만, 다음과 같은 의존 명사에서는 '냐, 녀' 음을 인정한다.

냥(兩)　　　냥쭝(兩-)　　　년(年)(몇 년)

[붙임 1] 단어의 첫머리 이외의 경우에는 본음대로 적는다.

남녀(男女)　　당뇨(糖尿)　　결뉴(結紐)　　은닉(隱匿)

[붙임 2] 접두사처럼 쓰이는 한자가 붙어서 된 말이나 합성어에서, 뒷말의 첫소리가 'ㄴ' 소리로 나더라도 두음 법칙에 따라 적는다.

신여성(新女性)　공염불(空念佛)　남존여비(男尊女卑)

[붙임 3] 둘 이상의 단어로 이루어진 고유 명사를 붙여 쓰는 경우에도 붙임 2에 준하여 적는다.

한국여자대학　대한요소비료회사

(제11항) 한자음 '랴, 려, 례, 료, 류, 리'가 단어의 첫머리에 올 적에는, 두음 법칙에 따라 '야, 여, 예, 요, 유, 이'로 적는다.(ㄱ을 취하고, ㄴ을 버림.)

| ㄱ | ㄴ | ㄱ | ㄴ |
|---|---|---|---|
| 양심(良心) | 량심 | 용궁(龍宮) | 룡궁 |
| 역사(歷史) | 력사 | 유행(流行) | 류행 |
| 예의(禮儀) | 례의 | 이발(理髮) | 리발 |

다만, 다음과 같은 의존 명사는 본음대로 적는다.

리(里): 몇 리냐?
리(理): 그럴 리가 없다.

[붙임 1] 단어의 첫머리 이외의 경우에는 본음대로 적는다.

| | | | |
|---|---|---|---|
| 개량(改良) | 선량(善良) | 수력(水力) | 협력(協力) |
| 사례(謝禮) | 혼례(婚禮) | 와룡(臥龍) | 쌍룡(雙龍) |

하류(下流)      급류(急流)      도리(道理)      진리(眞理)

다만, 모음이나 'ㄴ' 받침 뒤에 이어지는 '렬, 률'은 '열, 율'로 적는다.(ㄱ을 취하고, ㄴ을 버림.)

| ㄱ | ㄴ | ㄱ | ㄴ |
|---|---|---|---|
| 나열(羅列) | 나렬 | 분열(分裂) | 분렬 |
| 치열(齒列) | 치렬 | 선열(先烈) | 선렬 |
| 비열(卑劣) | 비렬 | 진열(陳列) | 진렬 |
| 규율(規律) | 규률 | 선율(旋律) | 선률 |
| 비율(比率) | 비률 | 전율(戰慄) | 전률 |
| 실패율(失敗率) 실패률 | | 백분율(百分率) | 백분률 |

[붙임 2] 외자로 된 이름을 성에 붙여 쓸 경우에도 본음대로 적을 수 있다.

신립(申砬)      최린(崔麟)            채륜(蔡倫)      하륜(河崙)

[붙임 3] 준말에서 본음으로 소리나는 것은 본음대로 적는다.

국련(국제연합)  대한교련(대한교육연합회)

[붙임 4] 접두사처럼 쓰이는 한자가 붙어서 된 말이나 합성어에서, 뒷말의 첫소리가 'ㄴ' 또는 'ㄹ' 소리로 나더라도 두음 법칙에 따라 적는다.

역이용(逆利用) 연이율(年利率)    열역학(熱力學)
해외여행(海外旅行)

[붙임 5] 둘 이상의 단어로 이루어진 고유 명사를 붙여 쓰는 경우나 십진법에 따라 쓰는 수(數)도 붙임 4에 준하여 적는다.

서울여관　　　신흥이발관　　　육천육백육십육(六千六百六十六)

(제12항) 한자음 '라, 래, 로, 뢰, 루, 르'가 단어의 첫머리에 올 적에는, 두음 법칙에 따라 '나, 내, 노, 뇌, 누, 느'로 적는다.(ㄱ을 취하고, ㄴ을 버림.)

| ㄱ | ㄴ | ㄱ | ㄴ |
|---|---|---|---|
| 낙원(樂園) | 락원 | 뇌성(雷聲) | 뢰성 |
| 내일(來日) | 래일 | 누각(樓閣) | 루각 |
| 노인(老人) | 로인 | 능묘(陵墓) | 릉묘 |

[붙임 1] 단어의 첫머리 이외의 경우에는 본음대로 적는다.

쾌락(快樂)　　극락(極樂)　　거래(去來)　　왕래(往來)

부로(父老)　　연로(年老)　　지뢰(地雷)　　낙뢰(落雷)

고루(高樓)　　광한루(廣寒樓)　　동구릉(東九陵)　가정란(家庭欄)

[붙임 2] 접두사처럼 쓰이는 한자가 붙어서 된 단어는 뒷말을 두음 법칙에 따라 적는다.

내내월(來來月)　　　　　상노인(上老人)　중노동(重勞動)

비논리적(非論理的)

## (6) 겹쳐 나는 소리

(제13항) 한 단어 안에서 같은 음절이나 비슷한 음절이 겹쳐 나는 부분은 같은 글자로 적는다.

(ㄱ을 취하고, ㄴ을 버림.)

| ㄱ | ㄴ | ㄱ | ㄴ |
|---|---|---|---|
| 딱딱 | 딱닥 | 꼿꼿하다 | 꼿곳하다 |
| 쌕쌕 | 쌕색 | 놀놀하다 | 놀롤하다 |
| 씩씩 | 씩식 | 눅눅하다 | 눙눅하다 |
| 똑딱똑딱 | 똑닥똑닥 | 밋밋하다 | 민밋하다 |
| 쓱싹쓱싹 | 쓱삭쓱삭 | 싹싹하다 | 싹삭하다 |
| 연연불망(戀戀不忘) | 연련불망 | 쌉쌀하다 | 쌉살하다 |
| 유유상종(類類相從) | 유류상종 | 씁쓸하다 | 씁슬하다 |
| 누누이(屢屢-) | 누루이 | 짭짤하다 | 짭잘하다 |

## 2) 형태에 관한 것

### (1) 체언과 조사

(제14항) 체언은 조사와 구별하여 적는다.

| | | | | |
|---|---|---|---|---|
| 떡이 | 떡을 | 떡에 | 떡도 | 떡만 |
| 손이 | 손을 | 손에 | 손도 | 손만 |
| 팔이 | 팔을 | 팔에 | 팔도 | 팔만 |
| 밤이 | 밤을 | 밤에 | 밤도 | 밤만 |
| 집이 | 집을 | 집에 | 집도 | 집만 |
| 옷이 | 옷을 | 옷에 | 옷도 | 옷만 |
| 콩이 | 콩을 | 콩에 | 콩도 | 콩만 |
| 낮이 | 낮을 | 낮에 | 낮도 | 낮만 |
| 꽃이 | 꽃을 | 꽃에 | 꽃도 | 꽃만 |

| | | | | |
|---|---|---|---|---|
| 밭이 | 밭을 | 밭에 | 밭도 | 밭만 |
| 앞이 | 앞을 | 앞에 | 앞도 | 앞만 |
| 밖이 | 밖을 | 밖에 | 밖도 | 밖만 |
| 넋이 | 넋을 | 넋에 | 넋도 | 넋만 |
| 흙이 | 흙을 | 흙에 | 흙도 | 흙만 |
| 삶이 | 삶을 | 삶에 | 삶도 | 삶만 |
| 여덟이 | 여덟을 | 여덟에 | 여덟도 | 여덟만 |
| 곬이 | 곬을 | 곬에 | 곬도 | 곬만 |
| 값이 | 값을 | 값에 | 값도 | 값만 |

## (2) 어간과 어미

(제15항) 용언의 어간과 어미는 구별하여 적는다.

| | | | |
|---|---|---|---|
| 먹다 | 먹고 | 먹어 | 먹으니 |
| 신다 | 신고 | 신어 | 신으니 |
| 믿다 | 믿고 | 믿어 | 믿으니 |
| 울다 | 울고 | 울어 | (우니) |
| 넘다 | 넘고 | 넘어 | 넘으니 |
| 입다 | 입고 | 입어 | 입으니 |
| 웃다 | 웃고 | 웃어 | 웃으니 |
| 찾다 | 찾고 | 찾아 | 찾으니 |
| 좇다 | 좇고 | 좇아 | 좇으니 |
| 같다 | 같고 | 같아 | 같으니 |
| 높다 | 높고 | 높아 | 높으니 |
| 좋다 | 좋고 | 좋아 | 좋으니 |
| 깎다 | 깎고 | 깎아 | 깎으니 |

| | | | |
|---|---|---|---|
| 앉다 | 앉고 | 앉아 | 앉으니 |
| 많다 | 많고 | 많아 | 많으니 |
| 늙다 | 늙고 | 늙어 | 늙으니 |
| 젊다 | 젊고 | 젊어 | 젊으니 |
| 넓다 | 넓고 | 넓어 | 넓으니 |
| 훑다 | 훑고 | 훑어 | 훑으니 |
| 읊다 | 읊고 | 읊어 | 읊으니 |
| 옳다 | 옳고 | 옳아 | 옳으니 |
| 없다 | 없고 | 없어 | 없으니 |
| 있다 | 있고 | 있어 | 있으니 |

[붙임 1] 두 개의 용언이 어울려 한 개의 용언이 될 적에, 앞말의 본뜻이 유지되고 있는 것은 그 원형을 밝히어 적고, 그 본뜻에서 멀어진 것은 밝히어 적지 아니한다.


① 앞말의 본뜻이 유지되고 있는 것

넘어지다  늘어나다  늘어지다  돌아가다  되짚어가다

들어가다  떨어지다  벌어지다  엎어지다  접어들다

틀어지다  흩어지다


② 본뜻에서 멀어진 것

드러나다  사라지다  쓰러지다


[붙임 2] 종결형에서 사용되는 어미 '-오'는 '요'로 소리나는 경우가 있더라도 그 원형을 밝혀 '오'로 적는다.(ㄱ을 취하고, ㄴ을 버림.)

| ㄱ | ㄴ |
|---|---|
| 이것은 책이오. | 이것은 책이요. |
| 이리로 오시오. | 이리로 오시요. |
| 이것은 책이 아니오 | 이것은 책이 아니요. |

[붙임 3] 연결형에서 사용되는 '이요'는 '이요'로 적는다.(ㄱ을 취하고, ㄴ을 버림.)

| ㄱ | ㄴ |
|---|---|
| 이것은 책이요, 저것은 붓이요, | 이것은 책이오, 저것은 붓이오, |
| 또 저것은 먹이다. | 또 저것은 먹이다. |

(제16항) 어간의 끝음절 모음이 'ㅏ, ㅗ'일 때에는 어미를 '-아'로 적고, 그 밖의 모음일 때에는 '-어'로 적는다.

### 1. '-아'로 적는 경우

| | | |
|---|---|---|
| 나아 | 나아도 | 나아서 |
| 막아 | 막아도 | 막아서 |
| 얇아 | 얇아도 | 얇아서 |
| 돌아 | 돌아도 | 돌아서 |
| 보아 | 보아도 | 보아서 |

### 2. '-어'로 적는 경우

| | | |
|---|---|---|
| 개어 | 개어도 | 개어서 |
| 겪어 | 겪어도 | 겪어서 |

| | | |
|---|---|---|
| 되어 | 되어도 | 되어서 |
| 베어 | 베어도 | 베어서 |
| 쉬어 | 쉬어도 | 쉬어서 |
| 저어 | 저어도 | 저어서 |
| 주어 | 주어도 | 주어서 |
| 피어 | 피어도 | 피어서 |
| 희어 | 희어도 | 희어서 |

(제17항) 어미 뒤에 덧붙는 조사 '-요'는 '-요'로 적는다.

| | |
|---|---|
| 읽어 | 읽어요 |
| 참으리 | 참으리요 |
| 좋지 | 좋지요 |

(제18항) 다음과 같은 용언들은 어미가 바뀔 경우, 그 어간이나 어미가 원칙에 벗어나면 벗어나는 대로 적는다.

## 1. 어간의 끝 'ㄹ'이 줄어질 적

| | | | | | |
|---|---|---|---|---|---|
| 갈다: | 가니 | 간 | 갑니다 | 가시다 | 가오 |
| 놀다: | 노니 | 논 | 놉니다 | 노시다 | 노오 |
| 불다: | 부니 | 분 | 붑니다 | 부시다 | 부오 |
| 둥글다: | 둥그니 | 둥근 | 둥급니다 | 둥그시다 | 둥그오 |
| 어질다: | 어지니 | 어진 | 어집니다 | 어지시다 | 어지오 |

[붙임] 다음과 같은 말에서도 '르'이 준 대로 적는다.

마지못하다  마지않다   (하)다마다   (하)자마자

(하)지 마라  (하)지 마(아)

## 2. 어간의 끝 'ㅅ'이 줄어질 적

| 긋다: | 그어 | 그으니 | 그었다 |
| --- | --- | --- | --- |
| 낫다: | 나아 | 나으니 | 나았다 |
| 잇다: | 이어 | 이으니 | 이었다 |
| 짓다: | 지어 | 지으니 | 지었다 |

## 3. 어간의 끝 'ㅎ'이 줄어질 적

| 그렇다: | 그러니 | 그럴 | 그러면 | 그러오 |
| --- | --- | --- | --- | --- |
| 까맣다: | 까마니 | 까말 | 까마면 | 까마오 |
| 동그랗다: | 동그라니 | 동그랄 | 동그라면 | 동그라오 |
| 퍼렇다: | 퍼러니 | 퍼럴 | 퍼러면 | 퍼러오 |
| 하얗다: | 하야니 | 하얄 | 하야면 | 하야오 |

## 4. 어간의 끝 'ㅜ, ㅡ'가 줄어질 적

| 푸다: | 퍼 | 펐다 | 뜨다: | 떠 | 떴다 |
| --- | --- | --- | --- | --- | --- |
| 끄다: | 꺼 | 껐다 | 크다: | 커 | 컸다 |
| 담그다: | 담가 | 담갔다 | 고프다: | 고파 | 고팠다 |
| 따르다: | 따라 | 따랐다 | 바쁘다: | 바빠 | 바빴다 |

## 5. 어간의 끝 'ㄷ'이 'ㄹ'로 바뀔 적

| | | | |
|---|---|---|---|
| 걷다[步]: | 걸어 | 걸으니 | 걸었다 |
| 듣다[聽]: | 들어 | 들으니 | 들었다 |
| 묻다[問]: | 물어 | 물으니 | 물었다 |
| 싣다[載]: | 실어 | 실으니 | 실었다 |

## 6. 어간의 끝 'ㅂ'이 'ㅜ'로 바뀔 적

| | | | |
|---|---|---|---|
| 깁다: | 기워 | 기우니 | 기웠다 |
| 굽다[炙]: | 구워 | 구우니 | 구웠다 |
| 가깝다: | 가까워 | 가까우니 | 가까웠다 |
| 괴롭다: | 괴로워 | 괴로우니 | 괴로웠다 |
| 맵다: | 매워 | 매우니 | 매웠다 |
| 무겁다: | 무거워 | 무거우니 | 무거웠다 |
| 밉다: | 미워 | 미우니 | 미웠다 |
| 쉽다: | 쉬워 | 쉬우니 | 쉬웠다 |

다만, '돕-, 곱-'과 같은 단음절 어간에 어미 '-아'가 결합되어 '와'로 소리나는 것은 '-와'로 적는다.

| | | | | |
|---|---|---|---|---|
| 돕다[助]: | 도와 | 도와서 | 도와도 | 도왔다 |
| 곱다[麗]: | 고와 | 고와서 | 고와도 | 고왔다 |

### 7. '하다'의 활용에서 어미 '-아'가 '-여'로 바뀔 적

| 하다: | 하여 | 하여서 | 하여도 | 하여라 | 하였다 |
|---|---|---|---|---|---|

### 8. 어간의 끝음절 '르' 뒤에 오는 어미 '-어'가 '-러'로 바뀔 적

| 이르다[至]: | 이르러 | 이르렀다 |
|---|---|---|
| 노르다: | 노르러 | 노르렀다 |
| 누르다: | 누르러 | 누르렀다 |
| 푸르다: | 푸르러 | 푸르렀다 |

### 9. 어간의 끝음절 '르'의 '_'가 줄고, 그 뒤에 오는 어미 '-아/-어'가 '-라/-러'로 바뀔 적

| 가르다: 갈라 갈랐다 | 부르다: 불러 불렀다 |
|---|---|
| 거르다: 걸러 걸렀다 | 오르다: 올라 올랐다 |
| 구르다: 굴러 굴렀다 | 이르다: 일러 일렀다 |
| 벼르다: 별러 별렀다 | 지르다: 질러 질렀다 |

### (3) 접미사가 붙어서 된 말

(제19항) 어간에 '-이'나 '-음/-ㅁ'이 붙어서 명사로 된 것과 '-이'나 '-히'가 붙어서 부사로 된 것은 그 어간의 원형을 밝히어 적는다.

### 1. '-이'가 붙어서 명사로 된 것

| 길이 | 깊이 | 높이 | 다듬이 | 땀받이 | 달맞이 |
|---|---|---|---|---|---|
| 먹이 | 미닫이 | 벌이 | 벼훑이 | 살림살이 | 쇠붙이 |

## 2. '-음/-ㅁ'이 붙어서 명사로 된 것

| | | | | |
|---|---|---|---|---|
| 걸음 | 묶음 | 믿음 | 얼음 | 엮음 울음 |
| 웃음 | 졸음 | 죽음 | 앎 | 만듦 |

## 3. '-이'가 붙어서 부사로 된 것

| | | | | |
|---|---|---|---|---|
| 같이 | 굳이 | 길이 | 높이 | 많이 실없이 |
| 좋이 | 짓궂이 | | | |

## 4. '-히'가 붙어서 부사로 된 것

| | | |
|---|---|---|
| 밝히 | 익히 | 작히 |

다만, 어간에 '-이'나 '-음'이 붙어서 명사로 바뀐 것이라도 그 어간의 뜻과 멀어진 것은 원형을 밝히어 적지 아니한다.

| | | | |
|---|---|---|---|
| 굽도리 | 다리[髢] | 목거리(목병) | 무녀리 |
| 코끼리 | 거름(비료) | 고름[膿] | 노름(도박) |

[붙임] 어간에 '-이'나 '-음' 이외의 모음으로 시작된 접미사가 붙어서 다른 품사로 바뀐 것은 그 어간의 원형을 밝히어 적지 아니한다.

① 명사로 바뀐 것

| | | | | |
|---|---|---|---|---|
| 귀머거리 | 까마귀 | 너머 | 뜨더귀 | 마감 |
| 마개 | 마중 | 무덤 | 비렁뱅이 | 쓰레기 |

올가미          주검

② 부사로 바뀐 것

| 거뭇거뭇 | 너무 | 도로 | 뜨덤뜨덤 | 바투 |
|---|---|---|---|---|
| 불긋불긋 | 비로소 | 오긋오긋 | 자주 | 차마 |

③ 조사로 바뀌어 뜻이 달라진 것

나마   부터   조차

(제20항) 명사 뒤에 '-이'가 붙어서 된 말은 그 명사의 원형을 밝히어 적는다.

## 1. 부사로 된 것

| 곳곳이 | 낱낱이 | 몫몫이 | 샅샅이 | 앞앞이 | 집집이 |
|---|---|---|---|---|---|

## 2. 명사로 된 것

| 곰배팔이 | 바둑이 | 삼발이 | 애꾸눈이 |
|---|---|---|---|
| 육손이 | 절뚝발이/절름발이 | | |

[붙임] '-이' 이외의 모음으로 시작된 접미사가 붙어서 된 말은 그 명사의 원형을 밝히어 적지 아니한다.

| 꼬락서니 | 끄트머리 | 모가치 | 바가지 | 바깥 | |
|---|---|---|---|---|---|
| 사타구니 | 싸라기 | 이파리 | 지붕 | 지푸라기 | 짜개 |

(제21항) 명사나 혹은 용언의 어간 뒤에 자음으로 시작된 접미사가 붙어서 된 말은 그 명사나 어간의 원형을 밝히어 적는다.

## 1. 명사 뒤에 자음으로 시작된 접미사가 붙어서 된 것

값지다   홑지다   넋두리   빛깔   옆댕이   잎사귀

## 2. 어간 뒤에 자음으로 시작된 접미사가 붙어서 된 것

| | | | |
|---|---|---|---|
| 낚시 | 늙정이 | 덮개 | 뜯게질 |
| 갉작갉작하다 | 갉작거리다 | 뜯적거리다 | 뜯적뜯적하다 |
| 굵다랗다 | 굵직하다 | 깊숙하다 | 넓적하다 |
| 높다랗다 | 늙수그레하다 | 얽죽얽죽하다 | |

다만, 다음과 같은 말은 소리대로 적는다.

① 겹받침의 끝소리가 드러나지 아니하는 것

| | | | |
|---|---|---|---|
| 할짝거리다 | 널따랗다 | 널찍하다 | 말끔하다 |
| 말쑥하다 | 말짱하다 | 실쭉하다 | 실큼하다 |
| 얄따랗다 | 얄팍하다 | 짤따랗다 | 짤막하다 |
| 실컷 | | | |

② 어원이 분명하지 아니하거나 본뜻에서 멀어진 것

| | | | |
|---|---|---|---|
| 넙치 | 올무 | 골막하다 | 납작하다 |

(제22항) 용언의 어간에 다음과 같은 접미사들이 붙어서 이루어진 말들은 그 어간을 밝히

어 적는다.

## 1. '-기-, -리-, -이-, -히-, -구-, -우-, -추-, -으키-, -이키-, -애-'가 붙는 것

| | | | | |
|---|---|---|---|---|
| 맡기다 | 옮기다 | 웃기다 | 쫓기다 | 뚫리다 |
| 울리다 | 낚이다 | 쌓이다 | 핥이다 | 굳히다 |
| 굽히다 | 넓히다 | 앉히다 | 얽히다 | 잡히다 |
| 돋구다 | 솟구다 | 돋우다 | 갖추다 | 곧추다 |
| 맞추다 | 일으키다 | 돌이키다 | 없애다 | |

다만, '-이-, -히-, -우-'가 붙어서 된 말이라도 본뜻에서 멀어진 것은 소리대로 적는다.

| | | |
|---|---|---|
| 도리다(칼로~) | 드리다(용돈을~) | 고치다 |
| 바치다(세금을~) | 부치다(편지를~) | 거두다 |
| 미루다 | 이루다 | |

## 2. '-치-, -뜨리-, -트리-'가 붙는 것

| | | | | |
|---|---|---|---|---|
| 놓치다 | 덮치다 | 떠받치다 | 받치다 | 밭치다 |
| 부딪치다 | 뻗치다 | 엎치다 | 부딪뜨리다/부딪트리다 | |
| 쏟뜨리다/쏟트리다 | | 젖뜨리다/젖트리다 | | |
| 찢뜨리다/찢트리다 | | 흩뜨리다/흩트리다 | | |

[붙임] '-업-, -읍-, -브-'가 붙어서 된 말은 소리대로 적는다.

| | | |
|---|---|---|
| 미덥다 | 우습다 | 미쁘다 |

(제23항) '–하다'나 '–거리다'가 붙는 어근에 '–이'가 붙어서 명사가 된 것은 그 원형을 밝히어 적는다.(ㄱ을 취하고, ㄴ을 버림.)

| ㄱ | ㄴ | ㄱ | ㄴ |
|---|---|---|---|
| 깔쭉이 | 깔쭈기 | 살살이 | 살사리 |
| 꿀꿀이 | 꿀꾸리 | 쌕쌕이 | 쌕쌔기 |
| 눈깜짝이 | 눈깜짜기 | 오뚝이 | 오뚜기 |
| 더펄이 | 더퍼리 | 코납작이 | 코납자기 |
| 배불뚝이 | 배불뚜기 | 푸석이 | 푸서기 |
| 삐죽이 | 삐주기 | 홀쭉이 | 홀쭈기 |

[붙임] '–하다'나 '–거리다'가 붙을 수 없는 어근에 '–이'나 또는 다른 모음으로 시작되는 접미사가 붙어서 명사가 된 것은 그 원형을 밝히어 적지 아니한다.

| | | | | |
|---|---|---|---|---|
| 개구리 | 귀뚜라미 | 기러기 | 깍두기 | 꽹과리 |
| 날라리 | 누더기 | 동그라미 | 두드러기 | 딱따구리 |
| 매미 | 부스러기 | 뻐꾸기 | 얼루기 | 칼싹두기 |

(제24항) '–거리다'가 붙을 수 있는 시늉말 어근에 '–이다'가 붙어서 된 용언은 그 어근을 밝히어 적는다.(ㄱ을 취하고, ㄴ을 버림.)

| ㄱ | ㄴ | ㄱ | ㄴ |
|---|---|---|---|
| 깜짝이다 | 깜짜기다 | 속삭이다 | 속사기다 |
| 꾸벅이다 | 꾸버기다 | 숙덕이다 | 숙더기다 |
| 끄덕이다 | 끄더기다 | 울먹이다 | 울머기다 |
| 뒤척이다 | 뒤처기다 | 움직이다 | 움지기다 |

| | | | |
|---|---|---|---|
| 들먹이다 | 들머기다 | 지껄이다 | 지꺼리다 |
| 망설이다 | 망서리다 | 퍼덕이다 | 퍼더기다 |
| 번득이다 | 번드기다 | 허덕이다 | 허더기다 |
| 번쩍이다 | 번쩌기다 | 헐떡이다 | 헐떠기다 |

(제25항) '-하다'가 붙는 어근에 '-히'나 '-이'가 붙어서 부사가 되거나, 부사에 '-이'가 붙어서 뜻을 더하는 경우에는 그 어근이나 부사의 원형을 밝히어 적는다.

### 1. '-하다'가 붙는 어근에 '-히'나 '-이'가 붙는 경우

| | | | | | |
|---|---|---|---|---|---|
| 급히 | 꾸준히 | 도저히 | 딱히 | 어렴풋이 | 깨끗이 |

**[붙임]** '-하다'가 붙지 않는 경우에는 소리대로 적는다.

.

| | | |
|---|---|---|
| 갑자기 | 반드시(꼭) | 슬며시 |

### 2. 부사에 '-이'가 붙어서 역시 부사가 되는 경우

| | | | | | |
|---|---|---|---|---|---|
| 곰곰이 | 더욱이 | 생긋이 | 오뚝이 | 일찍이 | 해죽이 |

(제26항) '-하다'나 '-없다'가 붙어서 된 용언은 그 '-하다'나 '-없다'를 밝히어 적는다.

### 1. '-하다'가 붙어서 용언이 된 것

| | | | | |
|---|---|---|---|---|
| 딱하다 | 숱하다 | 착하다 | 텁텁하다 | 푹하다 |

## 2. '-없다'가 붙어서 용언이 된 것

부질없다          상없다          시름없다          열없다          하염없다


## (4) 합성어 및 접두사가 붙은 말

(제27항) 둘 이상의 단어가 어울리거나 접두사가 붙어서 이루어진 말은 각각 그 원형을 밝히어 적는다.

| | | | | |
|---|---|---|---|---|
| 국말이 | 꺾꽂이 | 꽃잎 | 끝장 | 물난리 |
| 밑천 | 부엌일 | 싫증 | 옷안 | 웃옷 |
| 젖몸살 | 첫아들 | 칼날 | 팥알 | 헛웃음 |
| 홀아비 | 홑몸 | 흙내 | | |
| 값없다 | 겉늙다 | 굶주리다 | 낮잡다 | 맞먹다 |
| 받내다 | 벋놓다 | 빗나가다 | 빛나다 | 새파랗다 |
| 샛노랗다 | 시꺼멓다 | 싯누렇다 | 엇나가다 | 엎누르다 |
| 엿듣다 | 옻오르다 | 짓이기다 | 헛되다 | |


[붙임 1] 어원은 분명하나 소리만 특이하게 변한 것은 변한 대로 적는다.

할아버지          할아범


[붙임 2] 어원이 분명하지 아니한 것은 원형을 밝히어 적지 아니한다.

| | | | | |
|---|---|---|---|---|
| 골병 | 골탕 | 끌탕 | 며칠 | 아재비 |
| 오라비 | 업신여기다 | 부리나케 | | |

[붙임 3] '이[齒, 虱]'가 합성어나 이에 준하는 말에서 '니' 또는 '리'로 소리날 때에는 '니'로 적는다.

| | | | | |
|---|---|---|---|---|
| 간니 | 덧니 | 사랑니 | 송곳니 | 앞니 |
| 어금니 | 윗니 | 젖니 | 톱니 | 틀니 |
| 가랑니 | 머릿니 | | | |

(제28항) 끝소리가 'ㄹ'인 말과 딴 말이 어울릴 적에 'ㄹ' 소리가 나지 아니하는 것은 아니 나는 대로 적는다.

| | | |
|---|---|---|
| 다달이(달-달-이) | 따님(딸-님) | 마되(말-되) |
| 마소(말-소) | 무자위(물-자위) | 바느질(바늘-질) |
| 부나비(불-나비) | 부삽(불-삽) | 부손(불-손) |
| 소나무(솔-나무) | 싸전(쌀-전) | 여닫이(열-닫이) |
| 우짖다(울-짖다) | 화살(활-살) | |

(제29항) 끝소리가 'ㄹ'인 말과 딴 말이 어울릴 적에 'ㄹ' 소리가 'ㄷ' 소리로 나는 것은 'ㄷ'으로 적는다.

| | | |
|---|---|---|
| 반짇고리(바느질~) | 사흗날(사흘~) | 삼짇날(삼질~) |
| 섣달(설~) | 숟가락(술~) | 이튿날(이틀~) |
| 잗주름(잘~) | 푿소(풀~) | 섣부르다(설~) |
| 잗다듬다(잘~) | 잗다랗다(잘~) | |

(제30항) 사이시옷은 다음과 같은 경우에 받치어 적는다.

## 1. 순 우리말로 된 합성어로서 앞말이 모음으로 끝난 경우

① 뒷말의 첫소리가 된소리로 나는 것

| | | | | |
|---|---|---|---|---|
| 고랫재 | 귓밥 | 나룻배 | 나뭇가지 | 냇가 |
| 댓가지 | 뒷갈망 | 맷돌 | 머릿기름 | 모깃불 |
| 못자리 | 바닷가 | 뱃길 | 볏가리 | 부싯돌 |
| 선짓국 | 쇳조각 | 아랫집 | 우렁잇속 | 잇자국 |
| 잿더미 | 조갯살 | 찻집 | 쳇바퀴 | 킷값 |
| 핏대 | 햇볕 | 혓바늘 | | |

② 뒷말의 첫소리 'ㄴ, ㅁ' 앞에서 'ㄴ' 소리가 덧나는 것

| | | | | |
|---|---|---|---|---|
| 멧나물 | 아랫니 | 텃마당 | 아랫마을 | 뒷머리 |
| 잇몸 | 깻묵 | 냇물 | 빗물 | |

253

③ 뒷말의 첫소리 모음 앞에서 'ㄴㄴ' 소리가 덧나는 것

| | | | | |
|---|---|---|---|---|
| 도리깻열 | 뒷윷 | 두렛일 | 뒷일 | 뒷입맛 |
| 베갯잇 | 욧잇 | 깻잎 | 나뭇잎 | 댓잎 |

## 2. 순 우리말과 한자어로 된 합성어로서 앞말이 모음으로 끝난 경우

① 뒷말의 첫소리가 된소리로 나는 것

| | | | | |
|---|---|---|---|---|
| 귓병 | 머릿방 | 뱃병 | 봇둑 | 사잣밥 |
| 샛강 | 아랫방 | 자릿세 | 전셋집 | 찻잔 |
| 찻종 | 촛국 | 콧병 | 탯줄 | 텃세 |
| 핏기 | 햇수 | 횟가루 | 횟배 | |

② 뒷말의 첫소리 'ㄴ, ㅁ' 앞에서 'ㄴ' 소리가 덧나는 것

| 곗날 | 제삿날 | 훗날 | 툇마루 | 양칫물 |

③ 뒷말의 첫소리 모음 앞에서 'ㄴㄴ' 소리가 덧나는 것

| 가욋일 | 사삿일 | 예삿일 | 훗일 |

## 3. 두 음절로 된 다음 한자어

곳간(庫間)    셋방(貰房)    숫자(數字)    찻간(車間)

툇간(退間)    횟수(回數)

(제31항) 두 말이 어울릴 적에 'ㅂ' 소리나 'ㅎ' 소리가 덧나는 것은 소리대로 적는다.

## 1. 'ㅂ' 소리가 덧나는 것

댑싸리(대ㅂ싸리)    멥쌀(메ㅂ쌀)    볍씨(벼ㅂ씨)

입때(이ㅂ때)    입쌀(이ㅂ쌀)    접때(저ㅂ때)

좁쌀(조ㅂ쌀)    햅쌀(해ㅂ쌀)

## 2. 'ㅎ' 소리가 덧나는 것

머리카락(머리ㅎ가락)    살코기(살ㅎ고기)    수캐(수ㅎ개)

수컷(수ㅎ것)    수탉(수ㅎ닭)    안팎(안ㅎ밖)

암캐(암ㅎ개)    암컷(암ㅎ것)    암탉(암ㅎ닭)

## (5) 준 말

(제32항) 단어의 끝모음이 줄어지고 자음만 남은 것은 그 앞의 음절에 받침으로 적는다.

| (본말) | (준말) |
|---|---|
| 기러기야 | 기럭아 |
| 어제그저께 | 엊그저께 |
| 어제저녁 | 엊저녁 |
| 가지고, 가지지 | 갖고, 갖지 |
| 디디고, 디디지 | 딛고, 딛지 |

(제33항) 체언과 조사가 어울려 줄어지는 경우에는 준 대로 적는다.

| (본말) | (준말) |
|---|---|
| 그것은 | 그건 |
| 그것이 | 그게 |
| 그것으로 | 그걸로 |
| 나는 | 난 |
| 나를 | 날 |
| 너는 | 넌 |
| 너를 | 널 |
| 무엇을 | 뭣을/무얼/뭘 |
| 무엇이 | 뭣이/무에 |

(제34항) 모음 'ㅏ, ㅓ'로 끝난 어간에 '-아/-어, -았-/-었-'이 어울릴 적에는 준 대로 적는다.

| (본말) | (준말) | (본말) | (준말) |
|---|---|---|---|
| 가아 | 가 | 가았다 | 갔다 |
| 나아 | 나 | 나았다 | 났다 |
| 타아 | 타 | 타았다 | 탔다 |
| 서어 | 서 | 서었다 | 섰다 |
| 켜어 | 켜 | 켜었다 | 켰다 |
| 펴어 | 펴 | 펴었다 | 폈다 |

[붙임 1] 'ㅐ, ㅔ' 뒤에 '-어, -었-'이 어울려 줄 적에는 준 대로 적는다.

| (본말) | (준말) | (본말) | (준말) |
|---|---|---|---|
| 개어 | 개 | 개었다 | 갰다 |
| 내어 | 내 | 내었다 | 냈다 |
| 베어 | 베 | 베었다 | 벴다 |
| 세어 | 세 | 세었다 | 셌다 |

[붙임 2] '하여'가 한 음절로 줄어서 '해'로 될 적에는 준 대로 적는다.

| (본말) | (준말) | (본말) | (준말) |
|---|---|---|---|
| 하여 | 해 | 하였다 | 했다 |
| 더하여 | 더해 | 더하였다 | 더했다 |
| 흔하여 | 흔해 | 흔하였다 | 흔했다 |

(제35항) 모음 'ㅗ, ㅜ'로 끝난 어간에 '-아/-어, -았-/-었-'이 어울려 'ㅘ/ㅝ, ㅘㅆ/ㅝㅆ'으로 될 적에는 준 대로 적는다.

| (본말) | (준말) | (본말) | (준말) |
|--------|--------|--------|--------|
| 꼬아 | 꽈 | 꼬았다 | 꽜다 |
| 보아 | 봐 | 보았다 | 봤다 |
| 쏘아 | 쏴 | 쏘았다 | 쐈다 |
| 두어 | 둬 | 두었다 | 뒀다 |
| 쑤어 | 쒀 | 쑤었다 | 쒔다 |
| 주어 | 줘 | 주었다 | 줬다 |

[붙임 1] '놓아'가 '놔'로 줄 적에는 준 대로 적는다.

[붙임 2] 'ㅚ' 뒤에 '-어, -었-'이 어울려 'ㅙ, ㅙㅆ'으로 될 적에도 준 대로 적는다.

| (본말) | (준말) | (본말) | (준말) |
|--------|--------|--------|--------|
| 괴어 | 괘 | 괴었다 | 괬다 |
| 되어 | 돼 | 되었다 | 됐다 |
| 뵈어 | 봬 | 뵈었다 | 뵀다 |
| 쇠어 | 쇄 | 쇠었다 | 쇘다 |
| 쐬어 | 쐐 | 쐬었다 | 쐤다 |

(제36항) 'ㅣ' 뒤에 '-어'가 와서 'ㅕ'로 줄 적에는 준 대로 적는다.

| (본말) | (준말) | (본말) | (준말) |
|--------|--------|--------|--------|
| 가지어 | 가져 | 가지었다 | 가졌다 |
| 견디어 | 견뎌 | 견디었다 | 견뎠다 |
| 다니어 | 다녀 | 다니었다 | 다녔다 |
| 막히어 | 막혀 | 막히었다 | 막혔다 |
| 버티어 | 버텨 | 버티었다 | 버텼다 |
| 치이어 | 치여 | 치이었다 | 치였다 |

(제37항) 'ㅏ, ㅕ, ㅗ, ㅜ, ㅡ'로 끝난 어간에 '-이-'가 와서 각각 'ㅐ, ㅖ, ㅚ, ㅟ, ㅢ'로 줄 적에는 준 대로 적는다.

| (본말) | (준말) | (본말) | (준말) |
|---|---|---|---|
| 싸이다 | 쌔다 | 누이다 | 뉘다 |
| 펴이다 | 폐다 | 뜨이다 | 띄다 |
| 보이다 | 뵈다 | 쓰이다 | 씌다 |

(제38항) 'ㅏ, ㅗ, ㅜ, ㅡ' 뒤에 '-이어'가 어울려 줄어질 적에는 준 대로 적는다.

| (본말) | (준말) | (본말) | (준말) |
|---|---|---|---|
| 싸이어 | 쌔어 싸여 | 뜨이어 | 띄어 |
| 보이어 | 뵈어 보여 | 쓰이어 | 씌어 쓰여 |
| 쏘이어 | 쐬어 쏘여 | 트이어 | 틔어 트여 |
| 누이어 | 뉘어 누여 | | |

(제39항) 어미 '-지' 뒤에 '않-'이 어울려 '-잖-'이 될 적과 '-하지' 뒤에 '않-'이 어울려 '-찮-'이 될 적에는 준 대로 적는다.

| (본말) | (준말) | (본말) | (준말) |
|---|---|---|---|
| 그렇지 않은 | 그렇잖은 | 만만하지 않다 | 만만찮다 |
| 적지 않은 | 적잖은 | 변변하지 않다 | 변변찮다 |

(제40항) 어간의 끝음절 '하'의 'ㅏ'가 줄고 'ㅎ'이 다음 음절의 첫소리와 어울려 거센소리로 될 적에는 거센소리로 적는다.

| (본말) | (준말) | (본말) | (준말) |
|--------|--------|--------|--------|
| 간편하게 | 간편케 | 다정하다 | 다정타 |
| 연구하도록 | 연구토록 | 정결하다 | 정결타 |
| 가하다 | 가타 | 흔하다 | 흔타 |

[붙임 1] 'ㅎ'이 어간의 끝소리로 굳어진 것은 받침으로 적는다.

| 않다 | 않고 | 않지 | 않든지 |
|------|------|------|--------|
| 그렇다 | 그렇고 | 그렇지 | 그렇든지 |
| 아무렇다 | 아무렇고 | 아무렇지 | 아무렇든지 |
| 어떻다 | 어떻고 | 어떻지 | 어떻든지 |
| 이렇다 | 이렇고 | 이렇지 | 이렇든지 |
| 저렇다 | 저렇고 | 저렇지 | 저렇든지 |

[붙임 2] 어간의 끝음절 '하'가 아주 줄 적에는 준 대로 적는다.

| (본말) | (준말) | (본말) | (준말) |
|--------|--------|--------|--------|
| 거북하지 | 거북지 | 넉넉하지 않다 | 넉넉지 않다 |
| 생각하건대 | 생각건대 | 못하지 않다 | 못지않다 |
| 생각하다 못해 | 생각다 못해 | 섭섭하지 않다 | 섭섭지 않다 |
| 깨끗하지 않다 | 깨끗지 않다 | 익숙하지 않다 | 익숙지 않다 |

[붙임 3] 다음과 같은 부사는 소리대로 적는다.

| 결단코 | 결코 | 기필코 | 무심코 | 아무튼 | 요컨대 |
|--------|------|--------|--------|--------|--------|
| 정녕코 | 필연코 | 하마터면 | 하여튼 | 한사코 | |

## 3) 띄어쓰기

### (1) 조 사
(제41항) 조사는 그 앞말에 붙여 쓴다.

| | | | | |
|---|---|---|---|---|
| 꽃이 | 꽃마저 | 꽃밖에 | 꽃에서부터 | 꽃으로만 |
| 꽃이나마 | 꽃이다 | 꽃입니다 | 꽃처럼 | 어디까지나 |
| 거기도 | 멀리는 | 웃고만 | | |

### (2) 의존 명사, 단위를 나타내는 명사 및 열거하는 말 등
(제42항) 의존 명사는 띄어 쓴다.

아는 것이 힘이다.     나도 할 수 있다.

먹을 만큼 먹어라.     아는 이를 만났다.

네가 뜻한 바를 알겠다.     그가 떠난 지가 오래다.

(제43항) 단위를 나타내는 명사는 띄어 쓴다.

| | | | |
|---|---|---|---|
| 한 개 | 차 한 대 | 금 서 돈 | 소 한 마리 |
| 옷 한 벌 | 열 살 | 조기 한 손 | 연필 한 자루 |
| 버선 한 죽 | 집 한 채 | 신 두 켤레 | 북어 한 쾌 |

다만, 순서를 나타내는 경우나 숫자와 어울리어 쓰이는 경우에는 붙여 쓸 수 있다.

| | | |
|---|---|---|
| 두시 삼십분 오초 | 제일과 | 삼학년 |
| 육층 | 1446년 10월 9일 | 2대대 |

| | | |
|---|---|---|
| 16동 502호 | 제1실습실 | 80원 |
| 10개 | 7미터 | |

(제44항) 수를 적을 적에는 '만(萬)' 단위로 띄어 쓴다.

십이억 삼천사백오십육만 칠천팔백구십팔

12억 3456만 7898

(제45항) 두 말을 이어 주거나 열거할 적에 쓰이는 다음의 말들은 띄어 쓴다.

| | | |
|---|---|---|
| 국장 겸 과장 | 열 내지 스물 | 청군 대 백군 |
| 책상, 걸상 등이 있다 | 이사장 및 이사들 | 사과, 배, 귤 등등 |
| 사과, 배 등속 | 부산, 광주 등지 | |

(제46항) 단음절로 된 단어가 연이어 나타날 적에는 붙여 쓸 수 있다.

| | | | |
|---|---|---|---|
| 그때 그곳 | 좀더 큰것 | 이말 저말 | 한잎 두잎 |

## (3) 보조 용언

(제47항) 보조 용언은 띄어 씀을 원칙으로 하되, 경우에 따라 붙여 씀도 허용한다.(ㄱ을 원칙으로 하고, ㄴ을 허용함.)

| ㄱ | ㄴ |
|---|---|
| 불이 꺼져 간다. | 불이 꺼져간다. |
| 내 힘으로 막아 낸다. | 내 힘으로 막아낸다. |
| 어머니를 도와 드린다. | 어머니를 도와드린다. |

| | |
|---|---|
| 그릇을 깨뜨려 버렸다. | 그릇을 깨뜨려버렸다. |
| 비가 올 듯하다. | 비가 올듯하다. |
| 그 일은 할 만하다. | 그 일은 할만하다. |
| 일이 될 법하다. | 일이 될법하다. |
| 비가 올 성싶다. | 비가 올성싶다. |
| 잘 아는 척한다. | 잘 아는척한다. |

다만, 앞말에 조사가 붙거나 앞말이 합성 동사인 경우, 그리고 중간에 조사가 들어갈 적에는 그 뒤에 오는 보조 용언은 띄어 쓴다.

| | |
|---|---|
| 잘도 놀아만 나는구나! | 책을 읽어도 보고…… . |
| 네가 덤벼들어 보아라. | 강물에 떠내려가 버렸다. |
| 그가 올 듯도 하다. | 잘난 체를 한다. |

### (4) 고유 명사 및 전문 용어

(제48항) 성과 이름, 성과 호 등은 붙여 쓰고, 이에 덧붙는 호칭어, 관직명 등은 띄어 쓴다.

| | | |
|---|---|---|
| 김양수(金良洙) | 서화담(徐花潭) | 채영신 씨 |
| 최치원 선생 | 박동식 박사 | 충무공 이순신 장군 |

다만, 성과 이름, 성과 호를 분명히 구분할 필요가 있을 경우에는 띄어 쓸 수 있다.

| | |
|---|---|
| 남궁억/남궁 억 | 독고준/독고 준 |
| 황보지봉(皇甫芝峰)/황보 지봉 | |

(제49항) 성명 이외의 고유 명사는 단어별로 띄어 씀을 원칙으로 하되, 단위별로 띄어 쓸

수 있다.(ㄱ을 원칙으로 하고, ㄴ을 허용함.)

| ㄱ | ㄴ |
|---|---|
| 대한 중학교 | 대한중학교 |
| 한국 대학교 사범 대학 | 한국대학교 사범대학 |

(제50항) 전문 용어는 단어별로 띄어 씀을 원칙으로 하되, 붙여 쓸 수 있다.(ㄱ을 원칙으로 하고, ㄴ을 허용함.)

| ㄱ | ㄴ |
|---|---|
| 만성 골수성 백혈병 | 만성골수성백혈병 |
| 중거리 탄도 유도탄 | 중거리탄도유도탄 |

## (5) 그 밖의 것

(제51항) 부사의 끝음절이 분명히 '이'로만 나는 것은 '-이'로 적고, '히'로만 나거나 '이'나 '히'로 나는 것은 '-히'로 적는다.

### 1. '이'로만 나는 것

| | | | | |
|---|---|---|---|---|
| 가붓이 | 깨끗이 | 나붓이 | 느긋이 | 둥긋이 |
| 따뜻이 | 반듯이 | 버젓이 | 산뜻이 | 의젓이 |
| 가까이 | 고이 | 날카로이 | 대수로이 | 번거로이 |
| 많이 | 적이 | 헛되이 | 겹겹이 | 번번이 |
| 일일이 | 집집이 | 틈틈이 | | |

## 2. '히'로만 나는 것

| | | | | |
|---|---|---|---|---|
| 극히 | 급히 | 딱히 | 속히 | 작히 |
| 족히 | 특히 | 엄격히 | 정확히 | |

## 3. '이, 히'로 나는 것

| | | | | |
|---|---|---|---|---|
| 솔직히 | 가만히 | 간편히 | 나른히 | 무단히 |
| 각별히 | 소홀히 | 쓸쓸히 | 정결히 | 과감히 |
| 꼼꼼히 | 심히 | 열심히 | 급급히 | 답답히 |
| 섭섭히 | 공평히 | 능히 | 당당히 | 분명히 |
| 상당히 | 조용히 | 간소히 | 고요히 | 도저히 |

(제52항) 한자어에서 본음으로도 나고 속음으로도 나는 것은 각각 그 소리에 따라 적는다.

| (본음으로 나는 것) | (속음으로 나는 것) |
|---|---|
| 승낙(承諾) | 수락(受諾), 쾌락(快諾), 허락(許諾) |
| 만난(萬難) | 곤란(困難), 논란(論難) |
| 안녕(安寧) | 의령(宜寧), 회령(會寧) |
| 분노(忿怒) | 대로(大怒), 희로애락(喜怒哀樂) |
| 토론(討論) | 의논(議論) |
| 오륙십(五六十) | 오뉴월, 유월(六月) |
| 목재(木材) | 모과(木瓜) |
| 십일(十日) | 시방정토(十方淨土), 시왕(十王), 시월(十月) |
| 팔일(八日) | 초파일(初八日) |

(제53항) 다음과 같은 어미는 예사소리로 적는다.(ㄱ을 취하고, ㄴ을 버림.)

| ㄱ | ㄴ |
|---|---|
| -(으)ㄹ거나 | -(으)ㄹ꺼나 |
| -(으)ㄹ걸 | -(으)ㄹ껄 |
| -(으)ㄹ게 | -(으)ㄹ께 |
| -(으)ㄹ세 | -(으)ㄹ쎄 |
| -(으)ㄹ세라 | -(으)ㄹ쎄라 |
| -(으)ㄹ수록 | -(으)ㄹ쑤록 |
| -(으)ㄹ시 | -(으)ㄹ씨 |
| -(으)ㄹ지 | -(으)ㄹ찌 |
| -(으)ㄹ지니라 | -(으)ㄹ찌니라 |
| -(으)ㄹ지라도 | -(으)ㄹ찌라도 |
| -(으)ㄹ지어다 | -(으)ㄹ찌어다 |
| -(으)ㄹ지언정 | -(으)ㄹ찌언정 |
| -(으)ㄹ진대 | -(으)ㄹ찐대 |
| -(으)ㄹ진저 | -(으)ㄹ찐저 |
| -올시다 | -올씨다 |

다만, 의문을 나타내는 다음 어미들은 된소리로 적는다.

| -(으)ㄹ까? | -(으)ㄹ꼬? | -(스)ㅂ니까? |
|---|---|---|
| -(으)리까? | -(으)ㄹ쏘냐? | |

(제54항) 다음과 같은 접미사는 된소리로 적는다.(ㄱ을 취하고, ㄴ을 버림.)

| ㄱ | ㄴ | ㄱ | ㄴ |
|---|---|---|---|
| 심부름꾼 | 심부름군 | 귀때기 | 귓대기 |
| 익살꾼 | 익살군 | 볼때기 | 볼대기 |
| 일꾼 | 일군 | 판자때기 | 판잣대기 |
| 장꾼 | 장군 | 뒤꿈치 | 뒷굼치 |
| 장난꾼 | 장난군 | 팔꿈치 | 팔굼치 |
| 지게꾼 | 지겟군 | 이마빼기 | 이맛배기 |
| 때깔 | 땟갈 | 코빼기 | 콧배기 |
| 빛깔 | 빛갈 | 객쩍다 | 객적다 |
| 성깔 | 성갈 | 겸연쩍다 | 겸연적다 |

(제55항) 두 가지로 구별하여 적던 다음 말들은 한 가지로 적는다.(ㄱ을 취하고, ㄴ을 버림.)

| ㄱ | ㄴ |
|---|---|
| 맞추다(입을 맞춘다. 양복을 맞춘다.) | 마추다 |
| 뻗치다(다리를 뻗친다. 멀리 뻗친다.) | 뻐치다 |

(제56항) '-더라, -던'과 '-든지'는 다음과 같이 적는다.

**1. 지난 일을 나타내는 어미는 '-더라, -던'으로 적는다.(ㄱ을 취하고, ㄴ을 버림.)**

| ㄱ | ㄴ |
|---|---|
| 지난 겨울은 몹시 춥더라. | 지난 겨울은 몹시 춥드라. |
| 깊던 물이 얕아졌다. | 깊든 물이 얕아졌다. |
| 그렇게 좋던가? | 그렇게 좋든가? |
| 그 사람 말 잘하던데! | 그 사람 말 잘하든데! |

얼마나 놀랐던지 몰라.         얼마나 놀랐든지 몰라.

**2. 물건이나 일의 내용을 가리지 아니하는 뜻을 나타내는 조사와 어미는 '(-)든지'로 적는다.(ㄱ을 취하고, ㄴ을 버림.)**

| ㄱ | ㄴ |
|---|---|
| 배든지 사과든지 마음대로 먹어라. | 배던지 사과던지 마음대로 먹어라. |
| 가든지 오든지 마음대로 해라. | 가던지 오던지 마음대로 해라. |

(제57항) 다음 말들은 각각 구별하여 적는다.

| | |
|---|---|
| 가름 | 둘로 가름. |
| 갈음 | 새 책상으로 갈음하였다. |
| | |
| 거름 | 풀을 썩힌 거름. |
| 걸음 | 빠른 걸음. |
| | |
| 거치다 | 영월을 거쳐 왔다. |
| 걷히다 | 외상값이 잘 걷힌다. |
| | |
| 걷잡다 | 걷잡을 수 없는 상태. |
| 겉잡다 | 겉잡아서 이틀 걸릴 일. |
| | |
| 그러므로(그러니까) | 그는 부지런하다. 그러므로 잘 산다. |
| 그럼으로(써) | 그는 열심히 공부한다. 그럼으로(써) |

| | |
|---|---|
| (그렇게 하는 것으로) | 은혜에 보답한다. |
| | |
| 노름 | 노름판이 벌어졌다. |
| 놀음(놀이) | 즐거운 놀음. |
| | |
| 느리다 | 진도가 너무 느리다. |
| 늘이다 | 고무줄을 늘인다. |
| 늘리다 | 수출량을 더 늘린다. |
| | |
| 다리다 | 옷을 다린다. |
| 달이다 | 약을 달인다. |
| | |
| 다치다 | 부주의로 손을 다쳤다. |
| 닫히다 | 문이 저절로 닫혔다. |
| 닫치다 | 문을 힘껏 닫쳤다. |
| | |
| 마치다 | 벌써 일을 마쳤다. |
| 맞히다 | 여러 문제를 더 맞혔다. |
| 목거리 | 목거리가 덧났다. |
| 목걸이 | 금 목걸이, 은 목걸이. |
| | |
| 바치다 | 나라를 위해 목숨을 바쳤다. |
| 받치다 | 우산을 받치고 간다. |
| | 책받침을 받친다. |
| 받히다 | 쇠뿔에 받혔다. |
| 밭치다 | 술을 체에 밭친다. |

| | |
|---|---|
| 반드시 | 약속은 반드시 지켜라. |
| 반듯이 | 고개를 반듯이 들어라. |
| | |
| 부딪치다 | 차와 차가 마주 부딪쳤다. |
| 부딪히다 | 마차가 화물차에 부딪혔다. |
| | |
| 부치다 | 힘이 부치는 일이다. |
| | 편지를 부친다. |
| | 논밭을 부친다. |
| | 빈대떡을 부친다. |
| | 식목일에 부치는 글. |
| | 회의에 부치는 안건. |
| | 인쇄에 부치는 원고. |
| | 삼촌 집에 숙식을 부친다. |
| 붙이다 | 우표를 붙인다. |
| | 책상을 벽에 붙였다. |
| | 흥정을 붙인다. |
| | 불을 붙인다. |
| | 감시원을 붙인다. |
| | 조건을 붙인다. |
| | 취미를 붙인다. |
| | 별명을 붙인다. |
| | |
| 시키다 | 일을 시킨다. |
| 식히다 | 끓인 물을 식힌다. |

| | |
|---|---|
| 아름 | 세 아름 되는 둘레. |
| 알음 | 전부터 알음이 있는 사이. |
| 앎 | 앎이 힘이다. |
| | |
| 안치다 | 밥을 안친다. |
| 앉히다 | 윗자리에 앉힌다. |
| | |
| 어름 | 두 물건의 어름에서 일어난 현상. |
| 얼음 | 얼음이 얼었다. |
| | |
| 이따가 | 이따가 오너라. |
| 있다가 | 돈은 있다가도 없다. |
| | |
| 저리다 | 다친 다리가 저린다. |
| 절이다 | 김장 배추를 절인다. |
| | |
| 조리다 | 생선을 조린다. 통조림, 병조림. |
| 졸이다 | 마음을 졸인다. |
| | |
| 주리다 | 여러 날을 주렸다. |
| 줄이다 | 비용을 줄인다. |
| | |
| 하노라고 | 하노라고 한 것이 이 모양이다. |
| 하느라고 | 공부하느라고 밤을 새웠다. |
| -느니보다 (어미) | 나를 찾아오느니보다 집에 있거라. |
| -는 이보다 (의존 명사) | 오는 이가 가는 이보다 많다. |

| | |
|---|---|
| -(으)리만큼 (어미) | 나를 미워하리만큼 그에게 잘못한 일이 없다. |
| -(으)ㄹ 이만큼 (의존 명사) | 찬성할 이도 반대할 이만큼이나 많을 것이다. |
| | |
| -(으)러 (목적) | 공부하러 간다. |
| -(으)려 (의도) | 서울 가려 한다. |
| | |
| -(으)로서 (자격) | 사람으로서 그럴 수는 없다. |
| -(으)로써 (수단) | 닭으로써 꿩을 대신했다. |
| | |
| -(으)므로 (어미) | 그가 나를 믿으므로 나도 그를 믿는다. |
| (-ㅁ, -음)으로(써)(조사) | 그는 믿음으로(써) 산 보람을 느꼈다. |

## 2. 표준어 규정

현재의 표준어 규정은 1933년 '한글 맞춤법 통일안'의 정신을 살려 조선어학회에서 만든 '사정한 조선어 표준말 모음'(1936)을 대폭 수정한 것이며, 개정이라기보다는 제정에 가까울 정도로 많은 내용을 새로 담고 있다. 이 규정은 크게 두 부문으로 나뉘어 있는데, 제1부는 '표준어 사정 원칙'(3장 26항), 제2부는 '표준 발음법'(7장 30항)으로 구분되어 있으며 각 항에는 모두 대표적인 사례가 제시되어 있다.

### 1) 표준어 사정 원칙

제1부 '표준어 사정 원칙' 부분은 총 3장 26항으로 구성되어 있다. 제1장은 '총칙'이고 제2장은 '발음 변화에 따른 표준어 규정', 제3장은 '어휘 선택의 변화에 따른 표준어 규정'이다. 제1장 총칙은 두 개의 항으로 구성되어 있는데, 제1항에서는 표준어를 사정하는 원칙이 명시되어 있다.

(제1항) 표준어는 교양 있는 사람들이 두루 쓰는 현대 서울말로 정함을 원칙으로 한다.

(제2항) 외래어는 따로 사정한다.

제2장은 '발음 변화에 따른 표준어 규정'은 제1절 '자음', 제2절 '모음', 제3절 '준말', 제4절 '단수 표준어', 제5절 '복수 표준어'로 구분되어 있고, 제3장 '어휘 선택의 변화에 따른 표준어 규정'은 제1절 '고어', 제2절 '한자어', 제3절 '방언', 제4절 '단수 표준어', 제5절 '복수 표준어'로 세 분화되어 있다. '표준어 규정' 전문은 그 항목에 따른 용례가 너무 많아, 여기서는 그 내용을 간단히 정리하기로 한다.

(1) 발음의 변화가 심해 종래의 표준어를 그대로 고수할 수 없는 것을 정리하였다. 표준 어 개정은 표기의 개정도 수반하기 때문에 언어의 변화를 모두 표준어 개정에 반영하는 일은 쉽지도 않고 바람직하지도 않다. 그렇지만 그 차이가 너무 심해 도저히 고형을 더 이상 유지하기 어려운 것들은 새 형태를 표준어로 삼았다.(제3항) 예: 끄나풀, 나팔-꽃, 녘, 부엌, 살-쾡이, 칸 등. 이와 달리 발음 변화의 방향이 반대인 것들은 그것을 표준어로 삼았다.(제4항) 예: 거시기, 가을-걷이, 분침 등.

(2) 어원에서 멀어진 형태로 굳어져서 널리 쓰이는 것은, 그것을 표준어로 삼았다.(제5항) 예: 강낭-콩, 사글-세, 울력-성당 등 다만 어원적으로 원형에 더 가까운 형태가 아직 쓰이고 있는 경우에는 그것을 표준으로 삼았다. 예: 갈비, 갓모, 굴-젓, 말-곁, 물-수리, 밀-뜨리다. 적이, 휴지 등.

(3) 용법의 차이가 있는 것으로 규정해온 것 가운데 그 구별이 어려워 혼란을 일으켰던 단어들은 의미를 구별함이 없이 한 가지 형태만을 표준어로 삼았다.(제6항) 예: 돌, 둘-째, 셋-째, 넷-째, 빌리다 등. 다만, '둘째'는 십 단위 이상의 서수사에 쓰일 때는 '두째'로 한다. 예: 열두-째, 스물두-째.

(4) 수컷을 이르는 접두사는 모두 '수-'로 통일했다.(제7항) 예: 수-꿩, 수-나사, 수-놈, 수-사돈, 수-소, 수-은행나무 등. 다만 다음의 단어에서는 접두사 다음에서 나는 거센소리를 인정한다. 예: 수-캉아지, 수-캐, 수-컷, 수-키와 수-탉, 수-퇘지, 수-평아리 등. 그러나 다음의 단어의 접두사는 '숫-'으로 정한다. 예: 숫-양, 숫-염소, 숫-쥐.

(5) 양성모음이 음성모음으로 바뀌어 굳어진 경우에는 현실 발음을 받아들여 음성모음 형태를 표준어로 삼았다.(제8항) 예: 깡충-깡충, 발가-숭이, 보퉁이, 봉죽, 뻗정-다리, 오뚝-이, 아서라 등. 다만 어원 의식이 강하게 작용하는 경우에는 양성모음 형태를 그대로 표준어로 삼았다. 예: 부조(扶助), 사돈(査頓), 삼촌(三寸).

(6) 'ㅣ' 역행동화 현상에 의한 발음은 원칙적으로 표준 발음으로 인정하지 않지만 일부 단어에 한해서 그러한 동화가 적용된 형태를 표준어로 삼았다.(제9항) 예: -내기, 냄비, 동댕이-치다. 또 기술자에게는 '-장이', 그 외에는 '-쟁이'가 붙는 형태가 표준어로 삼았다. 예: 미장이, 유기장이, 멋쟁이, 소금쟁이, 골목쟁이, 발고쟁이, 담쟁이-덩굴.

(7) 모음의 발음 변화를 인정하여 발음이 바뀌어 굳어진 형태를 표준어로 삼았다.(제11항) 예: -구려, 깍쟁이, 나무라다, 바라다, 상추, 시러베-아들, 주책, 지루-하다, 허드레, 호루라기 등.

(8) '웃-' 및 '윗-'은 명사 '위'에 맞추어 '윗-'으로 통일하고, 된소리나 거센소리 앞에서는 '위-'로 한다.(제12항) 예: 윗-넓이, 윗-눈썹, 윗-니, 윗-도리, 윗-목, 윗-수염, 윗-입술, 윗-자리, 위-층 등. 다만 '아래, 위'의 대립이 없는 단어는 '웃-'으로 발음되는 형태를 표준어로 삼는다. 예: 웃-국, 웃-돈, 웃-어른, 웃-옷 등.

(9) 준말이 널리 쓰이고 본말이 잘 쓰이지 않는 경우에는, 준말만을 표준으로 삼았다.(제14항) 예: 귀찮다, 똬리(또아리×), 무(무우×), 뱀(배암×), 생-쥐(새앙-쥐×), 솔개(소리개×), 장사-치(장사-아치×) 등.

(10) 방언이던 단어가 표준어보다 더 널리 쓰이게 된 것은 그것을 표준어로 삼고, 원래의 표준어는 그대로 표준어로 남겨 두는 것을 원칙으로 한다.(제23항) 예: 멍게/우렁쉥이, 물-방개/선두리, 애-순/어린-순. 반면 방언이던 단어가 널리 쓰이게 됨에 따라 표준어이던 단어가 안 쓰이게 된 것은 방언이던 단어를 표준어로 삼는다.(제24항) 예: 귀밑-머리/귓-머리×, 빈대-떡/빈자-떡×, 역-겹다/역-스럽다×, 코-주부/코-보×, 생인-손/생안-손× 등.

(11) 한 가지 의미를 나타내는 형태 몇 가지가 널리 쓰이며 표준어 규정에 맞으면 모두 표준어로 삼는다.(복수 표준어)(제26항) 예: 가뭄/가물, 고깃-간/푸줏-간, 꼬까/때때/고까, 넝쿨/덩굴, 눈-대중/눈-어림/눈-짐작, 딴-전/딴-청, -뜨리다/-트리다, 만큼/만치, 민둥-산/벌거숭이-산, 볼-따구니/볼-퉁이/볼-때기, 심술-꾸러기/심술-쟁이, 어저께/어제, 여태-껏/이제-껏/입때-껏, 우레/천둥, 일찌감치/일찌거니, 철-따구니/철-딱서니/철-딱지, 구린-내/쿠린-내 등.

### 2) 표준 발음법

'표준 발음법'이란 표준어를 어떻게 발음해야 하는가를 규정해 놓은 것이다. 이는 표준어를 글로 적을 때 어떻게 표기할 것인가를 규정해 놓은 '한글 맞춤법'과는 조금 다르다고 할 수 있다. '표준 발음법'은 '한글 맞춤법'이 공포된 뒤 50여 년이 지나서야 만들어졌다. 즉 종래에 없었던 규정을 새로이 마련한 것이다. 전체 7장 30항으로 이루어진 '표준 발음법'은 혼동을 보이는 발음 생활에 한 규범을 제시하기 위해 제정된 것이다.

우리의 어문 생활에 있어서 글을 올바로 쓰는 것만 중요한 것이 아니라 말을 올바로 하는 것도 중요하다면 '한글 맞춤법' 못지않게 '표준 발음법'도 우리에게 중요한 어문 규정이라고 할 수 있다. 따라서 우리가 글 쓸 때에 '한글 맞춤법'을 지켜서 글을 쓰는 것과 마찬가지로 말을 할 때는 '표준 발음법'을 지켜서 말을 해야 한다.

한편 '표준 발음법'은 총 7장으로 구성되어 있다. 제1장은 '총칙', 제2장은 '자음과 모음', 제3장은 '소리의 길이', 제4장은 '받침의 발음', 제5장은 '소리의 동화', 제6장은 '된소리되기', 제7장은 '

소리의 첨가'이다.

총칙 제1항에는 '표준 발음법은 표준어의 실제 발음을 따르되, 국어의 전통성과 합리성을 고려하여 정함을 원칙으로 한다'라고 밝혀, 표준어 발음의 대원칙을 제시하고 있다. '표준어의 실제 발음을 따른다'라는 근본 원칙에 '국어의 전통성과 합리성을 고려하여 정한다'는 조건이 붙어 있는 형식이다. 표준어의 실제 발음에 따라 표준 발음법을 정한다는 것은 표준어의 규정과 직접적인 관련이 있다. 표준어 사정 원칙 제1장 1항에서 '표준어는 교양 있는 사람들이 두루 쓰는 현대 서울말로 정함을 원칙으로 한다'고 규정하고 있다. 이에 따라 표준 발음법은 교양 있는 사람들이 두루 쓰는 현대 서울말의 발음을 표준어의 실제 발음으로 여기고서 일단 이를 따르도록 원칙을 정한 것이라 볼 수 있다.

그런데 현대 서울말에서조차 실제의 발음에서는 여러 형태로 발음하는 경우가 있어서 그러한 경우에는 국어의 전통성과 합리성을 고려하여 표준 발음법을 정한다는 부대조건을 제시하였다. 또한 표준 발음법에는 국어의 전통성을 고려하여 정한다는 조건 이외에 합리성을 고려하여 정한다는 조건이 하나 더 붙어 있다. 이것은 한글 맞춤법의 규정에서 어법에 맞춘다는 것과 상통하는 조건이다. 즉 국어의 규칙 내지는 법칙에 따라서 표준 발음을 합리적으로 정한다는 것을 의미한다. 물론 이 전통성과 합리성 사이에는 서로 충돌하는 경우도 있을 수 있는데, 그럴 때에는 복수 표준어를 허용하던 것과 마찬가지로 어느 한 쪽을 원칙으로 삼고, 다른 한 쪽을 허용하는 방법을 취하고 있다.

우리가 언어생활에서 자주 틀리고 또 혼동하기 쉬운 예들을 중심으로 표준 발음법의 중심 사항을 살펴보도록 한다.

(1) 'ㅑ ㅐ ㅕ ㅖ ㅘ ㅙ ㅛ ㅝ ㅞ ㅠ ㅢ'는 이중 모음으로 발음한다.(제5항) 다만 용언의 활용형에 나타나는 'ㅕ'는 'ㅓ'로 발음한다. 예: 찌+어→쪄[쩌], 가지+어→가져[가저], 다치+어→다쳐[다처]. 그리고 '예, 례' 이외의 'ㅖ'는 [ㅔ]로도 발음한다. 예: 계집[계집~게집], 시계[시계~시게], 지혜[지혜~지헤], 연계[연계~연게], 혜택[혜택~헤택] 등. 자음을 첫소리로 가지고 있는 음절의 'ㅢ'는 [ㅣ]로 발음한다. 예: 늴리리[닐리리], 무늬[무니], 희망[히망], 틔어[티어] 등. 단어의 첫음절 이외의 '의'는 [ㅣ]로, 조사 '의'는 [ㅔ]로 발음함도 허용한다. 예: 주의[주의/주이], 협의[혀

븨/혀비], 우리의[우리의/우리에], 강의의[강의의/강의에].


(2) 받침소리로는 'ㄱ, ㄴ, ㄷ, ㄹ, ㅁ, ㅂ, ㅇ'의 7개 자음만 발음한다.(제8항) 그리고 받침의 발음 가운데 특히 주의해야 할 것들을 다양하게 제시하고 있는데, 여기서는 중요한 몇 가지만 제시한다. 넓다[널따], 핥다[할따], 밟고[밥꼬], 넓죽하다[넙쭈카다], 흙과[흑꽈], 늙지[늑지], 맑게[말께], 읊다[읍따], 좋던[조턴], 닳지[달치], 밝히다[발키다], 낮 한때[나탄때], 닿소리[다쏘리], 쌓네[싼네], 뚫는[뚤른], 낳은[나은], 싫어도[시러도], 꽃을[꼬츨], 낯이[너씨], 밭 아래[바다래], 꽃 위[꼬뒤], 닭 앞에[다가페], 값있는[가빈는], 디귿이[디그시], 히읗을[히으슬] 등.


(3) 소리의 동화(구개음화, 비음화)에 관한 여러 규정을 제시하고 있다.(제17항~제22항) 중요한 몇 가지 예를 제시하면 다음과 같다. 곧이듣다[고지듣따], 닫히다[다치다], 긁는[긍는], 꽃망울[꼰망울], 밥 먹는다[밤멍는다], 강릉[강능], 협력[혐녁], 대관령[대괄령], 물난리[물랄리], 닳는[달른], 의견란[의견난], 꽃밭[꼰빧], 되어[되어/되여] 등.


(4) 된소리로 발음되는 현상이 일어나는 경우에 대해 규정해 놓았다.(제23항~제28항) 중요한 몇 가지 예를 제시하면 다음과 같다. 국밥[국빱], 낯설다[낯썰다], 닭고[담꼬], 떫지[떨찌], 발동[발똥], 갈 데가[갈떼가], 할수록[할수록], 신-바람[신빠람], 굴-속[굴쏙], 그믐-달[그믐딸], 등-불[등뿔], 강-줄기[강쭐기].


(5) 합성어 및 파생어에서 'ㄴ'소리가 첨가되어 나타나는 경우를 규정하여 놓았다.(제29항) 예: 솜-이불[솜니불], 삯-일[상닐], 신-여성[신녀성], 늑막-염[능망념], 밤-윷[밤뉻], 금융[금늉/그뮹], 솔-잎[솔립], 물-약[물략], 옷 입다[온닙따], 3·1절[사밀쩔], 송별-연[송벼련].


(6) 사이시옷이 붙는 단어의 발음에 관해서도 규정해 놓았다.(제30항) 예: 냇가(내까/낻까], 햇살[해쌀/핻쌀], 고갯짓[고개찓/고갣찓], 콧날[콘날], 뱃머리[밴머리], 나뭇잎[나문닙], 베갯잇[베갠닏].

## 3. 문장부호론

　문장 부호는 글에서 문장의 구조를 드러내거나 글쓴이의 의도를 전달하기 위하여 사용하는 부호이다. 문장 부호의 이름과 사용법은 다음과 같이 정한다.

### 1) 마침표(.)

　(1) 서술, 명령, 청유 등을 나타내는 문장의 끝에 쓴다.

　　젊은이는 나라의 기둥입니다.

　　제 손을 꼭 잡으세요.

　　집으로 돌아갑시다.

　　가는 말이 고와야 오는 말이 곱다.

　[붙임 1] 직접 인용한 문장의 끝에는 쓰는 것을 원칙으로 하되, 쓰지 않는 것을 허용한다. (ㄱ을 원칙으로 하고, ㄴ을 허용함.)

　　ㄱ. 그는 "지금 바로 떠나자."라고 말하며 서둘러 짐을 챙겼다.

　　ㄴ. 그는 "지금 바로 떠나자"라고 말하며 서둘러 짐을 챙겼다.

　[붙임 2] 용언의 명사형이나 명사로 끝나는 문장에는 쓰는 것을 원칙으로 하되, 쓰지 않는 것을 허용한다.(ㄱ을 원칙으로 하고, ㄴ을 허용함.)

　　ㄱ. 목적을 이루기 위하여 몸과 마음을 다하여 애를 씀.

　　ㄴ. 목적을 이루기 위하여 몸과 마음을 다하여 애를 씀

ㄱ. 결과에 연연하지 않고 끝까지 최선을 다하기.

ㄴ. 결과에 연연하지 않고 끝까지 최선을 다하기


ㄱ. 신입 사원 모집을 위한 기업 설명회 개최.

ㄴ. 신입 사원 모집을 위한 기업 설명회 개최


ㄱ. 내일 오전까지 보고서를 제출할 것.

ㄴ. 내일 오전까지 보고서를 제출할 것


다만, 제목이나 표어에는 쓰지 않음을 원칙으로 한다.


압록강은 흐른다

꺼진 불도 다시 보자

건강한 몸 만들기


(2) 아라비아 숫자만으로 연월일을 표시할 때 쓴다.


1919. 3. 1.

10. 1.~10. 12.


(3) 특정한 의미가 있는 날을 표시할 때 월과 일을 나타내는 아라비아 숫자 사이에 쓴다.


3.1 운동

8.15 광복


[붙임] 이때는 마침표 대신 가운뎃점을 쓸 수 있다.

3·1 운동

8·15 광복

(4) 장, 절, 항 등을 표시하는 문자나 숫자 다음에 쓴다.

가. 인명

ㄱ. 머리말

Ⅰ. 서론

1. 연구 목적

[붙임] '마침표' 대신 '온점'이라는 용어를 쓸 수 있다.

## 2) 물음표(?)

(1) 의문문이나 의문을 나타내는 어구의 끝에 쓴다.

점심 먹었어?

이번에 가시면 언제 돌아오세요?

제가 부모님 말씀을 따르지 않을 리가 있겠습니까?

남북이 통일되면 얼마나 좋을까?

다섯 살짜리 꼬마가 이 멀고 험한 곳까지 혼자 왔다?

지금?

뭐라고?

네?

[붙임 1] 한 문장 안에 몇 개의 선택적인 물음이 이어질 때는 맨 끝의 물음에만 쓰고, 각 물

음이 독립적일 때는 각 물음의 뒤에 쓴다.

　　너는 중학생이냐, 고등학생이냐?

　　너는 여기에 언제 왔니? 어디서 왔니? 무엇하러 왔니?

[붙임 2] 의문의 정도가 약할 때는 물음표 대신 마침표를 쓸 수 있다.

　　도대체 이 일을 어쩐단 말이냐.

　　이것이 과연 내가 찾던 행복일까.

다만, 제목이나 표어에는 쓰지 않음을 원칙으로 한다.

　　역사란 무엇인가

　　아직도 담배를 피우십니까

　(2) 특정한 어구의 내용에 대하여 의심, 빈정거림 등을 표시할 때, 또는 적절한 말을 쓰기 어려울 때 소괄호 안에 쓴다.

　　우리와 의견을 같이할 사람은 최 선생(?) 정도인 것 같다.

　　30점이라, 거참 훌륭한(?) 성적이군.

　　우리 집 강아지가 가출(?)을 했어요.

　(3) 모르거나 불확실한 내용임을 나타낼 때 쓴다.

　　최치원(857~?)은 통일 신라 말기에 이름을 떨쳤던 학자이자 문장가이다.

　　조선 시대의 시인 강백(1690?~1777?)의 자는 자청이고, 호는 우곡이다.

## 3) 느낌표(!)

(1) 감탄문이나 감탄사의 끝에 쓴다.

이거 정말 큰일이 났구나!

어머!

[붙임] 감탄의 정도가 약할 때는 느낌표 대신 쉼표나 마침표를 쓸 수 있다.

어, 벌써 끝났네.

날씨가 참 좋군.

(2) 특별히 강한 느낌을 나타내는 어구, 평서문, 명령문, 청유문에 쓴다.

청춘! 이는 듣기만 하여도 가슴이 설레는 말이다.

이야, 정말 재밌다!

지금 즉시 대답해!

앞만 보고 달리자!

(3) 물음의 말로 놀람이나 항의의 뜻을 나타내는 경우에 쓴다.

이게 누구야!

내가 왜 나빠!

(4) 감정을 넣어 대답하거나 다른 사람을 부를 때 쓴다.

네!

네, 선생님!

흥부야!

언니!

## 4) 쉼표(,)

(1) 같은 자격의 어구를 열거할 때 그 사이에 쓴다.

근면, 검소, 협동은 우리 겨레의 미덕이다.

충청도의 계룡산, 전라도의 내장산, 강원도의 설악산은 모두 국립 공원이다.

집을 보러 가면 그 집이 내가 원하는 조건에 맞는지, 살기에 편한지, 망가진 곳은 없는지 확인해야 한다.

5보다 작은 자연수는 1, 2, 3, 4이다.

다만, (가) 쉼표 없이도 열거되는 사항임이 쉽게 드러날 때는 쓰지 않을 수 있다.

아버지 어머니께서 함께 오셨어요.

네 돈 내 돈 다 합쳐 보아야 만 원도 안 되겠다.

(나) 열거할 어구들을 생략할 때 사용하는 줄임표 앞에는 쉼표를 쓰지 않는다.

광역시: 광주, 대구, 대전……

(2) 짝을 지어 구별할 때 쓴다.

닭과 지네, 개와 고양이는 상극이다.

(3) 이웃하는 수를 개략적으로 나타낼 때 쓴다.

5, 6세기

6, 7, 8개

(4) 열거의 순서를 나타내는 어구 다음에 쓴다.

첫째, 몸이 튼튼해야 한다.

마지막으로, 무엇보다 마음이 편해야 한다.

(5) 문장의 연결 관계를 분명히 하고자 할 때 절과 절 사이에 쓴다.

콩 심은 데 콩 나고, 팥 심은 데 팥 난다.

저는 신뢰와 정직을 생명과 같이 여기고 살아온바, 이번 비리 사건과는 무관하다는 점을 분명

히 밝힙니다.

떡국은 설날의 대표적인 음식인데, 이걸 먹어야 비로소 나이도 한 살 더 먹는다고 한다.

(6) 같은 말이 되풀이되는 것을 피하기 위하여 일정한 부분을 줄여서 열거할 때 쓴다.

여름에는 바다에서, 겨울에는 산에서 휴가를 즐겼다.

(7) 부르거나 대답하는 말 뒤에 쓴다.

지은아, 이리 좀 와 봐.

네, 지금 가겠습니다.


(8) 한 문장 안에서 앞말을 '곧', '다시 말해' 등과 같은 어구로 다시 설명할 때 앞말 다음에 쓴다.


책의 서문, 곧 머리말에는 책을 지은 목적이 드러나 있다.

원만한 인간관계는 말과 관련한 예의, 즉 언어 예절을 갖추는 것에서 시작된다.

호준이 어머니, 다시 말해 나의 누님은 올해로 결혼한 지 20년이 된다.

나에게도 작은 소망, 이를테면 나만의 정원을 가졌으면 하는 소망이 있어.


(9) 문장 앞부분에서 조사 없이 쓰인 제시어나 주제어의 뒤에 쓴다.


돈, 돈이 인생의 전부이더냐?

열정, 이것이야말로 젊은이의 가장 소중한 자산이다.

지금 네가 여기 있다는 것, 그것만으로도 나는 충분히 행복해.

저 친구, 저러다가 큰일 한번 내겠어.

그 사실, 넌 알고 있었지?


(10) 한 문장에 같은 의미의 어구가 반복될 때 앞에 오는 어구 다음에 쓴다.


그의 애국심, 몸을 사리지 않고 국가를 위해 헌신한 정신을 우리는 본받아야 한다.


(11) 도치문에서 도치된 어구들 사이에 쓴다.


이리 오세요, 어머님.

다시 보자, 한강수야.

(12) 바로 다음 말과 직접적인 관계에 있지 않음을 나타낼 때 쓴다.

갑돌이는, 울면서 떠나는 갑순이를 배웅했다.
철원과, 대관령을 중심으로 한 강원도 산간 지대에 예년보다 일찍 첫눈이 내렸습니다.

(13) 문장 중간에 끼어든 어구의 앞뒤에 쓴다.

나는, 솔직히 말하면, 그 말이 별로 탐탁지 않아.
영호는 미소를 띠고, 속으로는 화가 치밀어 올라 잠시라도 견딜 수 없을 만큼 괴로웠지만, 그들
을 맞았다.

[붙임 1] 이때는 쉼표 대신 줄표를 쓸 수 있다.

나는―솔직히 말하면―그 말이 별로 탐탁지 않아.
영호는 미소를 띠고―속으로는 화가 치밀어 올라 잠시라도 견딜 수 없을 만큼 괴로웠지만―
그들을 맞았다.

[붙임 2] 끼어든 어구 안에 다른 쉼표가 들어 있을 때는 쉼표 대신 줄표를 쓴다.

이건 내 것이니까―아니, 내가 처음 발견한 것이니까―절대로 양보할 수 없다.

(14) 특별한 효과를 위해 끊어 읽는 곳을 나타낼 때 쓴다.

내가, 정말 그 일을 오늘 안에 해낼 수 있을까?
이 전투는 바로 우리가, 우리만이, 승리로 이끌 수 있다.

(15) 짧게 더듬는 말을 표시할 때 쓴다.

　　선생님, 부, 부정행위라니요? 그런 건 새, 생각조차 하지 않았습니다.

[붙임] '쉼표' 대신 '반점'이라는 용어를 쓸 수 있다.

## 5) 가운뎃점(·)

(1) 열거할 어구들을 일정한 기준으로 묶어서 나타낼 때 쓴다.

　　민수·영희, 선미·준호가 서로 짝이 되어 윷놀이를 하였다.
　　지금의 경상남도·경상북도, 전라남도·전라북도, 충청남도·충청북도 지역을 예부터 삼남이라
일러 왔다.

(2) 짝을 이루는 어구들 사이에 쓴다.

　　한(韓)·이(伊) 양국 간의 무역량이 늘고 있다.
　　우리는 그 일의 참·거짓을 따질 겨를도 없었다.
　　하천 수질의 조사·분석
　　빨강·초록·파랑이 빛의 삼원색이다.

다만, 이때는 가운뎃점을 쓰지 않거나 쉼표를 쓸 수도 있다.

　　한(韓) 이(伊) 양국 간의 무역량이 늘고 있다.
　　우리는 그 일의 참 거짓을 따질 겨를도 없었다.
　　하천 수질의 조사, 분석

빨강, 초록, 파랑이 빛의 삼원색이다.

(3) 공통 성분을 줄여서 하나의 어구로 묶을 때 쓴다.

상·중·하위권

금·은·동메달

통권 제54·55·56호

[붙임] 이때는 가운뎃점 대신 쉼표를 쓸 수 있다.

상, 중, 하위권

금, 은, 동메달

통권 제54, 55, 56호

## 6) 쌍점(:)

(1) 표제 다음에 해당 항목을 들거나 설명을 붙일 때 쓴다.

문방사우: 종이, 붓, 먹, 벼루

일시: 2014년 10월 9일 10시

흔하진 않지만 두 자로 된 성씨도 있다.(예: 남궁, 선우, 황보)

올림표(#): 음의 높이를 반음 올릴 것을 지시한다.

(2) 희곡 등에서 대화 내용을 제시할 때 말하는 이와 말한 내용 사이에 쓴다.

김 과장: 난 못 참겠다.

아들: 아버지, 제발 제 말씀 좀 들어 보세요.

(3) 시와 분, 장과 절 등을 구별할 때 쓴다.

    오전 10:20(오전 10시 20분)

    두시언해 6:15(두시언해 제6권 제15장)

(4) 의존명사 '대'가 쓰일 자리에 쓴다.

    65:60(65 대 60)

    청군:백군(청군 대 백군)

[붙임] 쌍점의 앞은 붙여 쓰고 뒤는 띄어 쓴다. 다만, (3)과 (4)에서는 쌍점의 앞뒤를 붙여 쓴다.

## 7) 빗금(/)

(1) 대비되는 두 개 이상의 어구를 묶어 나타낼 때 그 사이에 쓴다.

    먹이다/먹히다

    남반구/북반구

    금메달/은메달/동메달

    ( )이/가 우리나라의 보물 제1호이다.

(2) 기준 단위당 수량을 표시할 때 해당 수량과 기준 단위 사이에 쓴다.

    100미터/초

1,000원/개

(3) 시의 행이 바뀌는 부분임을 나타낼 때 쓴다.

　　산에 / 산에 / 피는 꽃은 / 저만치 혼자서 피어 있네

다만, 연이 바뀜을 나타낼 때는 두 번 겹쳐 쓴다.

　　산에는 꽃 피네 / 꽃이 피네 / 갈 봄 여름 없이 / 꽃이 피네 // 산에 / 산에 / 피는 꽃은 / 저만치 혼

　자서 피어 있네

[붙임] 빗금의 앞뒤는 (1)과 (2)에서는 붙여 쓰며, (3)에서는 떼어 쓰는 것을 원칙으로 하되
붙여 쓰는 것을 허용한다.
　단, (1)에서 대비되는 어구가 두 어절 이상인 경우에는 빗금의 앞뒤를 떼어 쓸 수 있다.

## 8) 큰따옴표(" ")

(1) 글 가운데에서 직접 대화를 표시할 때 쓴다.

　　"어머니, 제가 가겠어요."
　　"아니다. 내가 다녀오마."

(2) 말이나 글을 직접 인용할 때 쓴다.

　　나는 "어, 광훈이 아니냐?" 하는 소리에 깜짝 놀랐다.
　　밤하늘에 반짝이는 별들을 보면서 "나는 아무 걱정도 없이 가을 속의 별들을 다 헬 듯합니다."

라는 시구를 떠올렸다.

편지의 끝머리에는 이렇게 적혀 있었다.

"할머니, 편지에 사진을 동봉했다고 하셨지만 봉투 안에는 아무것도 없었어요."

## 9) 작은따옴표(' ')

(1) 인용한 말 안에 있는 인용한 말을 나타낼 때 쓴다.

그는 "여러분! '시작이 반이다.'라는 말 들어 보셨죠?"라고 말하며 강연을 시작했다.

(2) 마음속으로 한 말을 적을 때 쓴다.

나는 '일이 다 틀렸나 보군.' 하고 생각하였다.

'이번에는 꼭 이기고야 말겠어.' 호연이는 마음속으로 몇 번이나 그렇게 다짐하며 주먹을 불끈 쥐었다.

## 10) 소괄호(( ))

(1) 주석이나 보충적인 내용을 덧붙일 때 쓴다.

니체(독일의 철학자)의 말을 빌리면 다음과 같다.

2014. 12. 19.(금)

문인화의 대표적인 소재인 사군자(매화, 난초, 국화, 대나무)는 고결한 선비 정신을 상 징한다.

(2) 우리말 표기와 원어 표기를 아울러 보일 때 쓴다.

기호(嗜好), 자세(姿勢)

커피(coffee), 에티켓(étiquette)

(3) 생략할 수 있는 요소임을 나타낼 때 쓴다.

학교에서 동료 교사를 부를 때는 이름 뒤에 '선생(님)'이라는 말을 덧붙인다.

광개토(대)왕은 고구려의 전성기를 이끌었던 임금이다.

(4) 희곡 등 대화를 적은 글에서 동작이나 분위기, 상태를 드러낼 때 쓴다.

현우: (가쁜 숨을 내쉬며) 왜 이렇게 빨리 뛰어?

"관찰한 것을 쓰는 것이 습관이 되었죠. 그러다 보니, 상상력이 생겼나 봐요." (웃음)

(5) 내용이 들어갈 자리임을 나타낼 때 쓴다.

우리나라의 수도는 (  )이다.

다음 빈칸에 알맞은 조사를 쓰시오.

민수가 할아버지(  ) 꽃을 드렸다.

(6) 항목의 순서나 종류를 나타내는 숫자나 문자 등에 쓴다.

사람의 인격은 (1) 용모, (2) 언어, (3) 행동, (4) 덕성 등으로 표현된다.

(가) 동해, (나) 서해, (다) 남해

### 11) 중괄호({ })

(1) 같은 범주에 속하는 여러 요소를 세로로 묶어서 보일 때 쓴다.

$$
\text{주격 조사} \left\{ \begin{matrix} 미 \\ 가 \end{matrix} \right\} \quad \text{국가의 성립 요소} \left\{ \begin{matrix} 주격 \\ 조사 \end{matrix} \right\}
$$

(2) 열거된 항목 중 어느 하나가 자유롭게 선택될 수 있음을 보일 때 쓴다.

아이들이 모두 학교{에, 로, 까지} 갔어요.

### 12. 대괄호([ ])

(1) 괄호 안에 또 괄호를 쓸 필요가 있을 때 바깥쪽의 괄호로 쓴다.

어린이날이 새로 제정되었을 당시에는 어린이들에게 경어를 쓰라고 하였다.[윤석중 전집(1988), 70쪽 참조]

이번 회의에는 두 명[이혜정(실장), 박철용(과장)]만 빼고 모두 참석했습니다.

(2) 고유어에 대응하는 한자어를 함께 보일 때 쓴다.

나이[年歲]

낱말[單語]

손발[手足]

(3) 원문에 대한 이해를 돕기 위해 설명이나 논평 등을 덧붙일 때 쓴다.

그것[한글]은 이처럼 정보화 시대에 알맞은 과학적인 문자이다.

신경준의 ≪여암전서≫에 "삼각산은 산이 모두 돌 봉우리인데, 그 으뜸 봉우리를 구름 위에 솟아 있다고 백운(白雲)이라 하며 [이하 생략]"

그런 일은 결코 있을 수 없다.[원문에는 '업다'임.]

## 13) 겹낫표(『 』)와 겹화살괄호(≪ ≫)

책의 제목이나 신문 이름 등을 나타낼 때 쓴다.

우리나라 최초의 민간 신문은 1896년에 창간된 『독립신문』이다.

『훈민정음』은 1997년에 유네스코 세계 기록 유산으로 지정되었다.

≪한성순보≫는 우리나라 최초의 근대 신문이다.

윤동주의 유고 시집인 ≪하늘과 바람과 별과 시≫에는 31편의 시가 실려 있다.

[붙임] 겹낫표나 겹화살괄호 대신 큰따옴표를 쓸 수 있다.

우리나라 최초의 민간 신문은 1896년에 창간된 "독립신문"이다.

윤동주의 유고 시집인 "하늘과 바람과 별과 시"에는 31편의 시가 실려 있다.

## 14) 홑낫표(「 」)와 홑화살괄호(〈 〉)

소제목, 그림이나 노래와 같은 예술 작품의 제목, 상호, 법률, 규정 등을 나타낼 때 쓴다.

「국어 기본법 시행령」은 「국어 기본법」에서 위임된 사항과 그 시행에 필요한 사항을 규정함을 목적으로 한다.

이 곡은 베르디가 작곡한 「축배의 노래」이다.

사무실 밖에 「해와 달」이라고 쓴 간판을 달았다.

〈한강〉은 사진집 ≪아름다운 땅≫에 실린 작품이다.

백남준은 2005년에 〈엄마〉라는 작품을 선보였다.

[붙임] 홑낫표나 홑화살괄호 대신 작은따옴표를 쓸 수 있다.

사무실 밖에 '해와 달'이라고 쓴 간판을 달았다.

'한강'은 사진집 "아름다운 땅"에 실린 작품이다.

## 15) 줄표(—)

제목 다음에 표시하는 부제의 앞뒤에 쓴다.

이번 토론회의 제목은 '역사 바로잡기 — 근대의 설정 —'이다.

'환경 보호 — 숲 가꾸기 —'라는 제목으로 글짓기를 했다.

다만, 뒤에 오는 줄표는 생략할 수 있다.

이번 토론회의 제목은 '역사 바로잡기 — 근대의 설정'이다.

'환경 보호 — 숲 가꾸기'라는 제목으로 글짓기를 했다.

[붙임] 줄표의 앞뒤는 띄어 쓰는 것을 원칙으로 하되, 붙여 쓰는 것을 허용한다.

## 16) 붙임표( - )

(1) 차례대로 이어지는 내용을 하나로 묶어 열거할 때 각 어구 사이에 쓴다.

멀리뛰기는 도움닫기-도약-공중 자세-착지의 순서로 이루어진다.

김 과장은 기획-실무-홍보까지 직접 발로 뛰었다.

(2) 두 개 이상의 어구가 밀접한 관련이 있음을 나타내고자 할 때 쓴다.

드디어 서울-북경의 항로가 열렸다.

원-달러 환율

남한-북한-일본 삼자 관계

## 17) 물결표(~)

기간이나 거리 또는 범위를 나타낼 때 쓴다.

9월 15일~9월 25일

김정희(1786~1856)

서울~천안 정도는 출퇴근이 가능하다.

이번 시험의 범위는 3~78쪽입니다.

[붙임] 물결표 대신 붙임표를 쓸 수 있다.

9월 15일-9월 25일

김정희(1786-1856)

서울-천안 정도는 출퇴근이 가능하다.

이번 시험의 범위는 3-78쪽입니다.

## 18) 드러냄표( ˙ )와 밑줄(＿)

문장 내용 중에서 주의가 미쳐야 할 곳이나 중요한 부분을 특별히 드러내 보일 때 쓴다.

한글의 본디 이름은 훈민정음이다.

지금 필요한 것은 지식이 아니라 실천입니다.

중요한 것은 왜 사느냐가 아니라 어떻게 사느냐이다.

다음 보기에서 명사가 아닌 것은?

[붙임] 드러냄표나 밑줄 대신 작은따옴표를 쓸 수 있다.

한글의 본디 이름은 '훈민정음'이다.

중요한 것은 '왜 사느냐'가 아니라 '어떻게 사느냐'이다.

지금 필요한 것은 '지식'이 아니라 '실천'입니다.

다음 보기에서 명사가 '아닌' 것은?

## 19) 숨김표( ○, X )

(1) 금기어나 공공연히 쓰기 어려운 비속어임을 나타낼 때, 그 글자의 수효만큼 쓴다.

배운 사람 입에서 어찌 ○○○란 말이 나올 수 있느냐?

그 말을 듣는 순간 ×××란 말이 목구멍까지 치밀었다.

(2) 비밀을 유지해야 하거나 밝힐 수 없는 사항임을 나타낼 때 쓴다.

1차 시험 합격자는 김○영, 이○준, 박○순 등 모두 3명이다.

육군 ○○ 부대 ○○○ 명이 작전에 참가하였다.

그 모임의 참석자는 김×× 씨, 정×× 씨 등 5명이었다.

## 20) 빠짐표(□)

(1) 옛 비문이나 문헌 등에서 글자가 분명하지 않을 때 그 글자의 수효만큼 쓴다.

大師爲法主□□賴之大□薦

(2) 글자가 들어가야 할 자리를 나타낼 때 쓴다.

훈민정음의 초성 중에서 아음(牙音)은 □□□의 석 자다.

## 21) 줄임표( …… )

(1) 할 말을 줄였을 때 쓴다.

"어디 나하고 한번……" 하고 민수가 나섰다.

(2) 말이 없음을 나타낼 때 쓴다.

"빨리 말해!"
"……"

(3) 문장이나 글의 일부를 생략할 때 쓴다.

'고유'라는 말은 문자 그대로 본디부터 있었다는 뜻은 아닙니다.…… 같은 역사적 환경에서 공동
의 집단생활을 영위해 오는 동안 공동으로 발견된, 사물에 대한 공동의 사고방식을 우리는 한국의
고유 사상이라 부를 수 있다는 것입니다.

(4) 머뭇거림을 보일 때 쓴다.


"우리는 모두…… 그러니까…… 예외 없이 눈물만…… 흘렸다."


[붙임 1] 점은 가운데에 찍는 대신 아래쪽에 찍을 수도 있다.


"어디 나하고 한번......" 하고 민수가 나섰다.

"실은...... 저 사람...... 우리 아저씨일지 몰라."


[붙임 2] 점은 여섯 점을 찍는 대신 세 점을 찍을 수도 있다.


"어디 나하고 한번…" 하고 민수가 나섰다.

"실은... 저 사람... 우리 아저씨일지 몰라."


[붙임 3] 줄임표는 앞말에 붙여 쓴다. 다만, (3)에서는 줄임표의 앞뒤를 떼어 쓴다.

## 4. 외래어·로마자 표기법

### 1) 외래어 표기법의 필요성

외래어란 외국어였던 것이 국어의 체계에 동화되어 사회적으로 그 사용이 허용된 단어를 말한다. 쉽게 말하면 외국에서 들어온 국어 어휘이다. 그러나 외래어라고 해서 그 성격이 동일한 것은 아니다. 외국에서 들어온 지 너무 오래되었기 때문에 고유어로 인식되는 말이 있는가 하면(남포, 담배 등), 들어온 지 얼마 되지 않아 아직 외국어의 느낌이 강한 말(인터넷, 컴퓨터 등)까지 여러 부류가 존재한다. 또한 우리말의 반 이상을 차지하고 있는 한자어는 중국에서 들어온 말이나 우리말화하였기 때문에 언중의 인식 속에는 외래어라는 생각이 별로 없다. 이를 통해 외래어와 외국어의 차이란 그것이 소속된 언어체계에서의 사회적 허용의 유무로 결정되는 것이지만 실제로는 언중의 국어의식에 따라 주관적으로 결정되는 것임을 알 수 있다.

따라서 넓은 의미의 외래어는 한자어까지 포함하나, 좁은 의미로는 주로 서양에서 들어온 말로 한자어는 배제된다. 한자어가 들어온 지가 오래 되었기 때문에 외국에서 온 말이라는 느낌이 별로 없고 어형 또한 흔들림 없이 고정되어 있기 때문이다. 반면에 서양을 비롯한 그 이외의 언어에서 들어온 외래어는 어형이 매우 불안정한 특징이 있다. '텔레비전'말 하더라도 표준형인 '텔레비전' 외에 '텔레비젼, 텔레비죤' 등이 함께 사용되는 것을 쉽게 찾아볼 수 있고, '가스'는 오히려 표준형인 '가스'보다 '깨스, 까스' 등이 더 널리 사용되는 형편이다.

외래어는 최근에 들어온 말일수록 어형이 더 분한정하다. 즉 여러 가지 다른 형태로 쓰이는 경우가 매우 많다. '슈퍼마켓'의 경우, '수퍼마켓, 수퍼마킷, 슈퍼마켄, 슈퍼마킷' 등 다양한 표기가 사용되고 있으며, '초콜릿'도 '초컬릿, 초콜렛, 초코렛, 쵸콜릿' 등의 매우 다양한 어형으로 쓰이고 있다. 고유 명사인 경우도 마찬가지다. New York에 대한 표기는 '뉴욕, 뉴우요오크, 뉴우욕, 뉴요크, 뉴욕' 등 아주 다양하게 나타난다. 이는 외래어의 기원이 되는 외국어의 음운체계가 국어의 음운체계와 달라서, 낯선 외국어 발음에 가장 가까운 우리말 발음이 무엇인지에 대해 사람마다 의견이 다르기 때문이다.

이와 같이 사람마다 제각각 표기하고 있는 외래어를 그대로 둔다면 국민 언어생활에 큰 불편을 초래하게 된다. 이는 외래어만의 문제는 아니며 고유어나 한자어에서도 같은 개념을 지시하는 말의 표기가 각각이라면 글을 쓰거나 말을 할 때 큰 혼란을 가져올 것이다. '외래어 표기법'은 이렇게 다양하게 나타난 외래어의 표기를 통일하고 어형을 고정하여 국민언어생활의 표준을 제공하려는 의도를 지닌다. 다시 말하면 외래어 표기법은 다양한 어형이 존재할 가능성이 있는 외래어에 대해 표준어를 정해주기 위한 규정인 것이다.

### 2) 외래어 표기법의 구성과 기본 원칙

현행 '외래어 표기법'(문교부 고시 제85-11호, 1986. 1. 7)은 총 4장으로 구성되어 있다. 제 1장은 외래어 표기의 기본 원칙을 제시한 것이고, 제2장은 표기일람표로 국제 음성기호, 에스파냐어, 이탈리아어, 일본어의 가나, 중국어의 주음부호 등과 한글을 대조하는 대조표가 제시되어 있다. 제3장은 각 언어의 구체적인 표기 세칙을 제시한 것으로 영어, 독일어, 프랑스어, 에스파냐어, 이탈리아어, 일본어, 중국어, 덴마크어 등의 표기에 관한 항목이 열거되어 있다. 제4장은 '인명, 지명 표기의 원칙'을 밝히고 있는데, 제1절에는 표기 원칙이, 제2절에는 동양의 인명, 지명 표기가, 제3절에는 바다, 섬, 강, 산 등의 표기 세칙이 각각 제시되어 있다.

현행 외래어 표기법의 기본 원리는 제1장 '외래어 표기의 기본 원칙'에 제시되어 있다.

제1항　외래어는 국어의 현용 24 자모만으로 적는다.

제2항　외래어의 1음운은 원칙적으로 1기호로 적는다.

제3항　받침에는 'ㄱ, ㄴ, ㄹ, ㅁ, ㅂ, ㅅ, ㅇ'만을 쓴다.

제4항　파열음 표기에는 된소리를 쓰지 않는 것을 원칙으로 한다.

제5항　이미 굳어진 외래어는 관용을 존중하되, 그 범위와 용례는 따로 정한다.

제1항은 외래어의 표기를 위해 특별한 기호나 글자를 만들지 않고 기존의 자모만으로 적는다는 의미이다. 따라서 음성 전사 방식과 같은 철저한 원음주의는 아닌 것이다.

제2항은 이른바 '일문자 일음소주의'의 원리에 충실한 것으로, 문자와 음소의 일대일 대응에 의한 표음주의 표기를 의미한다. 그러나 '원칙적으로'란 말을 사용하여 두 언어 사이의 불일치에 따라 이러한 원칙의 적용이 철저할 수 없음을 인정하고 있다. 실제로 '국제음성 기호와 한글 대조표'에 보면 많은 외래어 음소들이 둘 이상의 한글 자모에 대응되어 있는 것을 확인할 수 있다.

제3항은 국어의 말음규칙을 적용한 것인데, 현대 국어의 7종성체계와 관련된다. 여기서 'ㄷ'을 쓰지 않고 'ㅅ'을 쓰는 것은 외래어의 현실 발음을 존중하는 태도라고 볼 수 있다.

제4항은 파열음으로서의 된소리 표기, 즉 'ㅃ, ㄲ, ㄸ'은 외래어 표기에 사용되지 않는다는 것이다. 따라서 'ㅂ/ㅍ, ㄷ/ㅌ, ㄱ/ㅋ'의 2원 체계로 표기됨을 의미한다. 이것은 원음에 충실하려는 것보다는 규칙성과 간결성을 살리기 위한 하나의 방편으로 이해된다. 그러나 경음으로 쓰는 것이 이미 굳어져 사용되는 것은 예외로 두어 '빵, 껌, 삐라, 빨치산, 히로뽕'의 다섯 단어는 경음 표기를 허용하고 있다.

제 5항은 관용화된 표기를 인정한다는 것이다. 이런 관용을 인정하는 대표적인 예가 '라디오'이다. 영어 radio의 발음은 [reidiou]이므로 표기법에 따르면 '레이디오'가 될 것이다. 그러나 이 경우는 오래전부터 '라디오'로 쓰고 있는 관용을 존중하여 '라디오'를 옳은 표기로 인정하였다. 그러나 이러한 관용적 표기의 한계를 어떻게 정할 것인가가 여전히 문제로 남는데 이에 대해서는 따로 규정을 마련한다는 것이다.

## 3) 로마자 표기법

새로운 국어의 로마자 표기법이 2000년 7월 7일 고시(문화관광부고시 제2000-8호)되었다. 새롭게 개정된 로마자 표기법을 중심으로 개정의 의의와 새 표기법의 특징을 간략하게 살펴보도록 한다.

### (1) 과거 로마자 표기법 (1984)

1984년 고시된 종전의 로마자 표기법은 1934년에 만들어진 매큔라이샤워 표기법과 사실상 같다. 매큔라이샤워 표기법은 한국어를 로마자로 표기하기 위한 체계적 방법으로 1939년 미국인 매큠과 라이샤워가 공동으로 만든 것으로 세계적으로 널리 사용되고 있는 방식이다. 이 방식은 영어 사용자들에게는 비교적 만족스런 표기법이었으나, 한국인에게는 그렇지 못했다. 여러 가지 심각한 문제점을 가지고 있었기 때문이다.

한국어의 파열음은 예사소리, 거센소리, 된소리의 대립을 이루고 있다. 따라서 로마자 표기법은 이 세 가지 대립을 표기에 반영했어야 했는데, 종전의 표기법은 예사소리 중심의 로마자 표기법이었다. 한국어의 음운대립을 로마자에 충분히 반영하지 못했던 것이다.

종전의 로마자 표기법에서는 가령 '다달'은 tadal로 표기하면서 '달, 탈'은 tal, t´al로 표기하였다. 즉 'ㄷ'과 'ㅌ'은 똑같은 t로 하되, 'ㅌ'은 t에 어깻점을 적었을 뿐이었다. 그런데 반달표와 어깻점은 생략되기 쉬워 사실상 'ㄱ, ㄷ, ㅂ, ㅈ'과 'ㅋ, ㅌ, ㅍ, ㅊ'의 구별이 어려웠던 것이 그동안의 형편이었다. 이밖에도 발음에 따라 로마자 표기를 함으로써 국어의 철자를 복원할 수 없고 따라서 한글-로마자 간의 기계적인 호환이 불가능하다는 점 등이 큰 단점이다. 반달표와 어깻점

등의 특수 부호에 대한 불만도 개정의 필요성을 증대시켰던 요인 가운데 하나였다.

## (2) 새로운 로마자 표기법 (2000)

개정된 국어의 로마자 표기법은 종전의 로마자 표기법과 같은 표음 방식을 채택하였다. 다시 말하면 국어의 실제 표준 발음을 로마자로 옮기는 전사(轉寫)방식이다. '신라, 속리산'과 같은 말을 글자대로 적지 않고 실제 발음인 [실라, 송니산]에 따라 Silla, Songnisan으로 적는 것이다. 현실적으로 로마자 표기를 보고 발음을 시도한다는 점을 고려할 때, 한글 철자로의 복원성이나 한글-로마자 간의 기계적 호환성에는 문제가 있으나 실제 발음형을 보여주는 것이 중요하다고 생각했기 때문이다.

발음에 따라 표기하되 일부 발음 현상은 로마자 표기에 반영하지 않는다. 된소리되기 현상이 대표적인 예인데, '압구정'은 [압꾸정]으로 발음되지만 Apkkujeong으로 적지 않고 Apgujeong으로 적는다. 된소리되기 형상을 표기에 반영하지 않는 이유는 이 현상이 예측 가능한 현상이 아니라 많은 경우에 있어 예측 불가능하기 때문이다.

거센소리되기 현상도 마찬가지로 발음을 반영하지 않는데, '묵호'의 경우 발음은 [무코]이기 때문에 Muko로 적어야 맞다. 그러나 '호'의 'ㅎ'부분의 표기가 없어지는 것은 일반인들에게는 이해하기 어려운 현상이다. 따라서 'ㅎ'을 살려 Mukho로 적기로 한 것이다.

종전의 로마자 표기법과 가장 두드러지게 달라진 것은 'ㄱ, ㄷ, ㅂ, ㅈ'이 어두에 왔을 때 k, t, p, ch가 아니라 g, d, b, j로 표기한다는 것이다. 'ㅋ, ㅌ, ㅍ, ㅊ'은 k, t, p, ch로 표기되어 어깻점이 ㅇ벗어졌다. 또한 'ㅅ'이 종전에는 뒤에 'ㅣ' 모음이 왔을 때만 sh로 표기하던 것을 s로 표기하였고, 'ㅉ'을 tch에서 jj로 바꾸었다.

외형적인 면에서는 반달표와 어깻점이 없어진 것을 새로운 로마자 표기법의 특징으로 볼 수 있지만, 개정의 이면에는 영어 사용자들 청작 인상 중심의 로마자 표기법을 한국어의 특징이 제대로 반영된 로마자 표기법으로 바꾸고자 하는 동기가 숨어 있는 것이다.

새로운 로마자 표기법은 총 3장, 즉 표기의 기본 원칙, 표기의 일람, 표기상의 유의점과 부칙으로 구성되어 있다. 전체가 12개 항목으로 열거되어 있다.

## 표기 일람

제1항 모음은 다음 각호와 같이 적는다.

### 1. 단모음

| ㅏ | ㅓ | ㅗ | ㅜ | ㅡ | ㅣ | ㅐ | ㅔ | ㅚ | ㅟ |
|---|----|---|---|----|---|----|---|----|----|
| a | eo | o | u | eu | i | ae | e | oe | wi |

### 2. 이중 모음

| ㅑ | ㅕ | ㅛ | ㅠ | ㅒ | ㅖ | ㅘ | ㅙ | ㅝ | ㅞ | ㅢ |
|----|-----|----|----|-----|----|----|-----|----|----|----|
| ya | yeo | yo | yu | yae | ye | wa | wae | wo | we | ui |

[붙임 1] 'ㅢ'는 'ㅣ'로 소리 나더라도 ui로 적는다.

(보기)

광희문 Gwanghuimun

[붙임 2] 장모음의 표기는 따로 하지 않는다.

제2항 자음은 다음 각호와 같이 적는다.

### 1. 파열음

| ㄱ | ㄲ | ㅋ | ㄷ | ㄸ | ㅌ | ㅂ | ㅃ | ㅍ |
|------|----|---|------|----|---|------|----|---|
| g, k | kk | k | d, t | tt | t | b, p | pp | p |

## 2. 파찰음

| ㅈ | ㅉ | ㅊ |
|---|---|---|
| j | jj | ch |

## 3. 마찰음

| ㅅ | ㅆ | ㅎ |
|---|---|---|
| s | ss | h |

## 4. 비음

| ㄴ | ㅁ | ㅇ |
|---|---|---|
| n | m | ng |

## 5. 유음

| ㄹ |
|---|
| r, l |

[붙임 1] 'ㄱ, ㄷ, ㅂ'은 모음 앞에서는 'g, d, b'로, 자음 앞이나 어말에서는 'k, t, p'로 적는다.([ ] 안의 발음에 따라 표기함.)

(보기)

구미 Gumi 영동 Yeongdong 백암 Baegam

옥천 Okcheon 합덕 Hapdeok 호법 Hobeop

월곶[월곧] Wolgot 벚꽃[벋꼳] beotkkot

한밭[한받] Hanbat

[붙임 2] 'ㄹ'은 모음 앞에서는 'r'로, 자음 앞이나 어말에서는 'l'로 적는다. 단, 'ㄹㄹ'은 'll'로 적는다.

(보기)

구리 Guri 설악 Seorak 칠곡 Chilgok

임실 Imsil 울릉 Ulleung

대관령[대괄령] Daegwallyeong

## 제3장 표기상의 유의점

제1항 음운 변화가 일어날 때에는 변화의 결과에 따라 다음 각호와 같이 적는다.

### 1. 자음 사이에서 동화 작용이 일어나는 경우

(보기)

백마[뱅마] Baengma 신문로[신문노] Sinmunno

종로[종노] Jongno 왕십리[왕심니] Wangsimni

별내[별래] Byeollae 신라[실라] Silla

### 2. 'ㄴ, ㄹ'이 덧나는 경우

(보기)

학여울[항녀울] Hangnyeoul 알약[알략] allyak

### 3. 구개음화가 되는 경우

(보기)

해돋이[해도지] haedoji 같이[가치] gachi

맞히다[마치다] machida

## 4. 'ㄱ, ㄷ, ㅂ, ㅈ'이 'ㅎ'과 합하여 거센소리로 소리나는 경우

(보기)

좋고[조코] joko 놓다[노타] nota

잡혀[자펴] japyeo 낳지[나치] nachi

다만, 체언에서 'ㄱ, ㄷ, ㅂ' 뒤에 'ㅎ'이 따를 때에는 'ㅎ'을 밝혀 적는다.

(보기)

묵호 Mukho 집현전 Jiphyeonjeon

[붙임] 된소리되기는 표기에 반영하지 않는다.

(보기)

압구정 Apgujeong 낙동강 Nakdonggang

죽변 Jukbyeon 낙성대 Nakseongdae

합정 Hapjeong 팔당 Paldang

샛별 saetbyeol 울산 Ulsan

제2항 발음상 혼동의 우려가 있을 때에는 음절 사이에 붙임표(-)를 쓸 수 있다.

(보기)

중앙 Jung-ang 반구대 Ban-gudae

세운 Se-un 해운대 Hae-undae

제3항 고유 명사는 첫 글자를 대문자로 적는다.

(보기)

부산 Busan 세종 Sejong


제4항 인명은 성과 이름의 순서로 띄어 쓴다. 이름은 붙여 쓰는 것을 원칙으로 하되 음절 사이에 붙임표(-)를 쓰는 것을 허용한다.(( ) 안의 표기를 허용함.)


(보기)

민용하 Min Yongha (Min Yong-ha)

송나리 Song Nari (Song Na-ri)


(1) 이름에서 일어나는 음운 변화는 표기에 반영하지 않는다.


(보기)

한복남 Han Boknam (Han Bok-nam)

홍빛나 Hong Bitna (Hong Bit-na)


(2) 성의 표기는 따로 정한다.


제5항 '도, 시, 군, 구, 읍, 면, 리, 동'의 행정 구역 단위와 '가'는 각각 'do, si, gun, gu, eup, myeon, ri, dong, ga'로 적고, 그 앞에는 붙임표(-)를 넣는다. 붙임표(-) 앞뒤에서 일어나는 음운 변화는 표기에 반영하지 않는다.


(보기)

충청북도 Chungcheongbuk-do 제주도 Jeju-do

의정부시 Uijeongbu-si 양주군 Yangju-gun

도봉구 Dobong-gu 신창읍 Sinchang-eup

삼죽면 Samjuk-myeon 인왕리 Inwang-ri

당산동 Dangsan-dong 봉천 1동 Bongcheon 1(il)-dong

종로 2가 Jongno 2(i)-ga

퇴계로 3가 Toegyero 3(sam)-ga

[붙임] '시, 군, 읍'의 행정 구역 단위는 생략할 수 있다.


(보기)

청주시 Cheongju 함평군 Hampyeong

순창읍 Sunchang


제6항 자연 지물명, 문화재명, 인공 축조물명은 붙임표(-) 없이 붙여 쓴다.


(보기)

남산 Namsan 속리산 Songnisan

금강 Geumgang 독도 Dokdo

경복궁 Gyeongbokgung 무량수전 Muryangsujeon

연화교 Yeonhwagyo 극락전 Geungnakjeon

안압지 Anapji 남한산성 Namhansanseong

화랑대 Hwarangdae 불국사 Bulguksa

현충사 Hyeonchungsa 독립문 Dongnimmun

오죽헌 Ojukheon 촉석루 Chokseongnu

종묘 Jongmyo 다보탑 Dabotap


제7항 인명, 회사명, 단체명 등은 그동안 써 온 표기를 쓸 수 있다.


제8항 학술 연구 논문 등 특수 분야에서 한글 복원을 전제로 표기할 경우에는 한글 표기를 대상으로 적는다. 이 때 글자 대응은 제2장을 따르되 'ㄱ, ㄷ, ㅂ, ㄹ'은 'g, d, b, l'로만 적는다. 음가

없는 'ㅇ'은 붙임표(-)로 표기하되 어두에서는 생략하는 것을 원칙으로 한다. 기타 분절의 필요가 있을 때에도 붙임표(-)를 쓴다.

(보기)

집 jib 짚 jip

밖 bakk 값 gabs

붓꽃 buskkoch 먹는 meogneun

독립 doglib 문리 munli

물엿 mul-yeos 굳이 gud-i

좋다 johda 가곡 gagog

조랑말 jolangmal 없었습니다 eobs-eoss-seubnida

## 5. 자기소개서*

오늘날 대부분의 기업/단체들은 입사지원서를 받을 때 자기소개서를 필수로 요구한다. 또한 외국의 경우 대학/대학원 진학을 위해서도 자기소개서는 필수항목이 되고 있다. 자기소개서 작성에서 명심해야 할 원칙들을 소개하면 다음과 같다.

1. 일반적으로 자기소개서를 구성하는 항목들은 1. 성장과정, 2. 성격, 3. 활동사항, 4. 지원동기/포부의 네 영역이다. 각 항목별로 다른 내용을 쓰게 되지만 제출하게 될 자기소개서는 '하나의' 글이다. 그러므로 네 개의 항목들은 유기적으로 연관되도록 작성해야 한다. 예컨대 특기활동과 지원동기가 아무 상관이 없이 기술되어서는 안 된다는 것이다. 지원하고자 하는 목표에 초점이 모이도록 네 항목들 간의 연관성을 고려해야 한다.

2. 어떤 항목을 서술하든 공통적으로 구태의연한 표현을 최대한 피해야 한다. 그러기 위해서는 편하게 쓰려는 마음을 버려야 한다. 내가 지금 쓰는 이 표현이 혹시 누구나 편하게 쓰는

---

* 이 장은 김건우 교수(대전대학교 국어국문창작학과)가 집필한 〈자기소개서 작성법〉을 부분 수정하여 수록하였음.

표현은 아닌지 항상 점검해야 한다.

3. 상대가 필요로 하는 바를 파악하는 것은 자기소개서의 기본이다. '자신이 지원할 대상에 대하여 연구하라!'

4. 규격화된 양식이 없는 자기소개서의 경우, 자기소개서의 일반적인 네 항목들을 굳이 골고루 쓸 필요는 없다. 독자에게 확실한 인상을 줄 수 있는 한두 가지에 집중하는 것도 방법이 된다. 특히 창의적 사고를 요구하는 직종의 경우 더욱 틀을 깨는 작업이 필요하다. 최대한 창의적으로 사고하라!

5. 전체의 제목이나 항목 별 소제목을 개성 있게 한 마디로 집약해 준다면 더 좋은 자기소개서가 될 것이다.

6. 전체적으로 솔직하게 서술해야 한다. 작위적으로 서술하면 본인이 보기에는 그럴 듯해 보일지 모르나 결국은 표가 나게 마련이다. 솔직하게 서술하는 것은 그 자체로 읽는 사람의 마음을 움직이는 힘이 된다.

다음【예문】은 위의 원칙들을 비교적 잘 지켰을 뿐 아니라 자기소개서의 구성 항목들을 모두 갖추고 있는 한 편의 완성된 글이다.

> **예문**
>
> ### 1. 성장과정
>
> 〈아버지 따라서 막노동하러 다녀!〉
>
> "아버지 따라서 막노동하러 다녀!" 학창시절 제가 말썽을 피울 때마다 항상 어머니께서 하시던 말씀입니다. 하지만 저는 이 말이 나쁘게 들리지 않았습니다. 어렸을 때 아버지의 일터에서 보았던 도로포장을 위한 중장비와 검은 아스팔트는 굉장히 멋있었고 나중에 크면 저도 아버지처럼 일하겠다고 항상 생각하고 있었기 때문입니다. 중고등학교에 진학하면서 제 꿈은 점점 더 구체화되었고 결국은 토목공학과에 입학했습니다. 토목공학을 전공하면서 힘든 일도 있었지만 제가 하고 싶었던 공부였기 때문에 언제나 즐거운 마음이 더 컸습니다.

<성실함이 저의 재능입니다>

2007년 9월부터 두 달 간 CJ택배에서 상하차 아르바이트를 했었습니다. 매일 잠을 잘 때 일하는 꿈을 꾸었을 정도로 힘들었습니다. 하지만 하루도 빠지지 않고 성실하게 일했고 두 달 동안 약 100만원을 벌었습니다. 또한 동시에 학교 공부도 소홀히 하지 않았습니다. 아르바이트 때문에 시간은 부족했지만 틈틈이 공부를 했고 결국은 성적우수 장학금을 받았습니다. 당시에 제가 얼마나 열심히 살았는지 지금 생각해보면 정말 뿌듯합니다. 이 경험을 바탕으로 지금도 매일 노력하며 성실하게 살고 있습니다.

## 2. 성격 및 생활신조

<내성적인 성격, 그래서 더 완벽하게>

내성적인 성격으로 인해서 대학교 저학년 때는 프레젠테이션을 할 때 긴장을 많이 했었습니다. 또한 긴장으로 인해서 준비했던 것을 100% 보여줄 수 없었습니다. 몇 번의 PT 실패이후 준비와 발표 연습을 완벽하게 하기 시작했습니다. 완벽한 준비와 연습으로 자신감이 생겼고 그로 인해 긴장감도 어느 정도 줄어들 수 있었습니다. 다수의 PT경험으로 긴장하는 것은 많이 개선되었고 준비를 완벽하게 하는 습관은 지금도 남아 있습니다. 내성적인 성격을 보완하기 위해 들였던 습관이 지금은 저의 장점이 되었습니다.

<토목업계의 박지성이 되겠습니다>

재료역학이라는 과목이 있습니다. 처음에는 그 과목이 어렵게 느껴졌습니다. 하지만 토목공학을 공부하기 위해서는 필수적으로 마스터해야하는 과목입니다. 그래서 수업시간에 교수님의 수업내용을 MP3에 녹음하며 철저한 예습과 복습을 했습니다. 시험기간에는 잠을 3시간 정도만 자면서 시험공부를 했습니다. 결국은 좋은 학점을 받을 수 있었고 노력하면 안 되는 것이 없다는 것을 다시 한번 확인했습니다.

박지성은 천부적인 재능은 작았지만 끊임없는 노력으로 세계 최고의 선수가 되었습니다. 저 역시 박지성처럼 끊임없는 노력으로 항상 최선을 다 하는 것을 제 신조로 삼아 생활하고 있습니다.

## 3. 활동사항 및 경험

〈동료들의 소중함을 알고 있습니다〉

고등학교 3학년 겨울방학에 대학교 등록금 마련을 위해 동묘역 롯데캐슬 건설현장에서 일용직으로 일한 적이 있습니다. 단순한 잡부였기 때문에 매일 하는 일이 달랐고 처음 해보는 막노동이었기 때문에 무척 힘들고 적응하기도 어려웠습니다. 처음에는, 중간에 도망칠 생각을 매일 했습니다. 하지만 등록금을 마련해야 했고 부모님 부담을 덜어드리고 싶었기 때문에 포기할 수 없었습니다.

당시에 같이 일했던 분들은 대부분 50대 아저씨였습니다. 나이가 어렸던 저는 아저씨들을 대하기가 어려웠습니다. 하지만 매일 하루도 빠지지 않고 출근하고, 힘쓰는 일을 먼저 나서서 했더니 아저씨들께서 하루 이틀 일하고 빠지는 일반 학생들과 저를 다르게 대해주시기 시작했습니다. 점심시간에는 간간이 막걸리를 사주셨고 제가 아저씨들 휴대폰에 번호 저장하는 것을 도와드리면 담뱃값 하라고 몇 천원을 쥐어 주셨습니다. 아저씨들과 함께 했던 점심시간 잠깐의 낮잠과 오후의 새참시간은 정말 행복했습니다.

아저씨들과 같이 일하면서 힘든 일이었지만 즐겁게 일할 수 있었고 등록금도 마련할 수 있었습니다. 결과적으로 좋은 사람들과 같이 일을 하면 힘든 일도 쉽게 극복해낼 수 있다는 것을 배웠습니다. 저 역시도 좋은 사람이 되어서 주변 사람들, 동료들에게 큰 힘이 되겠다고 다짐했습니다.

## 4. 지원동기 및 포부

〈00건설에서 제 꿈을 이루고 싶습니다!〉

저의 꿈은 토목분야에서 세계적인 전문가가 되는 것입니다. 대학에서 전공지식을 충분히 익혔고 영어공부도 열심히 했습니다. 그리고 눈, 비오는 날을 제외하고 매일을 새벽에 일터로 출근하시는 아버지로부터 진정한 성실함도 배웠습니다. 또한 여러 아르바이트와 간접적인 사회경험을 통해서 동료애의 소중함도 이미 알고 있습니다. 귀사는 1967년 설립이후 플랜트, 토목 등의 분야에서 많은 경험과 기술을 보유한 국내 선두 업체입니다. 그리고 다수의 해외수주와 성공적인 공사로 세계적인 종합 엔지니어링 업체가 되었습니다. 귀사는 저의 꿈을 이루기 위한 최적의 기업입니다. 귀사에서 제 꿈을 실현시키고 싶습니다.

지금 국내에는 수많은 건설업체가 있습니다. 국내 건설시장도 중요하지만 앞으로는 건설의 해외진출이 필수가 될 것이라는 점은 상식입니다. 귀사가 이미 이 부분에서 큰 성과를 이루었음도 잘 알고 있습니다. 귀사가 해외사업에 주력한다면 머지않아 세계 1위의 건설업체가 될 것이라고 생각합니다. 저 역시 입사 후 저의 역량을 키우고 외국어 능력을 보완하여 세계적인 토목 전문가가 되겠습니다. 그리하여 귀사가 세계 1위의 건설업체가 되는 데에 크게 기여할 것입니다.

〈글쓰기에 앞서〉

자기소개서를 제출할 구체적인 대상과 상황을 설정한다. 실용문으로서의 자기소개서는 단순히 내가 어떤 사람인가를 알리는 고백적인 글이 아니다. 일기나 에세이 등과는 구분되는 대단히 실용적인 글이다. 물론 허위로 꾸며서 작성해서는 절대 안 되겠으나, 읽는 대상을 항상 염두에 두고 써야 하는 게 자기소개서이다. 우리는 통상 친구를 사귈 때에도 그 친구의 성격이나 나에 대한 기대를 고려하여 내가 가지고 있는 어떤 특정한 면을 보다 더 부각하여 보여주지 않는가? 자기소개서도 마찬가지이다. 읽는 사람의 입장을 고려하여 나의 면모를 알려야 한다. 상황에 따라, 지원대상의 성격에 따라 내용을 조정하는 융통성이 필요하다.

## 1) 성장과정에 대한 소개
### (1) 이력서와 차별화하라

**잘못된 예**

저는 충청남도의 작은 어촌인 00군 00면 00리에서 태어나 xx초등학교와 xx 중학교, xx 고등학교를 졸업하고 대학은 ……

**분석:** 잘못된 자기소개서에 속하는 전형적인 예이다. 자신의 출신지역과 출신학교는 이력서에 기재하도록 되어 있다. 이미 이력서에 기재되어 있는 정보를 자기소개서에서 반복한다면 식상한 느낌을 줄 뿐이다. 더구나 이런 식의 서술을 시작으로 삼는다면 독자의 관심을 끌 가능성은 사라지고 만다.

　　제가 다닌 초등학교는 충청남도의 작은 어촌에 있는 작은 분교였습니다. 전교생이라야 스무 명이 채 되지 않는 학교였습니다. 그런 까닭에 학교 선배들이 곧 형, 누나였고 후배들은 친동생이나 다를 바 없었습니다. 가족과 같은 따뜻함이 선생님과 선·후배 사이에 있었습니다. 이런 경험 때문인지, 저는 어디를 가든 함께 생활하는 사람들을 가족처럼 느끼는 경향이 있습니다.

　　**분석:** 이력서는 자신의 표면을 객관적으로 보여주기 위한 문서이다. 그렇지만 이력서는 당사자의 품성이나 자세와 같은 내면적 사항을 기록하지는 못한다. 이력서에는 기재할 수 없는 내면의 정체를 보여주는 것이 자기소개서이다. 위의 예문은 한 사람의 성장배경이 그 사람의 품성을 어떻게 형성시켰는가를 보여주는 전형적인 예에 속한다. 자기소개서의 성장과정 부분에서 중요한 것은 어떤 학교를 나왔는가가 아니라 그것이 어떤 나를 만들었는가 하는 점이다.

## (2) 특이한 점을 서술하라

　　저는 1남1녀의 장녀로 책임감을 배우며 자랐습니다. 동생과 함께 생활하면서 협조와 타협의 필요성도 배웠습니다.

　　**분석:** 장남, 혹은 장녀임을 내세워 책임감을 이야기하려면 적어도 동생들이 셋 정도는 되어야 할 것이다. 대부분의 가정들이 둘 정도의 자녀를 두고 있는 요즘 상황에서 둘 중의 첫째인 것을 내세운다는 것은 아무 의미 없는 일이다. 위의 예문과 같이 동생 하나가 있다는 것을 근거로 '책임감'에다 '협조와 타협'까지 이야기한다면, 누가 읽더라도 공감하기 어려운 이야기가 될 수밖에 없을 것이다.

　　제가 어릴 적부터 지금까지 어머니는 시장에서 국밥을 팔고 계십니다. 국밥의 재료를 준비하기 위해 20년을 넘는 세월 동안 어머니께서는 직접 새벽같이 시장으로 향하십니다. 가장 신선한 채소와 선지를 당신께서 직접 구입하기 위해서입니다. 그래서인지 어머니의 국밥집에는 항상 손님이 바글바글합니다.

　　이런 어머니를 보면서, 조금 성과가 있다고 방심하는 것은 언젠가는 실패를 낳고 말리라는 경각심을 배웁니다. 인생에서 한 순간도 안일한 삶을 살아서는 성공할 수 없겠구나 하는 생각을 배웁니다.

　　**분석:** 어머니가 20년을 넘게 국밥집을 하고 계시다면 평범한 배경이라고는 할 수 없는 일이다. 혹 자기 성장배경에 이런 특이한 상황이 있었다면 자기소개서에서 결코 놓쳐서는 안 될 것이다. 특이한 배경·상황·경력은 일단 읽는 사람의 주의를 끌게 한다. 물론 특이함 자체만으로는 부족하다. 그 특이한 경험이 자신의 가치관이나 태도와 어떤 식으로든 연관되어야 할 것이다. 위의 예문의 두 번째 문단이 예가 된다.

## 2) 성격 및 자질에 대한 소개
### (1) 구체적인 근거를 제시하라

【예1】

　　저는 사소한 것에서는 양보를 많이 하는 편이지만 내가 한번 승부를 건 일에 대해서는 절대 양보하지 않는 성격입니다. 그렇다고 무턱대고 아무 것에나 승부를 걸지는 않습니다. 성격은 차분하면서도 사교적이고, 인물형은 리더형입니다.

　　**분석:** 위의 예문에서 제시되는 성격은 크게 두 가지이다. 첫째, 큰일에 맞닥뜨려서는 결코 양보하지

않는 승부사적 기질이 있다는 것. 둘째, 사교적인 리더형이라는 것. 그렇지만 이를 입증할 만한 어떤 구체적인 예도 제시되지 않았기 때문에 전혀 설득력이 없다. '승부사', '리더' 등을 말했지만 본인 스스로가 가지고 있는 자아상일 뿐 객관적 지표로 입증되지도 않았고 타인이 바라보는 모습으로 제시되지도 못했다.

【예2】

　　저는 새로운 것을 배우고 경험하기를 좋아합니다. 고등학교에 입학해서도 학생회에서 다양한 활동을 하며 학교의 여러 행사들을 계획하며 추진하였고, 학교를 다니면서도 여러 활동에 참여하여 다양한 체험을 하였습니다.

　　**분석**: 위의 예문에서 보듯, '다양한 활동을 하였다'는 말로 예를 제시한 것처럼 생각하는 학생들이 종종 있다. 이는 전혀 착각에 지나지 않는다. 학생회에서 어떤 '다양한 활동'을 하였는가? '여러 활동'과 '다양한 체험'은 구체적으로 어떤 것들인가? 명확하고 구체적이지 않으면 예를 제시한 것이 아니다.

잘된 예

## 성실함과 책임감이 겸비된 일꾼
### – 성장과정 및 성격

　　'똑똑한 사람도 부지런한 사람은 이기지 못한다'라고 항상 강조하시는 아버지께서는 제가 초등학교에 들어갔을 때부터 아침 6시면 누님과 저를 깨우셨고 항상 함께 뒷산을 오르십니다. 처음엔 어린 마음에 남들처럼 늦잠도 자고 싶었고 힘들게 매일 등산은 왜 하냐고 투덜댔지만 군 생활을 시작했을 때 항상 남보다 먼저 깨어 있고 앞서서 행동하는 나 자신을 발견했을 때 이러한 규칙적이고 건강한 생활이 얼마나 중요한지를 처음 느낄 수 있었습니다.

　　저는 지금까지 아무런 노력 없이 용돈을 받아 본 적이 없습니다. 어렸을 때는 용돈을 받기 위해 아버지의 차를 닦거나 어머니의 심부름을 도맡아 했고 군 전역 후에는 6개월간 우리은행에서 사무보조 아르바이트를 하여 학비를 스스로 마련했습니다. 어릴 적에는 엄하기만 하신 부모님이 이해가 되지 않기도 했지만 지금의 저는 천재는 노력하는 사람을, 노력하는 사람은 즐기는 사람을 이기지 못한다는 걸 되새기며 어제의 나보다 나은 오늘의 내가 되게 노력하고 있습니다.

고등학교부터의 습관 중의 하나가 자기 전에 반드시 하루 동안의 일과를 되새겨보고 잘한 점과 잘못한 점을 반성하는 것인데 자기 발전에 도움이 되어 지금까지 계속하고 있습니다. 앞으로 제가 맡을 업무에도 성실하고 책임감있는 태도로 임할 것입니다.

**분석:** 그냥 '나는 부지런하다'고 말하는 것은 아무런 이야기도 하지 않은 것이나 다름없다. 부지런하다는 것을 입증할 수 있는 구체적인 근거를 제시해야 한다. 위의 글에서처럼 '초등학교 입학 때부터 지금까지 아침 6시에 기상하여 뒷산을 올랐다'는 식의 구체적 근거가 있어야 한다는 뜻이다. 이 근거는 '군 생활이 어렵지 않았다'는 진술을 통해 더욱 설득력을 얻고 있다.

두 번째 문단에서는 '자신이 필요한 바를 남에게 의존하지 않고 스스로 노력해 얻는다'는 자세를 입증하기 위해 '용돈을 받기 위해 일(구체적으로 '세차'라고 명시)을 했다'는 것과 '학비를 벌기 위해 사무보조를 했다'는 것을 근거로 들고 있다. 이렇게 위의 두 문단에서 설득력 있는 근거를 제시함으로 인해, 마지막 문단에서 제시된 '하루 일과를 반성하는 습관'도 (입증할 수 없는 사실임에도) 설득력을 가지게 된다.

## (2) 단점을 고치겠다는 접근보다는 그러한 성격이 갖고 있는 긍정적 측면을 부각하라

잘못된 예

저는 무엇이든 과감하게 처리하기를 좋아합니다. 그러다 보니 일을 세밀하게 챙기지 못할 때가 많아 이를 고치려고 노력하고 있습니다.

**분석:** 쉽게 찾아볼 수 있는 잘못된 자기소개의 예이다. 단점을 고치겠다는데 그것이 왜 문제인

가? 가장 핵심적인 문제는 성격이나 기질 상의 단점이 그리 쉽게 고쳐지지 않는다는 사실에 있다. 과감하고 잘 나서는 성격이라면 세밀한 부분을 챙기는 데에는 종종 문제가 생길 수 있지 않을까? 자기소개서를 읽는 사람들은 대개 인생의 선배들이며, 이들은 자신의 경험으로 성격이 쉽사리 바뀌지 않는다는 것을 잘 알고 있다. 어설프게 단점을 고치겠다고 말하는 것은 오히려 자기소개의 진정성을 떨어트릴 뿐이다. 진정으로 자기 성격을 개조하려는 의지를 보여줄 수 있는 확실한 노력을 함께 서술하거나, 그게 아니라면 그러한 성격이 가지고 있는 긍정적 측면을 부각하는 게 바람직하다.

**잘된 예**

【예1】

　저는 A형이라 그런지 소심하고 내성적인 편입니다. 소심한 사람은 매사를 신중히 생각하며 내성적인 사람은 남의 심정을 잘 헤아리는 경향이 있다고 합니다. 실제로 저는 발표를 앞두면 다른 친구들보다 훨씬 많은 시간을 투자하여 철저히 준비합니다. 또 조 활동에서는 구성원들의 처지를 잘 헤아려 문제가 있을 만한 부분을 잘 보완하는 까닭에 사람들이 모두 좋아합니다.

　**분석:** 소심하고 내성적인 성격을 적극적이고 외향적인 성격으로 바꾸겠다고 하는 것은 설득력이 없다. 그보다는 위의 예문과 같이 그 성격이 가지고 있는 긍정적 측면을 부각하는 편이 훨씬 설득력을 가지게 된다.

【예2】

　자라오면서 저는 선생님들이나 어른들로부터 생각이 엉뚱하고 논리적이지 못하다는 지적을 종종 받아 왔습니다. 엉뚱한 성격은 보기에 따라 기발하고 창의적인 성격을 의미할 수 있습니다. 실제로 심심해서 생각해 본 아이디어가 교내 발명대회에서 채택되기도 하였고, 아이디어 공모전에서 입상한 경우도 여러 번 있습니다. 엉뚱함은 보통 사람들이 잘 생각하지 못하는 창의성을 의미하는 것이라 생각합니다.

**분석:** 자라면서 생각이 엉뚱하다는 지적을 많이 받았다면 분명 단점이라 할 만한 것이다. 그렇지만, 이것은 일반적인 사람들의 상식과는 다른 생각을 잘 한다는 뜻이 되고 활용 여부에 따라 창의성의 근거가 되기도 한다. 위의 예문은 자신의 엉뚱한 성격을 창의성으로 전환하여 내세운 경우이다. 이 경우에도 구체적인 예를 함께 서술하는 것을 빠트리지 않는 게 포인트!

## (3) 성격 변화를 이야기하려면 반드시 구체적인 계기를 제시하라

**잘된 예**

중학교 때의 저는 소극적이고 내성적인 성격이었습니다. 남 앞에 나서기 어려워했고 다른 친구들과 말을 제대로 섞지 못했지만 혼자 있는 시간이 많았기에 항상 책을 손에서 놓지 않았습니다. 특히 관심을 가진 분야는 역사였습니다. 역사책을 읽으면서 과거의 행적들을 살펴보고, 현재 일어나는 일들과 연관시켜 보면서 나름대로 이유를 생각해보는 등 많은 시간을 과거의 사람들과 보냈습니다. 또한 저는 감수성이 많았기 때문에 타인의 기쁨과 고통에 공감할 수 있었습니다. 친구의 어머님께서 돌아가셨을 때 친구보다 더 많이 울던 제 모습은 아직도 기억에 남습니다.

그러던 제가 친구의 권유로 마술을 접하게 되었습니다. 다른 사람들이 생각지 못하는 놀라운 무언가를 보여준다는 것은 상당히 재미있는 일이었습니다. 평소에 하던 독서도 멀리 한 채 마술 연습에만 몰두하게 되었습니다. 마술 실력은 늘어갔고 친구들에게만 보여주던 마술을 점차 처음 보는 사람들에게도 보여주기 시작했습니다. 밤잠도 거르면서 연습한 마술을 다른 사람들에게 보여주었을 때 사람들은 저를 보고 환호했고 그 때 얻는 기쁨과 만족감은 평소의 소심하고 내성적인 성격을 적극적이고 외향적인 성격으로 바꾸어주는 동기가 되었습니다. 또한 마술을 보여주기 전에 사람들을 이해시켜야 하기 때문에 자연스레 말솜씨도 늘었습니다.

**분석:** 학생들 가운데는 자신의 성격 변화를 자기소개서에 쓰고 싶어하는 경우가 있다. 이 때 유의할 것은 성격변화의 구체적 계기를 반드시 서술해 주어야 한다는 점이다. 위의 예문은 이 점에서 모

범적인 경우에 해당한다. 지나치게 장황하지 않으면서도 매우 실감있고 구체적으로 자신의 소극적이던 성격이 적극적인 성격으로 바뀌게 된 계기를 서술하고 있다.

## 3) 특기 및 활동사항에 대한 소개
### (1) 내세울 하나에 집중하라

**잘못된 예**

저는 안 해본 일이 없을 정도로 경험이 풍부합니다. 무슨 일이든 시켜만 주시면 잘 해낼 자신이 있습니다.

**분석:** 언뜻 보면 적극적 자세가 좋아 보이지만, 만약 이 소개서가 입사용이라면 위의 예문은 대단히 위험한 내용에 속한다. 우선, 안 해본 일이 없다면 어느 한 분야에라도 전문성을 갖추고 있을까 의심을 들게 만든다. 오늘날 사회는 이것저것 조금씩 할 수 있는 사람보다는 한 분야라도 확실한 전문성을 갖춘 사람을 요구한다는 사실을 잊어서는 안 된다. 게다가 젊은 나이에 안 해본 일이 없다면, '한 곳에 오래 붙어있지 못하는' 사람일 가능성이 크다. 사람을 뽑는 입장에서 가장 기피하는 대상이 금방 '자리를 털고 일어나는' 사람이다. 별 생각 없이 기술하다가 크게 낭패를 볼 수 있는 경우라고 할 수 있다.

**잘된 예**

### 무역회사(상사)에 지원한 예

1학년: 축구동아리 매니저로 활동 – 조직생활에 필요한 인간관계 습득. 술 실력이 늘어남.

2학년: 여름방학 때 유럽배낭여행을 감 – 영어공부의 필요성을 절감한 후 회화뿐 아니라 비즈니스 영어를 공부하기 시작함.

3학년: '동남아경제의 분석'이라는 대형 리포트 작성, '국제경제연구모임'을 조직하여 기업의 해외 진출 방안에 대해 연구 토론하고 교내대회에도 출전.

4학년: 마케팅, e-비지니스, 생산관리 등의 과목 수강, 여름방학 동안 물류회사에서 서류작성 아르바이트. 현재 무역영어검증시험 준비 중.

**분석:** 언뜻 보아 자신의 대학생활을 산만하게 서술한 것처럼 보이나, 가만히 살펴보면 모든 활동들이 하나로 집중됨을 알 수 있다. 확실하게 내세울 경력이 떠오르지 않는다면, 이렇게 지원대상의 성격에 맞춰 자신의 활동들 가운데 필요한 것들을 하나의 고리로 엮어보는 것도 자기소개서를 쓰는 좋은 방법이 될 수 있다.

## (2) 지원대상의 성격에 어울리는 경력을 제시하라

`잘못된 예`

저는 초등학교 때 보이스카우트 활동을 하였으며 중학교 때는 학급반장을 한 적도 있어서 통솔력과 책임감을 가지고 있습니다. 또 군 경험과 동호회 간부 생활을 통해 리더십도 터득하였습니다.

**분석:** 위 예문을 찬찬히 짚어 보면 사실 제대로 내세울 것은 하나도 없음을 알 수 있다. 보이스카우트와 같은 정도의 교외단체 활동은 다른 사람들도 많이들 하는 것이며 학급반장 한 두 차례 정도의 경험도 통솔력을 거론할 만한 경력이 못 된다. 더구나 군대에서 병장한 것을 들어 리더십을 이야기한다면 자기소개서가 넌센스에 가까워지게 된다.

`잘된 예`

### 출판사 일본서적 기획파트에 지원한 예

대학졸업 후 1년 간 학원 아르바이트를 하여 모은 돈으로 무작정 일본으로 떠났습니다. 도쿄에서 편의점 아르바이트 자리를 구해 생활비를 벌었지만 정작 만날 친구 하나 없었던, 그 때 일을 생각해 보면 눈물나게 외롭고 힘든 시절이었던 것 같습니다. 혼자 지내는 시간이 많았기에 서점에서 보고 싶은 책을 사 읽는 생활을 반복하였고, 결과적으로 누구보다도 일본의 독서문화나 출판현황에 대해서는 잘 알게 되었습니다.

**분석:** 설명이 달리 필요 없을 정도로 적절한 자기소개서의 예이다. 자신의 여러 경력 가운데 지원 대상의 성격에 가장 어울릴 만한 것 한둘을 어떻게든 잡아내야 한다. 구체적이고 진솔하게 서술하는 것이 포인트이다.

## 4) 지원동기 및 포부에 대한 소개
### (1) 동기(포부)도 구체적일수록 좋다

**잘못된 예**

저는 군대에서 행정병으로 복무하였습니다. 이런 경험을 바탕으로 사무행정직에 지원하게 되었습니다.

**분석:** 군대에서 행정병으로 복무한 사람들은 많다. 이 정도만으로 사무행정직에 지원하는 동기로 설득력이 있다고 할 수 있을까? 행정병 경험이 실제 지원동기가 되었다 하더라도, 자칫하면 취업을 위해 억지로 자신의 경험을 끌어와 끼워 맞추려 한다는 인상을 줄 우려가 있다.

**잘된 예**

지원동기와 관련하여 저의 군 경험을 말씀드리고 싶습니다. 저는 사단 사령부에서 군수지원 행정을 담당한 바 있습니다. 사단 전체의 군수지원 행정을 맡아보면서 근무시간을 초과해 일하는 경우가 다반사였지만 사실 제겐 별로 고되게 느껴지지 않았습니다. 오히려 전체 군수행정이 제 손에 의해 무리없이 일사불란하게 이루어지는 것을 보면서 기쁨을 느낄 수 있었습니다. 비록 군 복무였지만 기쁘게 할 수 있었다는 데서 저의 적성을 확실히 알 수 있었습니다.

**분석:** 군 경험을 내세우는 것은 자기소개서에서 가급적 피해야 할 사항이지만, 위의 경우는 예외가 된다. 우선은 구체적이라는 것에 점수를 줄 수 있으며, 군 복무가 고역일 것이라는 통념을 뒤집는 방식의 진술이기에 오히려 인상적으로 보일 수 있다.

## (2) 지원대상 집단의 성격과 자신의 희망·능력을 매칭시켜라

**잘못된 예**

제가 귀사에 입사한다면 해외 영업 파트, 특히 중국 지역에서 일하고 싶습니다. 어학이 기본이 되어야 하겠는데 저는 중국어에는 누구보다 자신이 있습니다. 중국 전문가가 되어 조직사회에서 제 능력을 인정받고 싶습니다.

(* 참고로, 이 학생이 지원한 회사는 최근 중국 영업라인을 철수했다.)

**분석:** 지원대상의 특성이나 업종에 맞게 지원동기를 서술하는 일은 기본이다. 자신이 지원하고자 하는 대상이 현재 어떤 상태에 있고 향후 어떤 전략을 세우고 있는지에 대해서 가능한 많은 정보를 수집할 필요가 있다. 자기 희망과 회사 사업방향이 맞지 않는 경우, 당연히 좋은 결과를 기대할 수 없을 것이다.

**잘된 예**

대학에서 행정학을 전공하면서 유난히 제 마음을 두드리는 것이 있었습니다. 복지행정이라는 과목을 배우면서 일반인을 위한 복지가 아닌 장애인 복지에 관심을 가지게 되었던 것입니다. 하지만 졸업 후 직장생활을 시작하면서 제가 마음에 두었던 것과는 다른 일을 하게 되었습니다. 안정된 직장에서 인정을 받으면서 편안한 직장생활을 하였지만 기쁨이 없었고 마음에는 허전함만 쌓였던 것 같습니다. 남들이 힘들다고 하는 재활교사가 되고자 결심을 굳힌 이유는, 이제 진정한 제 삶의 행복과 보람을 찾고 싶어서입니다.

분석: 위 예문은, 지원대상과 자기 경력이 무관하다는 불리함에도 불구하고 자신의 희망을 진실성 있게 피력하여 지원대상에 호소한 경우이다. 아무런 유관 경력이 없지만 자기의 희망을 진실하게 내보이는 것만으로도 설득력을 가질 수 있음을 잘 보여준다.

지은이    가톨릭관동대학교 글쓰기 교재 편찬위원회 (필자–가나다 순)

강동우    가톨릭관동대학교 VERUM교양대학 교수

배주연    가톨릭관동대학교 VERUM교양대학 교수

오주리    가톨릭관동대학교 VERUM교양대학 교수

이은주    가톨릭관동대학교 VERUM교양대학 교수

**(개정판) 논리적 사고와 글쓰기**

© 가톨릭관동대학교 글쓰기 교재 편찬위원회, 2020

1판 1쇄 발행__2016년 09월 10일

2판 1쇄 발행__2020년 02월 28일

2판 2쇄 발행__2021년 02월 28일

2판 2쇄 발행__2022년 09월 20일

엮은곳__가톨릭관동대학교 글쓰기 교재 편찬위원회

지은이__강동우 배주연 오주리 이은주

펴낸이__양정섭

펴낸곳__경진출판

　　　등　록__제2010-000004호

　　　주　소__경기도 광명시 소하동 1272번지 우림필유 101-212

　　　블로그__http://kyungjinmunhwa.tistory.com

　　　이메일__mykyungjin@daum.net

값  15,000원

ISBN  978-89-5996-729-2 93710

·내용의 일부 또는 전체의 복제·광전자 매체 수록을 금합니다.

·잘못된 책은 구입처에서 바꾸어 드립니다.